名城文化系列丛书

典藏山塘

苏州名城保护集团
《典藏山塘》
编纂委员会 编著

苏州新闻出版集团

古吴轩出版社

图书在版编目（CIP）数据

典藏山塘 / 苏州名城保护集团《典藏山塘》编纂委
员会编著. -- 苏州 ： 古吴轩出版社，2025. 4. -- （名
城文化系列丛书）. -- ISBN 978-7-5546-2649-8

Ⅰ. K295.33

中国国家版本馆CIP数据核字第2025GW9110号

责任编辑：戴玉婷
见习编辑：沈　雪
装帧设计：韩桂丽　孙佳婧
责任校对：张雨蕊
责任照排：孙佳婧

书　　名：**典藏山塘**
编　　著：苏州名城保护集团《典藏山塘》编纂委员会
出版发行：苏州新闻出版集团
　　　　　古吴轩出版社
　　　　　地址：苏州市八达街118号苏州新闻大厦30F
　　　　　电话：0512-65233679　　邮编：215123
出 版 人：王乐飞
印　　刷：苏州市越洋印刷有限公司
开　　本：787mm×1092mm　1/16
印　　张：17.5
字　　数：284千字
版　　次：2025年4月第1版
印　　次：2025年4月第1次印刷
书　　号：ISBN 978-7-5546-2649-8
定　　价：160.00元

如有印装质量问题，请与印刷厂联系。0512-68180628

苏州名城保护集团名城文化系列丛书编纂委员会

主　　编：孙黎峰
副 主 编：杨　跃
编　　委：陈育军　叶　剑　陶婷婷　姜林强　祝月村

苏州名城保护集团《典藏山塘》编纂委员会

主　　编：孙黎峰
编　　委：陈育军　姜林强　姜裕华　闫平贵　邢　强
　　　　　钟梦玲　徐欣晔（执编）

序

　　水，随势而变，刚柔相济；山塘，因水而生，因水而兴。灵动开放的水，让山塘的千年文脉得以历久弥新。"水城古街""一街一河"的基本格局则是山塘不变的底色。古老的山塘始终在时代的变幻中，焕发出新的活力。山塘街东至"红尘中一二等富贵风流之地"阊门，西至"吴中第一名胜"虎丘，全长约3600米。而作为苏州古城重要的文化动脉的山塘河也有着流动的历史。唐代白居易筑山塘街，可视为山塘的起步期。宋代漕运发展后，运河两岸城市群兴起，作为运河支流的山塘河两岸也迎来了发展期。但在南宋初期，金兀术率兵攻占苏州，烧杀屠戮，波及山塘，这是山塘历史上所遭遇的第一次劫难。而山塘的第二次劫难，则是发生在元末，张士诚与朱元璋手下名将常遇春在阊门外交战，战火波及山塘。经历元末的短暂战乱，山塘在明代进入了勃兴期，在吴地发达的社会背景下，士商间的活跃互动，推动了山塘商业的繁荣。苏州最早的会馆——岭南会馆即诞生在明代万历年间的山塘街上。而在清代中叶，山塘则达到了繁盛期，这在《姑苏繁华图》上有生动的描绘。太平天国时期的战乱成为山塘记忆史上的第三次劫难，其对苏州城市造成了空前的破坏，山塘因此进入了短暂的衰落期。清末至民国时期，商市再次恢复，山塘又迎来了变革期，而这种变革不仅仅是建筑群在战火中涅槃与重生，更是社会观念的转变。晚清时代重建后的山塘，迎来了许多新的事物：同业公会、商团、市民公社……经历千年的时光岁月的洗礼，现代人对山塘的理解已然不仅是一条老街或是一条河流，更是镶嵌在城市之中的一条文化长廊，承载着丰富的历史记忆与文化积淀。因而本书以山塘河为轴线，全面系统地介绍山塘河两岸人文历史，不囿于山塘历史街区控线范围，特别对山塘勃兴期、繁盛期进行了详细介绍。

　　山塘有着不变的本色，更有着流动的历史，也因此孕育出了独特的水文化特质：包容性、开放性、创新性。包容性从白居易的时代便已肇始，山塘百业的繁华，不仅是一种商业现象，也是地域间的文化交流，客观上也滋养了山塘的商贸文化、民俗文化。由于独特的水文化地理特征，山塘在历史的流动中展现了独特的包容性和开放性。如今在山塘的许多望族，都是来自浙江、徽州、无锡各地的移民，比如：源自浙江金华、在明代中期来苏经营药材发迹的贝氏家族；源自徽州棠樾村的富商鲍氏家族；源自无锡、靠糖果业发迹的张祥丰家族；等等。此外还有许多浙、皖的茶商、酒商在山塘留下了足迹，共同在山塘构建了贯通南北的商贸网络。山塘的开放性同样也造就了昔日水路商贸的繁华，吸引了一大批外乡人在此生根发芽、繁衍生息，族训族规、宗社祠堂、旌表门闾……这些都在山塘流动的历史中烙下了生动的印记。山塘的创新性也源自开放性和包容性，历经清末的战乱，山塘的商市浴火重生，也在岁月的流动中谱写出了全新的变革期故事。许多山塘市民公社的成员多为商会和士绅阶层，他们有着特殊的乡谊情结，热衷于山塘的各项社会公益活动，比如当时永安龙社的修复，就得益于士绅和商会人士的大力支持。这种发展对于当时山塘的社会变化而言不仅仅在社区治理变革的层面，更是在社会观念的层面上的彻底转变与革新，而山塘也成了记录和展示这种重大历史社会变革的窗口。

如今，我们依旧伫立在山塘变革期的延长线上。2002年6月至2003年9月，实施试验段工程，具体区段为通贵桥至新民桥段，包括修复玉涵堂、移建汀州会馆、古戏台，新建新民桥停车场等。2003年10月至2004年12月，实施二期工程，具体区段为山塘桥至通贵桥段，修复冈州会馆、新建御碑亭，全面道路改造，东侧方基上新建白居易纪念苑等。2005年至2011年，实施三期工程。2006年至2007年，修复了山东会馆门楼、星桥下塘廊棚等；2008年至2009年，修复了陕西会馆、普福禅寺、贝家祠堂、张公祠、桐桥遗址等；2010年至2011年，完成义风园、观音阁、阊门寻根地、贝家祠堂码头等遗存的保护性修复。2011年起，苏州开启了虎丘综改（含山塘四期）保护性修复的壮丽篇章，由苏州名城保护集团执笔绘卷。至2025年初，山塘西段虎阜路、虎阜桥等市政建设已圆满竣工，敕建报恩禅寺重现昔日辉煌，虎丘老街酒店预计2025年年中盛装迎客。李氏祗遹义庄焕然一新，计划2025年上半年携手知名酒店，共谱新曲。桐桥、顾得其酱园、永安龙社、望山桥（四期延伸段）等片区正精心策划，蓄势待发。山塘西段至虎丘区域，将繁花似锦，次第绽放，绘就一幅繁华新景。

目　录

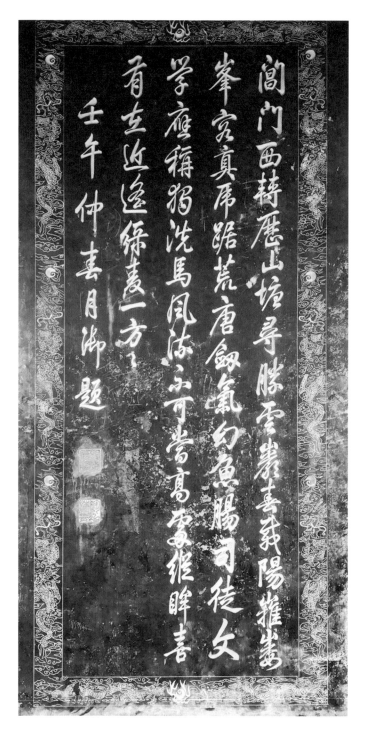

清乾隆帝御题"山塘寻胜"诗碑（平龙根提供）

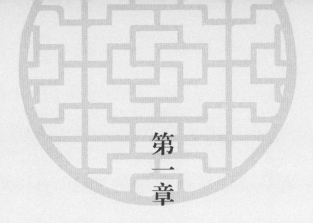

第一章　山塘的历史变迁

第一节　自然地理的变迁

山塘河是大运河进入苏州古城的主干河道，北起白洋湾，南至阊门，全长6200多米。如今的大运河苏州段遗产由河道和7个遗产点组成，其中河道包括城区故道（山塘河、上塘河、胥江、环古城河）和现京杭运河苏州至吴江段等河道，而遗产点包括山塘历史文化街区和虎丘云岩寺塔等4处运河相关遗产。山塘河与外城河交汇处五水聚集，城濠向南则称"南濠"，向北则称"北濠"，西来有上塘河，东侧有入城内的中市河。

从南宋时期的《平江图》中可以清楚地看到当时山塘的街道和河流，抚今追昔，可知邻近山塘河的核心区域依旧延

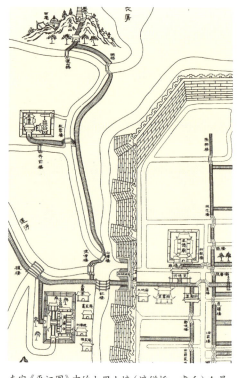

南宋《平江图》中的七里山塘（渡僧桥—虎丘）全景

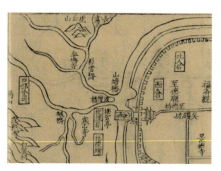

明代王鏊《姑苏志》中所描绘的七里山塘

续了宋代的面貌，一条山塘街沿着山塘河而开凿，绵延七里越千年。从南宋《平江图》上看，位于七里山塘东首的渡僧桥，向西外通运河，也是一座八字桥。过了渡僧桥，往北是山塘河，河道由南往北延伸，在中段彩云桥南有一处支河往西延伸，其中今天的彩云桥

下塘附近在南宋时期是半塘寺。河道的北段近虎丘的区域以洞桥为节点，一分为二，向西北的河段一直延伸到虎丘山，向东北的河段则与长荡相连。而从明代王鏊《姑苏志》中则可看出这样的地理位置一直延续了下来，未曾有大的改变。

在岁月的变迁中，山塘地区的局部水系也有了一些变化。比如，原来清节堂南侧的水道已经面貌大改，普济堂与清节堂之间的区域如今已成为虎丘山风景区南门停车场。1900年苏州地图上白公祠的位置属于错标，应在河对岸。而普济堂东南侧的道路和水系如今亦有了变化，如今已是整片的住宅区。

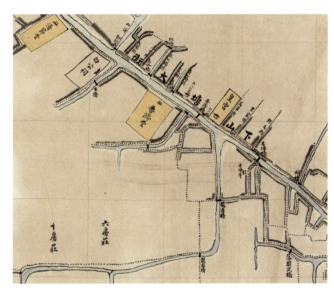

1900 年苏州地图（普济桥周边）

原先的半塘寺、龙康桥[1]、龙家桥等周边地貌已经大变。而下山塘大街附近北侧的里弄许多亦已淹没。在1900年的苏州地图上，可以清楚地看到这个区域当时在斟酌桥与绿水桥之间的北侧有花园弄、马行弄（即马营弄），绿水桥到青山桥之间有绿水桥浜、小元弄，而青山桥的东北侧有青山桥浜。马行弄在今山塘街802号的东侧，早已湮灭。但鲜为人知的是，此处曾有一块石碑——韩公塘，今已无存，据说这位韩公是韩世琦（详见李根源《虎阜金石经眼录》）。而白公桥到半塘桥的范围，则有马军弄、里家弄、野毛弄（民国《吴县志》作"野猫弄"）。但在民国三年（1914）的《新测苏州城厢明细全图》中则仅见井泉弄、尺家弄、野猫弄（后又改称"福全弄"）三个弄堂。福全弄即民间相传《玉蜻蜓》里杜撰人物申贵升的出生地。而如今，仅有井泉弄、花园弄、福全弄等少量支弄留存了下来。从桐桥往东到原来李王庙、马路桥段

---

1. 1900 年苏州地图上所标"龙康桥"即耉糠桥，亦称保安桥。1947年《吴县城市图》上则标为隆康桥。

的河道如今已不见踪影，尚存是原马路桥到白马桥的河道，在河道的南侧依旧保留了清末时期的湾口。李王庙始建于宋代，民国时期住持为开荣，当时留存下来公建的庙舍计十二间。以前的李王庙常有李王巡游，十分热闹。据1876年《申报》载："本月初一日，苏垣李王庙桥李王出巡解饷于虎丘小普陀山，以神为天厨司，故执事人等均系酒菜饭馆厨役庖丁。"[1]此外，自古以来，山塘的水系与运河、太湖皆有贯通，在清《长吴二县合并图》中得以显著呈现。

1914 年《新测苏州城厢明细全图》

清《长吴二县合并图》

1. 《申报》（1876 年 7 月 20 日第 2 版）载录。

第二节　山塘街整体人文空间的变迁

唐宝历二年（825），大文豪白居易从杭州调任苏州刺史，筑起了东起阊门、西至虎丘的山塘河堤，并在山塘河的北岸修筑道路，因道路全长约七里，故后人称之为"七里山塘"。百姓感念白居易堆土筑堤，即把山塘街称为"白公堤"，还修建了白公祠，以兹纪念。山塘河整修筑堤后，大大便利了灌溉和交通。舟楫往来频繁，百货咸集，市声若潮，自此繁华千载，成为苏州重要的商市之一。到了1762年，乾隆帝在第三次南巡时，题写了"山塘寻胜"御碑。

明《吴中水利全书·苏州府水道总图》中山塘东首的水道情况

《苏州市志》记载："山塘街东起阊胥路渡僧桥，西至虎丘。全长3829.6米。新中国成立前桐桥以东路面全为条石板路面，新中国成立后全部翻建为弹石路面。1956年渡僧桥至山塘桥段拓宽，改为沥青路面。1981年山塘桥至白姆桥改砌小花石岗石块矩形路面。"

细观南宋《平江图》，从东向西，《平江图》上共计镌刻了渡僧桥、山塘桥、寺前桥、彩云桥、洞桥、便山桥六座桥梁。在明代《吴中水利全书·苏州府水道总图》中山塘东首的水道标注中依旧可看出，当时渡僧桥和山塘桥的位置未曾变化，渡僧桥依旧与运河相通。

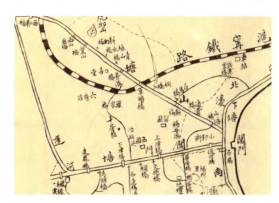

从民国《吴县志》的"苏市附郭图"中可以看出山塘河沿线依

民国《吴县志》"苏市附郭图"中的七里山塘

1900 年苏州地图（通贵桥至桐桥段的情况）

1900 年苏州地图普济桥东侧的白公桥

次标注了渡僧桥、山塘桥、通贵桥、白马桥、新桥、桐桥、半塘桥、普济桥、青山桥、绿水桥、斟酌桥、望山桥、西山庙桥。而1900年的苏州地图上则更为详细，比如在通贵桥与桐桥之间，标注了新桥、白马桥、小桥、毛家桥及山塘河南岸的五泾浜桥。此外，在普济桥东侧还标注了白公桥。而在虎丘附近则标注了东山庙桥和饭店桥。

1900 年苏州地图中虎丘周边（饭店桥、郁家浜周边，该图将西山庙混淆为东山庙）

其次是庙宇，《平江图》中呈现了云岩寺、半塘寺和西庵三座梵刹。云岩寺名冠江南，其地原为晋司徒王珣和其弟王珉的别墅，早先位于山下，后移至山上合而为一。北宋至道年间，寺院又遭毁弃，到了大中祥符年间重建，并改称为"云岩禅寺"。

历代对半塘寺皆有记载，在清代山塘的集大成专书、吴县人顾禄撰写的《桐桥倚棹录》中亦清晰地表明彩云桥就在半塘寺前，而半塘寺重建于北宋政和元年（1111），也称寿圣教寺，亦称龙寿山房。半塘寺中有三宝，即古银杏、血经和稚儿塔（见清乾隆《虎阜志》）。在民国《吴县志》中则记载半塘寺内天王殿前曾有东晋道生所植的银杏："半塘寺银杏，相传晋道生所植。半塘志本五大围，藤绕修条，鳞次鬣张，宛如龙甲，夏时浓荫可庇十乘，谓之龙树。明万历初，太

半塘龙寿山房旧影

仓王伯诩置阘楯焉。"七里山塘在历史上曾经诞生了两部血经。一部是元代高僧善继在半塘寺刺十指血写的《大方广佛华严经》，并且还附有宋濂、翁同龢、康有为、李根源、吴昌硕、章炳麟等400多人的题跋。抗战时期，半塘寺的通性和尚誓死护卫血经，将血经用布帛包裹后密藏于寿棺之中。当时日军包围半塘寺，索要血经，见重金利诱通性不成，便严刑拷打，但通性始终一字未吐，后来幸得半塘的士绅邵某保释，方才出狱。通性和尚遭此劫难，遍体鳞伤，但守护血经，矢志不渝。1957年，通性和尚伤病复发，年仅42岁便往生了。而在此前一年，半塘寺中办起了新民化工厂。而这部历经劫难的血经，则入藏苏州西园寺。另一部血经则是明末清初秦淮名妓卞玉京寓居山塘时为报答良医郑保御而刺舌血写就的《法华经》，但早已了无踪影。

清代《吴门补乘》载，半塘寺旁曾有一座名叫半偈庵的庵堂，明代文人王穉登曾在此居住。王穉登在《彦材先生叙》曾写道："后移家吴市，与先生夹河而居。"那时他时常经由彩云桥至山塘街其师赵含玄家中拜望，并与其子、好友赵宧光相谈甚欢。民国《吴县志》中亦记载，清同治九年（1870）在半塘寺西面兴建了种善局的义冢。至于稚儿塔的由来，在《吴都法乘》中则记载了这样的一个传说：某日，生公讲《法华经》，有野雉来听，明日降生城东某氏，儿肋下有雉翼，后出家半塘寺，死之日，寺僧造幢葬此，故名雉儿塔。

关于西庵，在康熙《重修虎丘山志》中提及："西庵禅院，在虎丘西。本属云岩，后别为院，盖亦古西寺之地。近岁，颇增葺。"而在清代陆肇域、任兆麟撰《虎阜志》中则提及，先儒尹肃公祠便设在西庵故址，此地在南宋绍兴年间曾作尹和靖寓舍。尹焞（1071—1142），字彦明，一字德充，号和靖，洛阳人。北宋理学家程颐直传弟子、北宋初年刑部侍郎尹崇瑞的五代孙。他经历北宋末年的战乱，南渡流寓到苏州，在虎丘西庵寓居，并将书斋题名为"三畏斋"，源于《论语》"君子有三畏：畏天命、畏大人、畏圣人之言"。尹焞常在居室西侧的松林山石旁静心读书，因而后人称此地为"和靖读书台"。南宋嘉定七年（1214），知府陈苘在三畏斋旧址上立祠绘像纪念。南宋端平二年（1235），提举曹豳奏请朝廷，将祠堂改为书院，并扩建院舍，命名为"和靖书院"。

第三节   山塘河两岸片区人文空间的历史变迁

从七里山塘的整体人文空间肌理看，可以划分为如下几个区段。第一区段是渡僧桥—通贵桥段，目前已经开发为旅游区。第二区段是通贵桥—星桥—彩云桥段。第三区段是彩云桥—西山庙桥段。每一区段沿山塘河两岸皆有大量的历史文化遗存，本节主要介绍空间整体的历史变迁，具体的街巷及相关文化遗存将会在后面的章节中详细介绍。清末，山塘街亦可分上山塘、山塘、下山塘，此地域概念从清代至民国亦有继承。民国时下山塘则改称为山塘下塘，故山塘河北侧临河的街道亦称上山塘大街和下山塘大街。上山塘大街的区域是北濠弄口到李继宗巷巷口，而七里山塘西段中从半塘桥到斟酌桥的区域则为下山塘大街。

渡僧桥—通贵桥段的变迁

要说七里山塘中的渡僧桥—通贵桥段，就要首先说说渡僧桥。这座桥位于七里山塘的东首，关于桥的得名由来还有这么一段故事。清同治《苏州府志》载："渡僧桥，在阊门西，跨运河。孙吴时，民为舟以济商。有僧呼渡，舟子弗应，僧折杨柳枝浮水而渡，众惊异罗拜，愿借神力成此桥。遂募建，不日而成，以'渡僧'名。宋咸

1947 年《吴县城市图》上山塘南岸区域

淳十年再建，明弘治间修。崇祯九年，郡人御史李模属僧如净重募建模记。"清乾隆十四年（1749），渡僧桥曾经坍塌，名贤金廷训曾捐资助建。清代大儒钱大昕在《养新录》中曾谈到南宋咸淳十年（1274）十月僧元恺题记的渡僧桥石刻。

其次，来谈谈山塘桥。这座桥始建于唐代，宋至明历朝皆有重修，到了清嘉庆二十三年（1818），山塘桥又经历了重建，到了1963年则被改为单孔的水泥桥。

再次，来谈谈通贵桥，此桥的大意为"贵人通过之桥"。清代顾公燮《丹午笔记》载："山塘吴文端公一鹏与菩提庵前郭方伯某友善，朝夕过从，造桥以便往来，名曰通贵。"明隆庆二年（1568），桥上出现五色祥云，故又名"瑞云桥"。桥柱上镌题有"里人吴三复重建通贵桥"和"光绪六年九月吉旦""虎丘清节堂、昌善局募资重修"等字样。而桥身则嵌有《重修通贵桥记》小碑一方，笔迹漫漶不可识。这个区段河道两岸的区域在宋代的《平江图》、明王鏊《姑苏志》的舆图上未见牌表坊记，可知当时或许还很荒凉。而在1900年的苏州地图上，则可以看到该区段沿河两岸纵横交错的街巷和水系。首先是区段整体属于上山塘的范围，以山塘河为界，分为北岸和南岸两大区域。首先讲述的是上山塘北岸的区域，这个区域在清末地图上标注了三角场，如今早已湮灭。渡僧桥东面为方基上，1900年苏

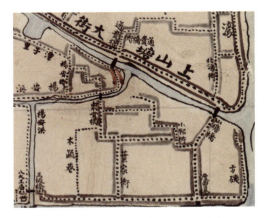

1900年苏州地图（渡僧桥—通贵桥段山塘河南岸）

1900年苏州地图（渡僧桥—通贵桥段山塘河北岸）

州地图为"石矶",民国时讹为"交基上",今址为
白居易纪念苑附近所在区域。民国时期方基上一带
也有许多商业业态,比如当时方基上7号曾为沈万
兴鲜鱼行。其次是上山塘的南岸区域,在清末的主
要街巷有叶家弄、木梳巷、小邾弄,这些地名基本
上都传承了下来。从当时的地图上看,对渡僧桥下
塘也有描绘,只是图上没有标注出来。对比1947年
《吴县城市图》可以清楚地看到这个区域的历史变
迁,首先新出现了曹家弄,其次清末的木梳巷又细
分为大、小木梳巷,而小邾弄则细分为前、后小邾
弄。(渡僧桥)下塘街的名字亦出现在了地图上。在
1947年《吴县城市图》上,也可看出上山塘北岸区
域的变迁,清末的北濠弄区域附近是公共的马路、

1947年《吴县城市图》上山塘北岸区域

停车场、公共汽车车库,新出现了钱万里桥—新民桥的大路,将原先区域的弄堂按南
北向进行了再次划分。

通贵桥—星桥—彩云桥段的变迁

首先,从1900年
的苏州地图看,山塘
河通贵桥—星桥—
彩云桥段的南岸地
区在清末已十分热
闹,以星桥下塘南面
的区域最为热闹,被
称为"湖田"或"湖
田上",如今称作湖

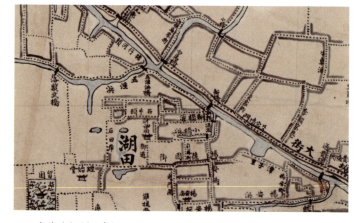

1900年苏州地图(通贵桥—星桥—彩云桥段山塘河两岸)

田社区，属留园街道管辖。许多老山塘人对此的记忆，那便是少时他们都曾经在湖田小学读过书。在清末，此区域有杨安弄、杨安庙、杨安坛、杨安浜、丹阳码头、小桥浜、引凤街、猪行河头、喇叭弄、杨葆园街、新桥湾、五泾

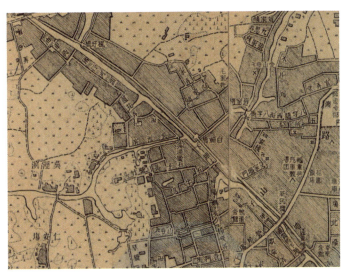

1947年《吴县城市图》山塘河两岸区域（通贵桥—星桥—彩云桥段）

浜、石牛头、石田岸、潭子里，还有财神庙前的御道。其中丹阳码头、潭子里、五泾浜、石牛头、杨安弄、猪行河头等地名传承至今，而清末的新桥湾即星桥湾。

　　其次是该区段范围中山塘河北岸的区域，亦可细分为两个小片区。一是通贵桥—星桥段山塘河的北岸，基本囊括了上山塘的北岸地区。这个区域在清末的主要街巷有通贵桥弄、李继宗巷、知家栈、殳家墙门和牛车浜。1947年地图中，通贵桥弄已然消失，附近成了八字桥西街东段，而三角场的范围如今则是前管弄堂、后管弄堂。而旧时则称作"官弄堂"。此弄在明代就曾有占地十八间的庵堂——广福寺，在民国时期住持为广种，如今早已了无痕迹。前管弄堂东端近广济路则有一条小弄堂，名为北苏

明郝将军墓碑旧影

里。而牛车浜区域已改名为木耳场。此时的地图上已出现官弄堂、石灰弄，八字桥西街等标注，这些街巷如今亦传承了下来。石灰弄如今则按照方位又细分为石灰南弄、石灰中弄、石灰北弄三条弄堂。值得一提的是，石灰中弄曾发现民国李根源所立的明代郝将军墓碑，原在八字桥居委会门前，而在地图上也看到官弄堂附近有"卍"字纹的标注，代表庵堂。在石灰弄附近有"文"字的字样标注，代表学堂。木

耳场的北面当时是一片田野，如今已然是居民小区。此外，在山塘桥北堍则标注了一条街巷，名叫腌猪河头，如今已然湮灭。比如吴晓邦故居的门牌名称原属腌猪河头，现已改为北浩弄。

　　二是星桥—彩云桥的区域，这个区域主要是薛家湾[1]和倪家场、金家弄周边。而倪家场的东面原来有毛家弄，今已湮灭。民国时代的薛家湾北面有刘家栈、九思弄、张家栈、狗厕弄、大万庵场等街巷，还有金山寺（始建于宋代）等庙宇，如今已淹没在历史的长河中。倪家场往西北的区域，在民国时期曾为农田，如今这个区域已是清塘新村和长盛花园的居民小区范围。沿着山塘街，从倪家场沿山塘河往西，经过汪氏义庄、郁家祠堂、陕西会馆、山东会馆到达桐桥。桐桥边则是观音阁。桐桥往西是贝家祠堂。民国时期，贝家祠堂附近有贝乾泰灰行、正祥灰行、义茂枣客栈、正丰毛骨栈[2]。贝氏最初自金华兰溪迁苏，在苏州开办药行。四世祖礼部儒士贝启祚于清顺治二年（1645）病殁，遗孤即五世祖贝斑，时年七岁，其母贝程氏纺麻织絮维持生计，抚幼养老。贝斑生六世孙贝鑑、贝钰、贝铨、贝鈇。贝鈇一族则传到十三代贝理泰和十四世贝祖诒，以金融业发迹。而著名设计师贝聿铭则是第十五世。而十六世贝定中、贝建中、贝礼中皆为建筑师。贝家祠堂前后祠宇分别于1959年筑京沪双轨铁路及1998年建北环路万福桥时被拆除，如今仅存"节孝"牌坊一座。

1880年9月13日《申报》第1版上关于重修山塘通贵桥的记载

彩云桥—西山庙桥段的变迁

　　北环快速路与京沪高铁并行从山塘河上方穿过，其交叉处俗称"铁路桥"，从桥下往西便可见有一处不起眼的小桥，那便是著名的彩云桥。民国时期，京（南京）沪铁路与山塘河交汇，这个交汇的节点就在山塘街的彩云桥附近。当时彩云桥的南侧还有

---

1. 旧名孙家湾，后改为薛家湾。清《桐桥倚棹录》载："破虏墩，在茅家桥后。"而民国王謇《宋平江城坊考》"薛家湾"条则载："清名医有薛雪，精熟内典有薛起凤。"孙坚因参与讨伐黄巾与董卓的战役，官至破虏将军，又称"孙破虏"。采访自小住在薛家湾4号的孙老得知，当地老一辈依旧讲述着薛家湾与孙坚的故事，其民间流传的故事将薛家湾改编为"歇驾湾"，即此湾为孙吴国君歇驾之处。而西侧不远处的金家弄在民间故事中则改编为"接驾弄"，与此呼应，此说甚为离奇。
2. 《苏州明报》（1925年9月20日第3版）载录。

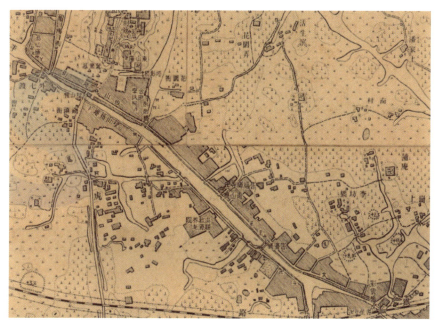

1947 年《吴县城市图》山塘河两岸区域（彩云桥—西山庙桥）

个寺庙，叫作寿星寺；东侧曾有商铺陶元记，现仅存界碑；北侧称为李坊桥，如今早已无踪迹。李坊桥东北侧有蒲庵，今已无迹。蒲庵是草庵，是修行者静心悟道的地方。

清同治《苏州府志》载："蒲庵在虎丘，明天启间僧慎独建，中有放生池，今里人于其中举行放生会。"如今依旧有蒲庵路这个地名。蒲庵南侧为"李岗上"。

1920 年庠生亢惟恭题"蒲庵遗迹"

彩云桥的北侧是桐桥遗址，桐桥的北侧有一条小河浜，名曰鸭脚浜，在山塘街与鸭脚浜的西侧交汇处则有一幢民国建筑，原先是一家典当行。老山塘人徐文高口述称，鸭脚浜属于十字洋的一部分，整个河浜形状若银杏叶，也像鸭脚，故此得名。早先鸭脚浜并不直通山塘河，后来才连通。过了彩云桥，沿着山塘街往北不远处，可达福全弄口的杭宅（山塘街644号）、顾得其酱园遗址，如今已经荒废。再往北走则是余庆堂蒋宅、井泉弄、牌坊群，一直到敕建报恩禅寺，然后往北到达普济桥。井泉弄对面的山塘河南岸有条支流，为野芳浜，即旧时半塘寺的范围，从彩云桥南岸经彩云桥下塘可达。野芳浜南边有一座清代的梁式石平桥，在1900年的苏州地图上标识为砻糠桥，至今犹存。此桥旧名保安桥，于清道光四年（1824）重建，如今离留园街道社区卫生服务中心不远，介于虎丘路一号桥与净化桥之间的河道上，附近亦犹存"砻糠桥小区"地名。民国《吴县志》曾谈及清咸丰十年（1860），半塘寿圣教寺再次毁于兵乱后，其大雄宝殿的遗址即在砻糠桥附近："今尚存其基址，在半塘砻糠桥附近铁路之旁。"

野芳浜南侧砻糠桥（保安桥）今貌

由此可知，半塘[1]与野芳浜上的砻糠桥在自然地理、历史文化上有着密切的联系。

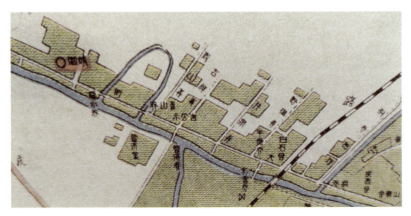

1943 年《最新苏州游览地图》（山塘河北岸彩云桥以西的地区）

以普济桥为中心的山塘河，可分南岸和北岸来叙述。南岸在清末有三处较大的建筑，从东往西依次为普济堂、清节堂[2]。普济堂至今犹存，东侧有古桥——引善桥，横跨山塘河南岸的支河。清节堂往西有同善桥，同善桥的西侧还有龙华寺桥。同善桥临山塘河南岸的西侧原来可达东山庙桥，横跨山塘河，可以到达北岸的东山庙，该桥与万点桥垂直交汇。到了民国时代，南岸区域便比较荒凉，主要是吴县救济养老院的范

---

1. 清《桐桥倚棹录》："七里山塘行至半塘三里半。《采风类记》：'白公堤延亘七里，约三里半为半塘。'"
2. 清节堂侧原有银杏桥，俗呼长浜桥。道光三年（1823）建，道光二十一年（1841）同善堂增设桥栏。今已不存。以上载录于《虎丘镇志》。

1914 年《新测苏州城厢明细全图》

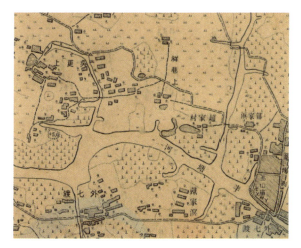

1947 年《吴县城市图》山塘河两岸区域（西山庙桥、郁家浜西侧的区域）

围。望山桥临山塘河的南岸在民国时期曾有街巷，称之为望山桥下塘，与北岸的李氏祗遹义庄隔山塘河相望。民国时期，望山桥下曾有一家祥裕机碓碾米厂。而望山桥的南边则有南头街，如今已消失在历史长河中。

北岸则从普济桥经过蒋公祠、五人墓达青山桥，青山桥的西面为普福禅寺。山塘河北岸、普福禅寺的西面在民国时代依旧很荒凉，后来在那里利用甘露律院的轿厅改建成了橡胶厂的大门。再往西则是鲍传德庄祠、张国维祠的范围，而再往西可经过李氏祗遹义庄达绿水桥。绿水桥北侧是一条河浜，西侧是蒋氏塔影园。继续沿着山塘街西行，经过望山桥、万点桥。万点桥与斟酌桥间往北的区域即虎丘山。继续沿山塘河北岸再往西可达西山庙桥，西山庙桥前为西山庙遗址，其庙门为混水门楼，近年拆除。此庙始建于晋代。民国时期，庙中主事人为荣贵。西山庙东侧为席场弄，近年已拆除。西山庙桥往南的道路称西山庙桥下塘，而往西郁家浜有小普陀庵。据1947年《吴县城市图》的描绘，可知郁家浜的西侧原有赵家村、祥巷上、吴更上。半塘河的南岸则有戴家浜和外七渡。由此可见西山庙桥的西侧原来是一处渡口之岸，如今已然消失在历史长河中。

 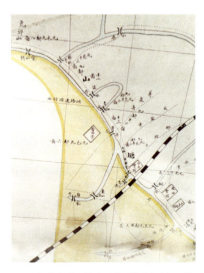

1921年《最新苏州城厢明细全图》桐桥—斟酌桥段北侧的衢巷情况

1908年《苏州巡警分区全图》中桐桥—斟酌桥段北侧的衢巷情况

　　对比本章第一节中1900年苏州地图（普济桥周边）可知，青山桥西侧的小元街在民国时期已改名为井泉弄。而1900年时，尚无野猫弄。绿水桥西面的马行弄和花园弄在1908年、1921年皆未有标注，实地勘察，马行弄已经湮灭，野猫弄、花园弄尚存，其中花园弄已拓宽为马路，古貌不存。此外，1943年《最新苏州游览地图》中可知，从桐桥沿山塘河往西到青山桥的区域，可看出山塘街北侧当时标注的街巷有桐桥西弄、野猫弄、井泉弄、吉祥弄、青山弄。对比1908年《苏州巡警分区全图》中桐桥—斟酌桥段北侧的衢巷情况，可知当时野猫弄、犬家弄、井泉弄已经存在。在1914年《新测苏州城厢明细全图》中，这三条巷子依旧存在，但对比1921年《最新苏州城厢明细全图》，野猫弄与井泉弄间的犬家弄则已然湮灭。而如今，野猫弄、井泉弄尚存弄堂。

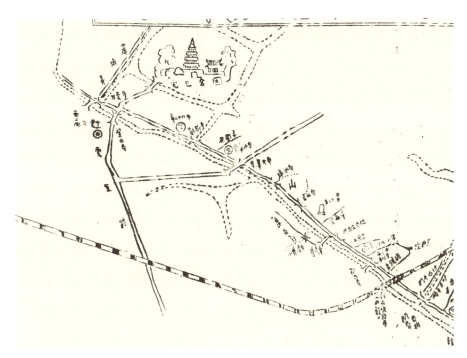

20 世纪 80 年代山塘手绘旧图（桐桥至席场弄、郁家浜段）（姑苏区档案馆藏）

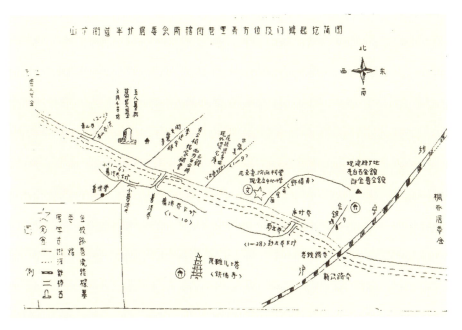

20 世纪 80 年代山塘半塘居委会街巷里弄手绘旧图（姑苏区档案馆藏）

第四节　整个苏城历史视阈下的山塘

白居易任苏州刺史时，为根治水患，将苏州城外西北河道进行疏浚，修筑了连接阊门和虎丘的山塘河堤，而当时唐人避"虎"字名讳[1]，将虎丘也改为"武丘"，故唐代时期的山塘街被称为武丘寺路。如今，在虎丘山

清宣统《虎丘山志》中山塘全景中的渡僧桥景象

清《南巡盛典》中苏州城外的山塘街

东北侧连接虎阜路北段的道路被命名为"武丘乡路"，不仅传承了乡镇旧名，也是千年"武丘"的历史见证。

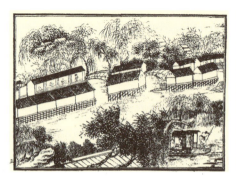

清宣统《虎丘山志》中的山塘全景

1. 唐高祖李渊登基后，追尊其祖父李虎为景皇帝，庙号太祖，并下令臣民避其讳，但凡含有"虎"字的人名、地名、官名等，都要用别字代替，或者进行缺字处理。

清代曹雪芹《红楼梦》第一回中有这么一句话："这东南一隅有处曰姑苏，有城曰阊门者，最是红尘中一二等富贵风流之地。"

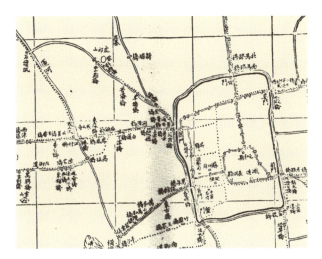

清同治《苏松常镇太五里方舆图》（局部）上的山塘街

明王鏊《姑苏志》中所记载的阊门外的繁华景象

山塘街东至阊门商市，西至"吴中第一名胜"的虎丘，外通大运河，自古繁华，不仅是商贾云集之地，也是旧时文化交流的中心。形形色色的人群在山塘聚集，开启了山塘千年的繁华。作为京杭大运河与苏州城的连接线，山塘河在明清时期更是重要的水运交通线，当时苏州城西的阊门、胥门及山塘河、上塘河周边地区已然成为当时苏州的商业中心，而与之相配套的当时的苏州城西南则成了文教和行政的中心。《苏州通史》（明代卷）载："长江中游两湖之米由江广商人、徽商及江南苏州等本地商人贩运，一般顺江而下，先在

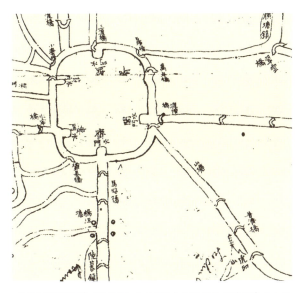

《苏州府河道图》（手稿图，上南下北）上所描绘的苏州城与山塘的方位关系（大英图书馆戈登文书第32号藏卷）

芜湖汇集，再分流。赴南京等地，在仪征附近集散。赴苏州集散的，由镇江进入大运河，到达枫桥镇、山塘街及葑、娄、齐门，或到达平望。它们供应江南各地，并转贩徽州、浙江南部、福建等地。这种米粮贸易格局到清中前期非但基本没变，并有较大发展。此一畅通的商路带来苏州商业市场的繁荣。"[1]明代王鏊《姑苏志》中记载："阊门内出城，自钓桥西、渡僧桥南，分为市心，旧有阊阓坊，两京、各省商贾所集之处。又有南、北濠，上、下塘，为市尤繁盛。"另清雍正七年（1729）《岭南会馆建广业堂碑记》（现已入藏苏州文庙）载："姑苏，江左名区也，声名文物，为国朝所推，而阊门外，商贾鳞集，货贝辐辏，襟带于山塘间，久成都会。"

如今的山塘街已是苏州历史城区"一城、两线、三片"的重要组成部分，也是苏州最具代表性的历史街区之一。

---

1. 吴建华主编《苏州通史》（明代卷），苏州大学出版社，2019. P172。

第二章

山塘的文化肌理脉络
与文化遗存

第一节　山塘的市河与街巷

"桥"见山塘

从唐以降至民国，紧临山塘河的两岸主要有21座古津梁，构筑了山塘的水乡桥韵。其中3座已毁，毛家桥、白公桥仅存地名，桐桥则仅存遗址。而其余18座留存了下来，历代皆有重修和改建。出阊门外至山塘河，从东南往西北，第一座是渡僧桥，其次是山塘桥，然后有通贵桥、新民桥、星桥、白

山塘毛家桥旧影

姆桥、八字桥（支流）、毛家桥遗址和桐桥遗址，再之后则有彩云桥、普济桥、青山桥、绿水桥、斟酌桥、望山桥、万点桥、西山庙桥，野芳浜上的砻糠桥，山塘河南岸的引善桥、同善桥，均为历史岁月中传承下来的古桥，而其中跨河的大桥有山塘桥、通贵桥、星桥、彩云桥、普济桥、望山桥、西山庙桥，共计7座。

山塘地区古桥梁统计表

序号	桥名	始建年代	别称	重修、重建情况	现状
1	渡僧桥	宋至道年间		宋咸淳十年（1274）、明崇祯九年（1636）重建，明弘治二年（1489）、清嘉庆二十三年（1818）重修，1925年又重修为平桥，新中国成立后改建为钢筋混凝土平桥	钢筋混凝土平桥
2	山塘桥	唐		历代皆有重修，清嘉庆二十三年重建，1963年改建为水泥桥	单孔水泥桥

续表

序号	桥名	始建年代	别称	重修、重建情况	现状
3	通贵桥	明弘治初	瑞云桥、通关桥	明崇祯十三年（1640）、光绪九年（1883）重修，清乾隆五十三年（1788）重建	拱桥
4	新民桥	1927年		1966年重修	三孔水泥桥
5	星桥	唐		明成化二十年（1484）、清同治五年（1866）重建	拱桥
6	白姆桥	唐	泰定桥、白马桥	清光绪二十九年（1903）重建	石板平桥，因吴语"姆""马"音近，故又名白马桥
7	毛家桥	清		已不存	仅存地名。1921年附近水道堵塞。1978年冬，毛家桥残构被车辆压塌，之后彻底改建为弹石路面
8	八字桥	1922年		1922年山塘市民公社建	石梁桥
9	桐桥	唐	洞桥、胜安桥	宋治平元年（1064）、明正统四年（1439）、弘治十二年（1499）重建，明崇祯十一年（1638）、清嘉庆十年（1805）、道光二十年（1840）、1941年重修。1963年拆除，仅存遗址	"唐时架木以渡。"（清《吴门表隐》）前为木板桥，宋治平元年改建为石桥。1963年填河拆桥，现仅存遗址
10	彩云桥	宋天禧四年（1020）	半塘桥	宋政和元年（1111）重建，改石板桥。1937年遭日机炸毁。1975年，改建成钢筋混凝土单孔桥	水泥桥
11	白公桥	唐	白塘桥	明万历三十二年（1604）重建	现为遗址
12	普济桥	清康熙四十九年（1710）		清乾隆五十八年（1793）、道光二十年、1990年重修	拱桥
13	引善桥	清康熙五十一年	打柴浜桥	1986年重修	引善桥西原有迎恩桥，形制与引善桥相同，今已不存，毁于20世纪50年代的河浜填塞
14	青山桥	宋	白云桥	清同治五年（1866）重修，改为单孔石板平桥	平桥
15	砦糠桥	清	保安桥		石板平桥
16	同善桥	清康熙五十一年	小普济桥、庄前浜桥		石板平桥

续表

序号	桥名	始建年代	别称	重修、重建情况	现状
17	绿水桥	宋		明万历二年（1574）重建，清嘉庆三年（1798）、同治五年、1985年重修	石板平桥 清同治《苏州府志》认为："绿水桥旧名普福桥。"而清《桐桥倚棹录》中则认为："普福桥，在普福庵前，《府志》：'以绿水桥作普福桥，误。'"
18	斟酌桥	始建不详		原为木桥，明万历十三年（1585）由木桥改为拱形石级桥面，清嘉庆三年重建、道光二十一年（1841）重修，1924年又改建为平梁斜坡石级桥面	水泥桥
19	望山桥	始建不详	便山桥	清同治三年（1864）重修，1977年改建为钢筋混凝土双曲拱桥	水泥桥
20	万点桥	始建不详	饭店桥	原为木桥，明弘治十三年（1500）重建	石板桥
21	西山庙桥	清康熙九年（1670）	元庆桥	初由邑人王廷台等捐建，咸丰二年（1852）重修	拱桥

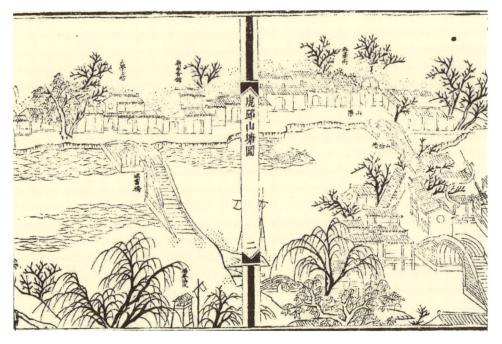

清《虎丘山塘图》（山塘桥—通贵桥段）

清《虎丘山塘图》（星桥—桐桥段）

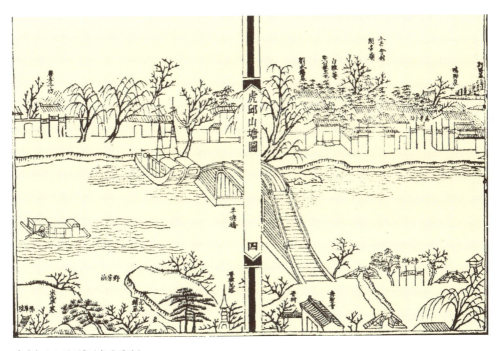

清《虎丘山塘图》（半塘周边）

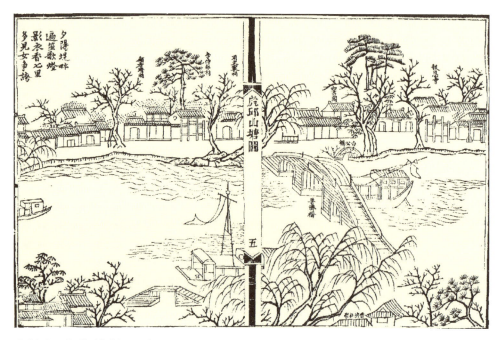

清《虎丘山塘图》（普济桥周边）

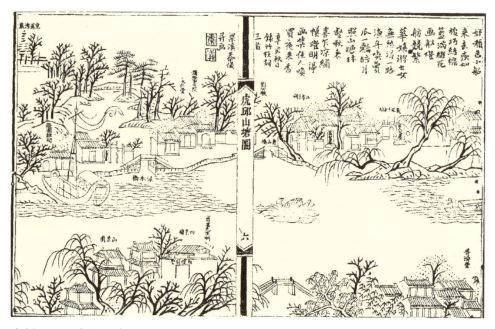

清《虎丘山塘图》（五人墓—绿水桥段）

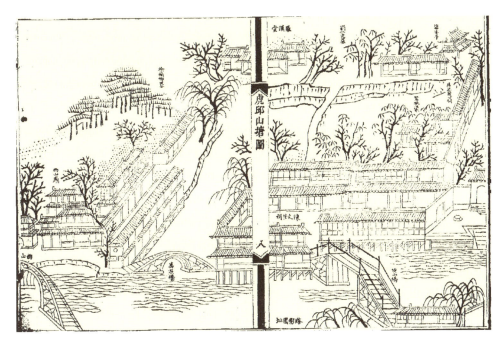

清《虎丘山塘图》（望山桥—万点桥段）

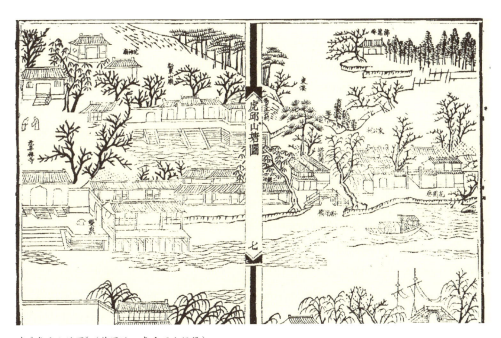

清《虎丘山塘图》（花园浜—虎丘正山门段）

十二支浜趣闻

山塘河有许多支浜,历史底蕴深厚,每条河浜有自己的故事,其中尤以十二条支浜的故事为世人津津乐道。

杨安浜

位于通贵桥西南侧,与山塘河呈"丁"字形相交。杨安浜又分为东、西杨安浜。杨安浜的得名与元代古寺杨安庙有关。民国《吴县志》载:"杨安寺在阊门外杨安浜,元至正年建,明初渐圮,正统间重修。"该寺原在市福桥,今已不存,而民国时期所见的该寺五间庵堂已是清代重建的建筑。杨安浜内旧时的名人有明代阁老吴一鹏、士绅孙宗弼等。杨安浜内的玉涵堂在20世纪90年代之前曾用作苏州茶厂的仓库,这里出产苏州花茶产量约占全国的1/3。民国时期,杨安浜13号(旧门牌)曾为源泰祥毛骨栈。杨安浜内曾还有一家金源兴的布庄。此外,杨安浜内曾居住过商人顾绶卿(20世纪30年代,顾宅为杨安浜14号,到20世纪40年代则变更为20号)。

五泾浜

位于星桥西北侧。旧称吴泾浜。在清乾隆《元和县志》、同治《苏州府志》、民国《吴县志》上皆载录此旧称,而在清代顾禄《桐桥倚棹录》中则载为"渔泾浜",并言及此浜在星桥下塘。此外,1900年苏州地图上则清晰标注为"五泾浜"。明崇祯《吴县志》载:"五泾庙,在阊门水关内,东北祀阊门内河、北濠、山塘、渡僧桥、钓桥五泾水神。"此说所谈及的五泾之由来应与此有关。故阊门内还有外五泾弄、内五泾弄等地名。五泾浜上有一座五泾浜桥,由河浜北岸的以经营蜜饯闻名的张祥丰家族所建,据说当年张家曾在河对岸开面点铺子,为了方便自己和他人,故施钱建桥。五泾浜桥边曾经有个中医伤科王氏诊所,该诊所于1952年并入苏

阊门外小河沿的张家花园,是张祥丰园主人的私园,佔地约六十亩。园中除了厅堂,假山、池沼等以外,更种植着各種菜树;别有一種漠漠平林的詩意;在蘇州園林中,另佔一種勝概。張家主人,對於遊客,原係公開招待,任人觀览,遠有一班玩器、骨董等,覺有一種不自私的美意,將園不入上流的遊客,一概關絕。門謝絕。

《申报》(1934年4月20日第16版)上关于张家花园的报道

州中医院。清代《红兰逸韵》曾载："五泾浜在阊门外。"其后还附诗一首："近水清流远市嚣，踏车弄口筑茅寮。相思红豆年年发，不见征君薛一瓢。"清左都御史程继盛在《稻香楼诗集》中也记载了他少时在五泾浜读书时枕河人家的场景："五泾浜家园楼阁临池，可以凭眺，昔年读书其中。"程继盛（1739—1796），原名炎，字焕若，号东治，长洲（今苏州）人，曾从沈德潜学诗，汲古穷经，好研郑玄之学，官至左都御史。五泾浜内曾有一座莲华庵，民国时住持比丘尼为了空，此庵师徒相传，如今已然湮灭。

野芳浜

位于山塘彩云桥西北侧。清顾禄《桐桥倚棹录》载："野芳浜，俗作冶坊浜，即古新泾，见毛埕《记》。在普济桥下塘。姜实节诗云：'野芳浜口南头岸，君住红栏第几桥。此日相思不相见，小楼春望雨潇潇。'任心齐《笔记》[1]云：'吴人常时游虎阜，每于山塘泊舟宴乐，多不登山。冶春避暑，吴娘棹船者，咸集野芳浜口。'"

《桐桥倚棹录》中关于野芳浜的记载

野芳浜作为明清时期山塘河水上画舫、戏船聚集停泊的场所，热闹非凡，可以想见旧时野芳浜画舫中笙歌燕舞，水中龙舟竞渡、百舸争流，岸上人潮涌动、欢呼呐喊，围观赛事，可谓热闹非凡。1922年1月14日《申报》第11版曾载苏州的士绅曾设立筹备处，规划从当时的阊门马路苦儿院后至冶坊浜（野芳浜）搭建一座木桥，该木桥计划跨山塘河直通虎丘山，然而遭到山塘市民顾三麟等的反对。因为当时山塘街的街道只有一丈宽，如果改筑马路，行人不及避让汽车会造成危险，而且如果拆屋让宽街道，则下塘岸边的许多小户人家没有地方能够迁移安置，会流离失所，因此

《桐桥倚棹录》中关于野芳浜节孝坊的记载

1922年1月14日《申报》上关于冶坊浜（野芳浜）架木桥方案"流产"的报道

---

1. 即《任心斋笔记》。

那一次涉及野芳浜地区的架桥和马路改造最终没能实现。据传，明末清初的常熟大文豪钱谦益（牧斋）也曾泊舟山塘，奇遇艺花女，其事载于1935年《苏州明报》的《吴乘》专栏。旧时繁华的半塘寺就在如今彩云桥下塘北面野芳浜的范围，如今故址上林木幽深，似乎见证了这所名刹的千年繁华和历史变迁。半塘寺也称寿圣教寺，始建于晋代，是道生法师诵读《法华经》的场所，故义熙十一年（415）寺中曾建法华院。此后历经兴修，在咸同兵燹中毁于战火。到了清同治年间，仅剩退居寮分院——龙寿山房（今彩云桥下塘14号）。1956年，龙寿山房被陆续拆毁，而原先的镇寺之宝《血书华严经》（即《血经》）80卷连同石龛一并迁入西园寺内妥善保存。

1935年3月15日《苏州明报》第8版《吴乘》中关于钱谦益山塘奇遇的记载

此外，《桐桥倚棹录》中也载录了野芳浜上曾有的十房庄桥、六房庄桥、东庄桥、塌水桥。《桐桥倚棹录》中也载录了野芳浜上曾有一些节孝坊，如王璠妻黄氏旌表节孝坊、吴德年妻程氏旌表节孝坊。《桐桥倚棹录》中亦谈及野芳浜曾有一座佛华禅院，系明代崇祯十六年（1643），光福邓尉山僧人宏璧建，故又

《申报》关于冶坊浜（野芳浜）商号全丰的记载

名"小元墓"[1]，寺中莲花颇盛。1947年5月13日第4版《苏州明报》上，民国古琴活动家、今虞琴社发起人庄剑丞（号栩庵）对野芳浜（亦称冶坊浜、冶芳浜）进行了介绍，除了谈到冒辟疆在此曾避逅董小宛的传说外，亦谈及对其别名"冶坊浜"得名的看法，文中认为冶坊浜之名起于江氏的冶坊，因东岸为染坊漂布场，士人讹为"染坊浜"。后来清代的文人认为名字

《苏州明报》（1947年5月13日第4版）有关野芳浜的记载

不雅，因冶业早已成过往，而此地已是粉黛迷津之所，因此将"冶坊浜"雅化为"野芳浜"。"秦淮八艳"中三艳与山塘有关，即董小宛、卞赛（卞玉京）、陈圆圆。其中陈圆圆的结局是"布衣蔬食，礼佛以毕此生"（《天香阁随笔》），而卞赛则是与吴梅村缘

---

1. 清代避康熙帝名讳，"玄"字改为"元"字。

尽后，被良医郑保御所收留，最后亦遁入空门。清邹枢《十美词纪》载："卞赛，金陵乐部伎也。工诗，好画兰，寓虎丘山塘白公堤侧。幕而邀之者，香车画舫，不绝于道。"

陈圆圆本姓邢，名沅，字畹芬。原籍常州奔牛。对于她的出身，可谓众说纷纭，但较为可信的是谢家福、凌泗同辑的《五亩园小志题咏合刻·五亩园志余》中所述："陈圆圆父邢三，住四亩田。生圆时，群雉集屋，因呼为野鸡。母姨陈，俗所称卖瘦马者。母殁，依之，遂陈姓，归三桂。"所谓"卖瘦马者"，即人贩子。在战乱时，她的姨父因利益驱使，将她卖给了苏州梨园。据说陈圆圆当时曾在山塘、虎丘一带献艺，家住桃花坞。清叶梦珠《阅世编》曾载："先是十六年春，戚畹田宏遇南游吴阊，闻歌妓陈沅、顾寿，名震一时。"[1] 1924年9月13日《红玫瑰》第七期中曾谈到一个传说：某日，冒辟疆公子游山塘，曾在虎丘路遇陈圆圆，惊为天人。

清末至民国，苏州娄门一带的铸锅匠人在冶坊浜附近聚集，因此当时山塘的彩云桥上塘、下塘、十房庄，甚至桐桥上塘、下塘一带都有冶铸的作坊。冶铸的铁锅也被称为"苏锅"，分为皮锅和矽锅两种。色泽光亮，烧红不炸，经久耐用。另民国《吴县志》载："冶坊浜向有古松七株，每株大可数人合抱，其高参天，枝干离奇夭矫，乃千年物。昔人构书屋于其阳颜曰'七松草庐'，后其子孙贫困，康熙间鬻于市井。周姓一朝尽伐，以为造酒之所，古迹遂减。"此外，《吴县志》中亦谈及："山塘新桥冶坊浜有花园一所，顺治年间半为阳山朱氏所得，衙前花园售与苏抚慕公天颜，改名慕家园。"新桥即星桥，星桥与彩云桥相隔970余米，故此花园需留待读者作更多的探讨。野芳浜在晚清时代曾有一家商号名叫全丰[2]。《桐桥倚棹录》中记载了贡士沈埠墓、处士沈辅墓皆在野芳浜东岸和西岸，两者为父子。在《桐桥倚棹录》

陈圆圆梳妆楼（载于1924年9月13日《红玫瑰》第七期）

《吴门竹枝词》中关于野芳浜凤凰台的记载

1. ［清］叶梦珠《阅世编》，来新夏点校，《清代史料笔记丛刊》，中华书局，2007，P260。

2.《申报》（1898年9月29日第6版）载录。

也介绍了沈氏父子的事迹："按《宋史》埠号胜山，宋咸淳间乡贡进士。宋亡不仕，隐居黄埭村，所居名'沈巷'，因公得名也，殁葬虎丘新泾。其子孙因墓田所在入籍卜居，曾捐资筑下塘通衢，造虎丘塔轮，又鬻田代饥民偿赋，世有隐德。明宏[1]治十年三月，其曾孙仲昇修辑墓表，毛埕有记。"据范君博《吴门竹枝词·山塘倚棹词》所载，野芳浜北岸还有一处凤皇台："凤皇台，在野芳浜北岸，有古青石凿凤皇形，明叶广明试曲于此。"《浮生六记》的作者沈复曾与虎丘冷香阁颇知文墨的奇女子憨园相遇，后又在半塘两舟重逢。憨园过舟叩见其母，并与芸娘欢同相识，携手登山，备览名胜。后又返至野芳浜，畅饮甚欢，并舟而泊。

此外，鲜为人知的野芳浜口在明代嘉靖年间曾是一家名为得月楼的酒肆所在地。当时的山塘得月楼承续了唐宋时大酒楼的风韵，而且得月楼中的美酒都是由官方专营的。旧时游人到此，不仅能饮酒娱乐，亦能住宿，由此可见旧时的得月楼已成为一个集娱乐与住宿为一体的综合性场所。遥想旧时在

《桐桥倚棹录》中关于得月楼的记载

清《吴门画舫录》中关于得月楼和名姬李倚玉的记载

野芳浜边，食客和游人凭栏赏月，月影投射于水中，此等美景，取名"得月"并非浪得虚名。清乾隆四十年（1775）进士、吴县人范来宗在《洽园诗稿》中就曾谈到山塘得月楼的女伶嘉玉，据说这位女伶垂髫便能歌。《桐桥倚棹录》中则记载："得月楼在野芳浜口，为盛蘋洲太守所筑。张凤翼赠诗云：'七里长堤列画屏，楼台隐约柳条青。山云入座参差见，水调行歌断续听。隔岸飞花游骑拥，到门沽酒客船停。我来常作山公醉，一卧垆头未肯醒。'"此外，清咸丰十年（1860），红布头绳、丝经、梅红三业曾于野芳浜合建红业丹霞公所。

---

1. 原文此处为"宏"字，因《桐桥倚棹录》成书于清代，避乾隆帝爱新觉罗·弘历的名讳，故改"弘"为"宏"，中华书局等点校本则径改，本书此处保留原字，后同。

庄前浜

位于山塘普济堂东，因浜上有小普济桥（即同善桥），故别称为小普济桥浜。民国

山塘同善桥今貌

山塘同善桥旧貌

《吴县志》载："庄前浜，长四百二十丈，底阔一丈。"其记载与《吴中水利全书》类同。而在《桐桥倚棹录》中则记载："同善桥在普济桥东，俗呼'庄前浜桥'，又名'小普济桥'，任《志》[1]作'积善桥'，误。桥内多卖鱼妇，聚族而居。"同善桥旁曾有文徵明之孙文肇祉的文氏塔影园，园内原有倚竹山房、松风寝、照怀亭等景观，如今已湮没于历史长河中。

打柴浜

位于山塘普济堂西，据《桐桥倚棹录》载："龙华寺桥，在打柴浜内。引善桥，即迎恩桥，在普济堂西。任《志》分作二桥，误[2]。俗呼'打柴浜桥'，以桥畔时有舟艇载树枝停泊于是，分肌劈里，散卖他处，故名。"

旧时柴行的柴船在此停泊，砍伐树枝、采集稻秸，供应苏州城各家的炊火。此外，给山塘商肆供货的货船及游船皆需途经此处。百舸争流，亦是一派热闹的景象。《桐桥倚棹录》载，桥旁曾有山景园酒楼："乾隆某年，戴大伦于引善桥旁，即接驾桥遗址筑山景园酒楼，疏泉叠石，略具林亭之胜。亭曰'坐花醉月'，堂曰'勺水卷石之堂'。上有飞阁，接翠流丹，额曰'留仙'，联曰：'莺花几纳屐，鰕菜一扁舟。'又柱

山塘引善桥

---

1. 即清陆肇域、任兆麟编纂《虎阜志》。
2. 实际上，在引善桥西原来确有一桥——迎恩桥，即引恩桥，故《虎阜志》无误，《桐桥倚棹录》研判失误。

联曰：'竹外山影，花间水香。'皆吴云书。左楼三楹，匾曰'一楼山向酒人青'，程振甲书，摘吴蘭次《饮虎丘酒楼》诗句也。右楼曰'涵翠''笔峰''白雪阳春阁'。冰盘牙箸，美酒精肴。客至则先缮以佳舛，此风实开吴市酒楼之先。金闾园馆，所在皆有。山景园、三山馆筑近丘南，址连塔影，点缀溪山景致，未始非润色太平之一助，且地当孔道，凡宴会祖饯，春秋览古，尤便驻足。"

八字桥浜

位于白姆桥东侧，因此浜上有古桥八字桥，其西、南端合一桥坡，呈"八"字形，故名。其中一桥跨山塘河支流白姆桥河，另一桥跨山塘河支流冯家浜（浜已填塞）。此桥于民国十一年（1922）由山塘市民公社会同当地民众集资建造。1881年《申报》上载录了山塘八字桥浜的一则"毒蛇渡河"奇闻："火赤练为蛇之毒者，噬人必死，然不

八字桥远景

常见，见则人必殛之，乃本月初九日山塘八字桥河中有火赤练数十条，首尾相冲，蝉联鱼贯而过，始则在水，继而登岸。观者纷纷，而蛇昂首向人，蜿蜒自若，人亦莫之敢

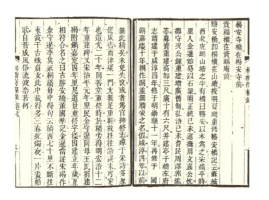

《桐桥倚棹录》中有关桐桥（胜安桥）的记载

击也。逾时，钻入石隙而没，群以为异云。"[1]2016年，虎丘街道桐星社区在山塘埂子上1号张宅内发现了清康熙五十一年（1711）重建八字泾桥的条石。旧时八字桥附近有大梵巷，故也称东梵巷桥。此桥为梁式平桥，南接白姆桥西弄，北接臭马路（清洁路），如今原桥已无踪迹，原址处有残存莲花石

---

1. 《申报》（1881 年 6 月 16 日第 2 版）载录。

经幢一座，上刻"南无阿弥陀佛"字样，矗立在薛家湾边，述说着过往。此外，阊门外图董、苏州议事会议员、山塘市民公社第六届社董潘人瑞（字月槎）也曾住在八字桥[1]地区。

桐桥浜

　　位于山塘桐桥东侧。《桐桥倚棹录》载："是书以桐桥为虎阜最著名之处，故名曰《桐桥倚棹录》。盖摘取李嘉祐'春风倚棹阖闾城'诗意也。"《桐桥倚棹录》中亦载："胜安桥，即桐桥。在山塘。按明夏玑《重修胜安桥记》云：'苏城西北虎丘山塘之半，有桥曰胜安，以木为之。宋端平时里人金暹始易以石梁。明正统己未巡抚周文襄公忱、郡守况公钟重建，增广旧制。弘治己未耆民周泽、郭鉴等募资重建。高加三尺，广十有六尺，并建亭于桥左。《府志》谓建于咸淳四年，修于明崇祯十一年，再修于国朝嘉庆十年。'桐'作'洞'，并无'胜安'之名，似咸淳四年以前无此桥矣，未免失考……道光二十年同善堂重修时，于桥旁得明弘治十二年重建碑，又宋治平元年里民金守暹同母王氏捐建，碣附镌'嘉定四年里尼道景重修'字样。因建立年岁互相符合，名之曰'古胜安桥'，董国华记。'金暹'当从宋碣作'金守暹'"。

吕袁氏节孝坊（西侧柱今貌）　　陈张氏节孝坊　　　　　　　　俞胡氏节孝坊

　　《玉蜻蜓》是家喻户晓的清代弹词作品，戏中"贵升入庵""桐桥拾子""庵堂认

---

1. 夏冰《苏州士绅》，文汇出版社，2012，P249。

母"等情节都在桐桥畔展开。而由一块玉蜻蜓扇坠引出的这一出传奇故事，一传就是五百余年，是苏城老百姓茶余饭后津津乐道的艺术作品。

桐桥周边旧时节孝坊林立，有些石坊随着岁月淹没，而有些则幸存了下来。在桐桥的西面、北面、东面有许多节孝坊，比如桐桥西面有为贝启祚妻程氏、汪学亮妻陈氏、姚珍妻张氏、孙洪绪妻文氏、卢之达妻吕氏所立的旌表节孝坊，桐桥北面有吴明旌表节孝坊，桐桥东面则有为吕大绵妻袁氏所立的旌表节孝坊。此外，历史上还有一些双节坊，比如在桐桥西面为沈功安妻秦氏、子文渊妻程氏所立的婆媳双节坊，今已不存。清道光《苏州府志·列女》载："山塘桐桥浜张光绪妻徐氏，吴江人，年三十，夫亡，有女无子，自缢死。"但后人并没有为徐氏立节孝坊。据1940年《申报》传抄逊清旧闻："苏郡每逢乡试之年，各属接报舟船，俱停于山塘桐桥一带，诸生每于揭晓日，徘徊桥畔，盼望佳音。"[1]民国时期，桐桥一带也曾是江北船户经营木业的集散地。而《金阊区志》则认为桐桥之名源自此地旧时附近有许多梧桐树。

鸭脚浜

位于山塘桐桥东侧、北侧。从桐桥东南段始，向西北达虎丘后山，并联通虎丘环山的东、北、西溪之水，明初是山塘百姓赴虎丘的主要交通水路，因为彼时虎丘山南麓与山塘街尚未联通。鸭脚浜原名凫溪。《桐桥倚棹录》载："鸭脚浜为生公放生处，在胜安桥内。任《志》云：'即凫溪也，旧有白椎庵。'明文震孟题'晋生公放生处'六字。此处有泉，俗呼'鸭脚泉'，昔人以鸭脚泉煮虎丘茗为佳品。汪琬《过鸭脚浜》诗云：'柳外莺雏弄好音，暂牵画舫入溪阴。楝花欲放黄鱼美，谷雨才晴绿树深。才少不堪文字饮，兴酣那惜短长吟。麦秋时节须行乐，已是功名付陆沉。'"文中的生公，即南朝宋僧竺道生。虎丘山上有著名的"生公石"，亦称"千人石"，相传是"生公说法"的遗迹。

《桐桥倚棹录》中关于鸭脚浜的记载

---

1. 旧报信抄（逊清同治十二年），《申报》（1940 年 8 月 24 日第 12 版）载录。

民国时期山塘下塘河道旧影

竺道生俗姓魏，钜鹿（今河北平乡）人，侨居彭城（今江苏徐州），生于一个世代为士族的家庭，其父亲曾为广戚（今江苏沛县）令。竺道生幼年随竺法汰出家，改姓竺，曾在庐山度过了七年的时光。后又游历长安，从鸠摩罗什授业。他十五岁便登坛讲座，二十岁受僧侣的最高戒律"具足戒"。竺道生因佛理见解不同而被庐山东林寺僧团摈遣，逐出师门。南下来到虎丘的寺庙里，终日为石头讲《涅槃经》，讲到精彩处，便问石头是否通佛性，群石皆点头。这个故事曾被收录在《莲社高贤传·道生法师》中。竺道生因为讲说明白，论辩透彻，口词清朗，即便是素有声望的高僧大德，都往往被他驳得理屈词穷，不敢与他争论，故而久之，竺道生声望愈隆，成为当时受人敬仰的高僧。刘宋元嘉十一年（434），竺道生在庐山圆寂，享年79岁，葬于庐山西阜。后人将其称颂为庐山东林寺"十八高贤"之一。南宗禅的"无修而顿悟"，皆起源于竺道生的"顿悟"论。民国《吴县志》载，斟酌桥旁曾有一处凫溪渔舍，其渔舍实处在鸭脚浜："凫溪渔舍，在虎丘斟酌桥，朔州知州蒋深别墅，从孙恭棐为记。清蒋恭棐《凫溪渔舍记》：'出金阊门，山之可日涉者。莫如云岩，方塘涵波，万瓦鳞次，花晨月夕，画舸填塞。广场胜会，亦时有喧嚣之嫌。近山村落小渚萦回，野田疏豁，与云岩之平远秀丽足相映发而游迹罕。逮半塘迤北，清浏[1]数折，土名'鸭脚浜'。'鸭脚'，银杏树名[2]。吴中处处有之，独被是水何耶？余从祖父绣谷先生暇日与客过而乐之，购地筑室题曰"凫溪渔舍"，自营寿藏，其旁命为之记。"而在此前，清道光《苏州府志》上亦有相似的收录内容。此外，桐桥与鸭脚浜交汇处有一杭氏典当铺，至今犹存，据居民介绍其宅因是账房，私密性强，故原来西侧墙面对外并无门窗，后来住进七十二家房客后，才陆续开出门窗。

---

1. 形容水流清澈。
2. 鸭脚系银杏树的别名。因其树叶似鸭掌状，故名。北宋文学家欧阳修曾有《鸭脚》诗："鸭脚生江南，名实本相浮。绛囊因入贡，银杏贵中州。"

青山浜、绿水浜

都位于山塘河北岸临近虎丘的区段。《桐桥倚棹录》载:"青山桥,即白云桥。《府》志:在白公桥之西。陈基《青山桥即事》诗云:'雨情如水水如环,柳外春桡数往还。招手渡头人不见,二分新月近青山。'"范君博《吴门竹枝词·山塘倚棹词》载:

民国《吴县志》中关于永仁堂碑记的记载　　　袁学澜《适园丛稿》书影

"吟啸楼在青山桥西,朝仪程秉义所筑,临堤高敞,画舫明灯皆集其下,额曰:'仙侣少留处'。联曰:'吟风啸月无双士,绿水青山第一楼。'东义能文好客著有《红豆咏梨雨集》"。青山桥始建于宋代,清同治五年(1866)重修,系单孔石板桥,桥长10余米,宽3.1米,但跨度仅有2.35米。青山桥与绿水桥是姐妹桥,统称青山绿水桥,极富诗情画意。旧时此处画舫云集,热闹非凡。清袁学澜《适园丛稿·苏台揽胜词》载:"癸卯重午,余携家人观竞渡于虎阜,寓居青山桥畔之竦云楼,楼故吴阊灯船汇聚之所也。每至日衔西岭,月澄川练,画鹢群翔,遨游水次。"清郑澍若《虞初续志》里曾杜撰了绿水桥畔的"人面桃花"的故事,杭州秀才花栩为打听沈周的《百鸟图》而两度在绿水

山塘青山桥旧影

桥邂逅少女沈飞香。秀才进京赶考,再回来时,此地早已物是人非,沈飞香因相思成疾而去世。

青山桥桥堍原有"刘公墩"圆石碣。这位刘公是明代长洲县丞刘干,他担任县丞的时候有功于民,故士庶乞求他留衣冠冢于此。清顾震涛《吴门表隐》载:"'刘公墩'三大字圆石碣在山塘青山桥堍。明

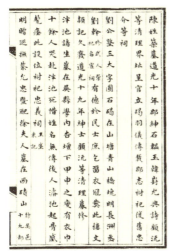

清顾震涛《吴门表隐》中关于刘公墩的记载　　清顾震涛《吴门表隐》中关于普福寺和甘露律院的记载　　清顾震涛《吴门表隐》中关于永仁堂的记载　　清《虎阜志》中关于永仁堂的记载

长洲丞刘干，修武人，崇祀名宦祠，有德于民。士庶乞留衣冠葬此。楼文颖记，久废。道光十九年，绅士顾沅等清理募修。"此外，《吴门表隐》中也记载了清乾隆十九年（1754），士绅张云龙、周振绪等提请建造善堂，并取名为永仁堂。永仁堂的堂匾由巡抚庄有恭题写，沈德潜、顾诒禄、宋宗元等名士皆参与了募捐。而在民国《吴县志》中还收录了《永仁堂碑记略》。

民国《吴县志》记载："绿水桥，旧名普福桥。在青山桥西，明万历二年重建，清嘉庆三年修，同治五年昌善局重修。"

绿水浜在绿水桥的西侧。绿水桥的东面有普福寺和甘露律院。《桐桥倚棹录》载："普福寺，在绿水桥东，宋淳熙年间僧文诚建。甘露律院，在绿水桥东，《长洲县志》：'明崇祯年间僧澈如、净起创建，地居半塘、虎丘之间，清流映带，树色青葱。国朝康熙九年布政使慕天颜为放生池，缘院至西山庙桥官河，悉禁网捕。'又香严院与院相连，为净起退居之所。徐崧《宿甘露庵》诗云：'寒宵一宿借云窝，途路还应客过多。却羡有人浮钓艇，一天明月唱吴歌。'"

斟酌桥浜

　　俗称东山浜，东溪，位于山塘斟酌桥东侧，通环山河、十字洋。东晋陶潜《移居》诗有云"过门更相呼，有酒斟酌之"，而恰好斟酌桥头在清初曾有一家赵姓酒肆——三山馆，斟酌桥的得名或许正与酒肆有关，而斟酌桥浜之得名应与桥名相关。1880年《申报》则称："苏州山塘斟酌桥者，为当时画舫歌船出入必由之所。"[1]《桐桥倚棹录》载："斟酌桥，任《志》：'在虎丘山寺左。'明万历十三年里人张相泰重建。国朝嘉庆三年知苏州府事任兆坰重建。道光二十一年同善堂重修桥栏。张大纯《过斟酌桥》诗云：'斟酌桥头花草香，画船载酒醉斜阳。桥边水作鹅黄色，也逐笙歌过半塘。''山前山后水盈盈，青雀红阑与岸平。桥畔酒帘斜飐处，酌量三雅向人倾。'又汪懋麟诗云：'白公堤外水迢迢，吴女花船背橹摇。最爱桥名是斟酌，也须春酒变春潮。'又顾我乐诗云：'斜日乱莺啼，春波荡桨齐。游人停白舫，野店拆红泥。隐约帘犹隔，招邀路

清《虎阜志》中关于正修讲院的记载

不迷。杖头钱几许，拼掷画栏西。'"民国《虎丘新志》则载："斟酌桥在李公祠之东，明万历十三年，里人张相泰重建，吴人承前代风流之余，从前来游虎丘者，多乘灯船，具酒肴，载弦管，过斟酌桥入后溪，所以斟酌桥之繁盛，当时为诸桥冠，盖画舫笙歌，皆停留于是处也。"《虎阜志》载，在斟酌桥西曾有正修讲院，明崇祯十六年（1643）吴县知县牛若麟建，祀先贤周、程诸子，后为学舍。同年，牛若麟去任，老百姓在此给他建了一座生祠，明进士徐沂（隐士徐枋的父亲）撰写了去思碑。巡抚马曾改其名为正心书院，但书院在清代乾隆年间已然荒废。斟酌桥南侧有阳刻的桥联："鹤市人家通一水，虎丘花舫聚三汊。"斟酌桥于1924年改建时，在桥南侧正中书写了"斟酌桥，民国十三年重建"水泥桥铭，留存至今。1977年，斟酌桥又被拓宽。如今在斟酌桥依稀可见一侧桥联"鹤市人家通一水"。《桐桥倚棹录》中亦谈到斟酌桥与万点桥的地域重要性："玉带河自斟酌桥转出万点桥是也。虎丘山若无斟酌桥、万点桥、望山桥通旱路，便如金、焦两山孤立水中

整理虎邱名胜

蘇州

苏州名胜虎邱山,现由地方人士张云抟等筹款整理风景桥路,重建斟酌桥,四日已完工。改造铜桥亦竣事。山麓建筑苏州商团纪念碑林房屋,定旧历重九日行落成礼,现正从事修建五人之墓与葛将军祠,并在山中千人石上建一标准钟。最后辟筑环山马路衔接环城路,以利外来游客。

整理虎丘名胜(载于《申报》1934 年10 月6 日第11 版)

耳。"1934年《申报》则报道了重建斟酌桥及周边风景整治的事:"苏州名胜虎丘山,现由地方人士张云抟等筹款整理风景桥路,重建斟酌桥,四日已完工。改造铜[1]桥亦竣事。山麓建筑苏州商团纪念碑林房屋,定旧历重九日行落成礼,现正从事修建五人之墓与葛将军祠,并在山中千人石上建一标准钟。最后辟筑环山马路衔接环城路,以利外来游客。"[2]《桐桥倚棹录》亦谈及东山浜曾有孙武子祠,一名沪渎侯庙,祀吴王客齐孙武子及孙膑。清嘉庆十一年(1806),大儒孙星衍曾购一榭园改建。此外,还有从娄门迁来的盛公祠,祀明代御史、吴江人史泉,今皆废。

万点桥浜

俗称西山浜、西溪,通环山河,位于山塘万点桥东侧,得名于万点桥。万点桥又名饭店桥,讹为范店桥。关于"饭店桥"名称的由来,还有一个血雨腥风的历史传说。据说吴王夫差为先王阖闾在虎丘营造陵墓,并用许多金银饰品和宝物随葬,从全国各地召集了千名能工巧匠专门来建造墓室。陵

万点桥今貌

墓建成之日,夫差怕泄露机密,心生一毒计。夫差决定召集这些能工巧匠,在大磐石上设宴犒赏他们,并一同观看鹤舞。谁料墓成悲惨事,举杯庆祝赴黄泉。千余名工匠都被鸩杀在了虎丘山下这块大磐石上。后来这块石头被称为"千人石"。而这千名工匠中有一人幸免于难,他隐姓埋名,在这座桥堍开起了一家小饭店。后来越灭吴,这名工匠才把这个千名工匠惨死的秘密公诸于世,来向他打听的人多了,饭店旁的这座小桥便得名"饭店桥"。这个在老山塘居民间流传甚广的故事如今看来只是一种戏说,但

---

1. 按:"桐"。
2. 《申报》(1934 年10 月6 日第11 版)载录。

正因为有这个故事的存在，给万点桥增添了神秘、沧桑的色彩。民国《吴县志》载："万点桥，俗名范店桥，明弘治十三年重建。"又《桐桥倚棹录》云："万点桥，在虎丘山寺西。《府志》云俗呼'饭店桥'。明宏治十三年重建，按：万点桥、斟酌桥旧皆以木为之，明始易以石梁。"清光绪六年（1880）九月，清节堂昌善局曾募资重建此桥，并刻此修桥纪事于桥联，留存至今。万点桥尚存"光绪六年九月""清节堂、昌善局募资重建"等题字。万点桥东曾有陈文庄公祠，祀明代探花陈仁锡，系清康熙十九年（1680）由城内迁来，久废。万点桥旁席场弄曾有明代四大才子之一的徐祯卿的墓。《吴县冢墓志》引《瓜泾徐氏家乘》所载："国子博士徐祯卿墓，在虎丘西麓万点桥席场弄右，郁家浜北端。"

山塘河上的十二支浜统计表

支浜名	水系流经方位	相对山塘河的方位	备注
杨安浜	通贵桥西南侧	山塘河南岸	
五泾浜	星桥西北侧	山塘河南岸	别称吴泾浜、渔泾浜
野芳浜	彩云桥西北侧	山塘河南岸	
庄前浜	普济堂东侧	山塘河南岸	别称小普济桥浜
打柴浜	普济堂西侧	山塘河南岸	
八字桥浜	白姆桥东侧	山塘河北岸	
桐桥浜	桐桥东侧	山塘河北岸	
鸭脚浜	桐桥东侧、北侧	山塘河北岸	
青山浜	青山桥东侧	山塘河北岸	
绿水浜	绿水桥东侧	山塘河北岸	
斟酌桥浜	斟酌桥东侧	山塘河北岸	
万点桥浜	万点桥东侧	山塘河北岸	

街巷称谓漫谈

谈到山塘的街巷，首先要谈谈街巷的名称。

第一类称作"场弄"，或者地名中带有"场"字的弄堂。比如在如今半边街的北面、山塘河的南岸，就有一些场弄。青莲庵场（因清莲庵得名）、仁安场，还有杨安弄东面的营场坊，山塘河北岸八字桥西街北面的木耳场、薛家湾西面的倪家场[1]、鸭脚浜（因地形命名）东面的会馆场（开设于老的全晋会馆前）等，这些场弄的名字依旧留存至今。所谓场弄的"场"，其实是一个居民的聚集区，类似于现在邻里中心的概念。居民在此举办活动，或者因其他缘由聚集于此。苏州话里面有"场化"一词，也就是场所，其实是一个意思。随着岁月的变迁，山塘的许多场弄也已然成为历史或即将画上句号。比如席场弄，旧时是织席业的所在地。明代王鏊在《姑苏志》中就曾盛赞道："席，出虎丘者佳，其次出浒墅。或杂色相间织成花草人物为帘，或坐席。"《桐桥倚棹录》载："花家场，在席家弄内。"清乾隆时期，在虎丘地区就有个"板刷村"，经营草席、棕刷，主要传承的世家有毛、沈、倪三户，供应沪上的市场。《桐桥倚棹录》中就曾谈到草席中的上品虎须席："昔年环山居民多种菭草，织席为业，四方称'虎须席'，极为工致，他处所不及也。今种菭草织席者，浒关为甚，然虎丘地名尚有号席场弄者。"

彩云桥到井泉弄的区域，旧时有一个场弄，名叫筷呒场，但值得注意的是在清代《桐桥倚棹录》中别作"快呒场"，顾禄认为吴人讳"著"为"快"，并称此场弄内原有吉祥弄。"筷呒"在苏州话中就是"筷子"的意思。筷呒场并不能理解为做筷子的场弄，而是这里旧时有许多饮食业，比如酒业，像前文提及的野芳浜口的得月楼，还有酱园、茶馆、米铺和茶食店等业态，可以想见此处昔日的繁华。通贵桥的北面，原来有个三角场，如今地名已然消失，其地现为前、后管弄堂所在。"场"名的消失，也可能是人口的减少或迁移所致。而前述的牛车浜变为木耳场，很有可能就是人口的增加所致，原先牛车浜附近的空地也得到了利用，在新中国成立后兴建了许多新的房子，或者说是在原来的弄堂构造基础上形成了新的场弄，目前木耳场一带仅有少量的老宅，

---

1. 据民国王謇《宋平江城坊考》中"倪家场"条所述，倪家场因倪千里而得名，宋《名宦传》中有倪千里。

许多皆为新中国成立后所建，因此改名也可看作是历史的必然。场弄的概念其实亦不局限于"场"字，山塘街中许多弄堂都属于"场弄"的概念，可以理解为一个热闹非凡的、有着公共空间的局部社区。比如花园弄，这个弄堂名有两层含义。

第一是在历史层面上。清乾隆《元和县志·风俗》载："相传宋朱勔以花石纲误国，子孙屏斥，不与四民之列，因业种花，今其遗风也。"朱勔的后裔也因朱勔而受到牵连，不能进入"士、农、工、商"之列。为了维持生计，他们继承了朱勔在花卉、盆景上的绝活，以种花为业。据说，虎丘最早一批以艺花为业的花农便是朱勔的后代，后来或许因为艺花本身就有利可图，所以不少其他的苏州贫苦农民也都加入艺花的行列之中。

朱勔与蔡京、童贯等被后世称为"北宋六贼"。而"六贼"之名，最早出于北宋宣和七年（1125）。北宋宣和七年十二月二十七日，也就是宋徽宗退位后的第四天，金军兵临城下，开封告急，在此千钧一发之际，太学生陈东上书宋钦宗："今日之事，蔡京坏乱于前，梁师成阴谋于后，李彦结怨于西北，朱勔结怨于东南，王黼、童贯又结怨于辽、金，创开边衅。宜诛六贼，传首四方，以谢天下。"而在这次的弹劾中，另外两名奸臣高俅和杨戬却意外地得到了善终，高俅在死后亦未被追加罪名。《宋史·李若水传》载："若水言：'俅以幸臣躐跻显位，败坏军政，金人长驱，其罪当与童贯等，得全首领以没，尚当追削官秩，示与众弃；而有司循常习故，欲加缛礼，非所以靖公议也。'章再上，乃止。"由此可见，他们的结局与皇帝的最后保全有很大关系。

那么朱勔是何人，他又是如何发迹的？其实这里面有一个"花石纲"的故事。在北宋徽宗的时代，皇帝特别喜欢各类奇珍，花石自然也在内。"花石纲"的"纲"意指一个运输团队，往往是10艘船称为一"纲"。当时奉宋徽宗之命在东南地区搜罗奇珍的有杭州造作局、苏州应奉局等。朱勔的父亲朱冲原是苏州草药铺的老板，后来生意做大成了富商，还参与社会慈善，比如施舍接济一些贫寒老病之人，以此提升他在苏州城的知名度，所以声名在外，也就自然而然结交了许多权贵

明王鏊《姑苏志》中有关朱冲和花石纲的记载

和寺院的僧侣。这些故事在明代王鏊《姑苏志》中也有详细的记载。据传京城的权臣蔡京有一次从杭州到苏州祈福，欲造庙，但愁资金没有着落，便通过僧人介绍结交了这位富甲一方的朱冲，其实也是看上了朱冲在苏州当地的声望。朱冲一看是蔡京，自然不敢得罪，随即就置备了造庙的木材。当蔡京再次来到工地，看到堆积如山的木材，对朱冲很是满意，后来他的儿子朱勔也得以掌握了苏州的应奉局，在江浙一带搜罗奇珍异石。而为朝廷运送花石的船队则被称为"花石纲"。花石纲船队所过之处，需向当地征用钱谷和民役，比如为了押运花石，大量百姓被强行征用服役，致使百姓苦不堪言，而这一切只是为满足宋徽宗本人的骄奢淫逸。宋徽宗还特地造了皇家园林——艮岳，用以安放这些奇珍异石。艮岳于宣和四年（1122）竣工，初名万岁山，后改名艮岳、寿岳，或连称寿山艮岳，亦号华阳宫。北宋靖康二年（1127），金人攻陷汴京后，艮岳被拆毁。《宋史纪事本末》载："朱勔于太湖取石，高广数丈，载以大舟，挽以千夫，凿城断桥，毁堰拆闸，数月乃至。"由此可知，有时候朱勔为了让花石纲通过，竟然下令拆毁桥梁、堰闸，凿坏城郭。据明王鏊《姑苏志》，花石纲在浙地所经之处，凡是一花一木有奇特形状者，立即在门口贴上黄色的封纸，不问其家，俱皆径取，所以两浙的百姓畏之如虎。朱勔之流为献宝所主导的种种劣行，闹得民怨沸腾。当时押运的官兵也会因花石纲而得到好处，据说会根据太湖石的优劣，给予运载湖石的士兵粮饷若干，所以这些艮岳遗石又称作折粮石。朱勔本人擅长园艺，被称为"花园子"，据说苏州城历史上的第一支牡丹花就是朱勔运来的，而他在苏州的园子被世人称作"朱家园"。当朱勔被宋钦宗下诏流放后，获悉消息的苏城百姓便冲进了朱家园，抢砸一空，特别是那棵妖娆多姿的牡丹也被百姓折断后拿去当柴烧了。在清代袁学澜《吴郡岁华纪丽》中便留下了这样的记载："吴郡牡丹本极盛。宋时，朱勔家圃在阊门内，植牡丹数万本，以彩缯为幕，每花身饰金牌记其名。勔败，皆摧为薪。"著名的瑞云峰、冠云峰和玉玲珑，也因朱氏被罢官而来不及起运，留在了苏州织造府（今苏州市第十中学）、留园和上海豫园中，被后人称为"江南三大湖石立峰"。《桐桥倚棹录》载："程处士枚吉宅，在望山桥西花园弄内。"此外还曾有顾司空祠[1]。

---

1. 《桐桥倚棹录》载："顾司空祠在花园弄内，祀国朝工部侍郎宋荦。康熙四十三年巡抚宋荦建，并书'名卿芳俎'额。圣祖南巡，有御制诗书赐悬祠中。乾隆时已废，嘉庆初年元和县王有庆复建。"

　　第二是在社会民俗层面上。花园弄之名本身就与山塘旧时的花文化息息相关。旧时的山塘有各种时令的花市。《桐桥倚棹录》载："虎丘游船，有市有会。清明、七月半、十月朝为三节会，春为牡丹市，秋为木犀市，夏为乘凉市。"亦载："花场，在花园弄及马营弄口。每晨晓鸦未啼，乡间花农各以其所艺花果，肩挑筐负而出，坌集于场。先有贩儿以及花树店人择其佳种，鬻之以求善价，余则花园子人自担于城。半皆遗红剩绿，即郑板桥所谓'如何滥贱从人卖，十字街头论担挑'是也。按《元和县志》云：'郡中人家欲栽种花果，编茸竹屏枳篱者，非虎丘人不工。相传宋朱勔以花石纲误国，子孙屏斥，不列四民，因业种花，今其遗风。'"花场即花卉的批发市场，由此可想见昔日花园弄一带繁忙的花市景象。此外，《桐桥倚棹录》中也记录了一些已经消失的场弄，比如上文所述的花场，一在半塘，一在花园弄口，还有原唐孝子坊西尤家弄的鹅毛场。

　　第二类称作"码头"。苏州有"三关六码头"之说，其中"六码头"是指阊门一带的水陆码头。从空中俯瞰，五条河流在阊门汇聚，形成了"五龙汇阊"的壮观景象。"六码头"具体指南码头、北码头、太子码头、万人码头、丹阳码头和盛泽码头，其中位于山塘范围的是丹阳码头。旧时，这里专为丹阳籍客商运送货物，因而得名。丹阳码头南起杨安弄，北至星桥湾。范君博《吴门坊巷待辀吟》卷五中有一首诗谈到丹阳码头："电掣年光满眼愁，且拼醉倒试新篘。阿蒙不是丹阳客，日日何须到码头。"

　　第三类称作"里"，从字面上看就知道是"西潮东渐"后受海派影响而形成的新式里弄。山塘的里弄有潭子里、平安里、元兴里，这三处里弄相连，形成了山塘河南岸一处民国风情浓郁的住宅式街坊片区。而南五泾浜的南侧有新胜里，半边街东面有余德里，从现场的房屋情况看，多系新中国成立后营建的住宅区。在潭子里的西侧（潭子里53号北面）还有余庆里，尚存少量的民国住宅，比如余庆里2号是民国洋楼。余庆里3号亦是民国石库门建筑。此外，在彩云桥下塘附近还有元福里，新民桥雕花厅附近则有人民里。

　　第四类称作"浜"，顾名思义，即河浜边上的街弄，比如上文所述的十二支浜、青山桥浜、绿水桥浜及虎丘山山脚下的山浜等。但有些支浜以河浜为界，有些也分南北，比如五泾浜。

　　第五类称作"河头"或"头"。先说"河头"，山塘北五泾浜的西面的山塘河边有猪行河头，旧时因在此开设猪行而得名，山塘桥东侧有腌猪河头，北接北濠弄，如今已地貌大变，遗迹难寻。其次，关于"头"的街巷地名，在山塘区域也有不少，比如现存的地名有鸭蛋头、石牛头。

街巷脉络与街巷旧闻

再来谈谈山塘的街巷及所在片区的基本脉络和大致情况。谈到七里山塘的街巷，需要选取一个参照物，作为方位和片区的描述，本书选取的是山塘河上的古桥，也就是前文所述的渡僧桥及横跨山塘河的七座古桥——山塘桥、通贵桥、星桥、彩云桥、普济桥、望山桥、西山庙桥，来进行介绍。

渡僧桥、山塘桥与通贵桥周边区域

在渡僧桥、山塘桥与通贵桥之间的区域，有一条横向的弄堂，从南往北分别是渡僧桥下塘、曹家弄、后小邾弄、前小邾弄及临山塘河的通贵桥下塘。前小邾弄的东北侧是伊家浜，伊家浜南边临山塘河则有石家弄。石家弄8—9号宅为清末民初一路三进的建筑，宅内有陆树藩题"厚德载福"的门楼一座。渡僧桥堍在民国时期

渡僧桥旧影

还有一家程甘记颜料号。渡僧桥北堍原有鼎丰粉面号，而渡僧桥西堍则原有老公利信局，旧时附近还有宝元麻线号。渡僧桥下塘旧时便是药铺、参行集中的地方，比如8号为泰来药号，字额犹存。往西不远处则是水星弄，有石牌坊一座，立于水星弄口河埠。两柱出头石坊，北侧柱联曰："宏一方之利济，念万姓以长宁。"20世纪80年代以来，学界普遍认为此坊为功德坊性质。石牌坊西侧，水星弄口的渡僧桥29号则有一石库门，两侧立有"本修堂"界碑。渡僧桥下塘48—54号是市级文保建筑叶天士故居，即眉寿堂。叶天士故居的西侧不远处的56号也是一幢民国宅子，芝麻石门楣，内外叠

民国时期游客在渡僧桥下的留影　　　　　　水星弄功德坊近影

涩均为三层。叶天士故居的对面57号也是一座老宅，门口的木门依旧保留了晚清时代的特征，东侧界碑存"□宁堂大房"字样。而65号也是类似的清代木门。67号原是严记，如今内部已改建。75号系三开间楼厅，圆作梁架，内有混水门楼一座，题额为"厚德载福"。渡僧桥下塘曾有三板桥，毁于1953—1959年填塞东杨安浜时，后来造了实验仪器厂，这块地连同下塘的南头便一起被工厂占用了。东杨安浜填塞时，亦拆除了众安弄东头的众安桥，此桥曾重建于清咸丰九年（1859）。1955年填河时，小桥头三桥亦消失。这三桥即路西街的二条石板桥，丹阳码头与杨安弄交界处的铁栏石板桥、丹阳码头网船浜内的二条石板桥。

　　伊家浜因明代有伊溥、伊乘而得名。此说源自民国王謇《宋平江城坊考》，而清道光《苏州府志·宦绩五》则载："伊乘，字德载，吴县人。"伊家浜早已填河，仅存一狭长的里弄，弄内保存了许多晚清至民国的古建筑，比如伊家浜2号、4号、5号、7号、8号，其中2号为敦仁堂陈宅，4号为仁德堂曹宅，5号和7号存留了完整的晚清时期的格栅门，古色古香，8号则是宝善堂徐宅，民国建筑，落地长窗，门口界碑犹存。民国时期，医生程绍麟曾住伊家浜，当时旧门牌号为伊家浜1号。前小邾弄则是民国石库门较为集中的区域，巷子得名有个古老传说。春秋战国时期，现山东邹城一带，曾有个小国叫邾国。到了战国中期，邾国被楚国所灭。世子邾洪基逃亡吴地，隐居于阊门外。为避祸害，又改姓朱，故小邾弄一带相传为邾国后裔聚族迁居之地。先谈谈前小邾弄，此弄24—25号，曾为吴馨记茶庄主人吴子平所居。26号是金记，内有民国洋楼，菱形花纹窗格，还有一座砖雕门楼，字额已毁，仅存下枋正中纹饰。27号则是一栋民国建筑：

钟仁记。而对面的28号则是朱善堂张宅。31号也是民国建筑：昌记。32号亦是一栋民国建筑：刘念记。36号为陈宅，这一支陈氏家族为无锡前洲陈氏序伦堂陈塘支后裔，20世纪30年代落户苏州，并在同一弄21号开了一家鸿记药材行。41号是程宅，内部庭院已改。48—50号则是台州人开办的秀兰公所，存界碑。其中49号一路三进，有砖雕门楼一座，而临近区域的西杨安浜14号也是秀兰公所，皆有界碑立于门前。秀兰公所系清乾隆年间徽州茶商所建，公所所属的业别是荷叶业。而38号、40号、42号、44号（崇本堂王宅）、51号（戴宅）、52号、53号（安义堂严宅）也都是石库门建筑。严宅内原有砖雕门楼，今已毁。曹家弄与渡僧桥下塘平行，亦是民国建筑为主的区域。此弄内4号为承启堂严宅，系道光年间所建，外部为青砖，内为四合院。此宅后归宁波籍严姓商人。弄内6号有朝外的素门楼一座。而7号亦是民国时期的石库门建筑。8号则为利增字号，字额犹存。民国时期，该弄10号（旧门牌）曾为运输业同业公会常务、执行委员陈鸿章的住宅。14号（旧门牌）曾为张有恒茶栈。后小邾弄位于前小邾弄之南，东与前小邾弄交汇，西可达西叶家弄。后小邾弄5号内有"高梧凤来"门楼一座。

曹家弄张有恒茶栈信缄

片区西侧与渡僧桥下塘、曹家弄、前后小邾弄平行的区域则有西叶家弄，因名医叶天桂而得名。此弄内10号是一座民国洋楼，左右厢房，而20号、29号、31号、33号则皆为民国石库门建筑。此弄东首原有一家万源号，是专门制造真牛皮箱匣的店铺。西叶家弄的西北侧有小木梳巷、大木梳巷。大木梳巷如今建筑多已改建或增建，多数建筑原貌尽失，但依旧有一些遗存，比如大木梳巷5号原为浙江茶商创设的浙台公所，门前两块界碑犹存，分别为"浙台公所界""浙严建"。其中"浙严"的字义应为浙江严州府的意思，现其区域已划归杭州市管辖。而9号、10号为对门，均为石库门建筑，然屋子结构已然翻建。9号后有小弄（依旧为大木梳巷）通往小木梳巷，此处有严姓人家居住，内有走马楼，窗格系民国时期风格，宅前则存界碑镌"严界"字样。小木梳巷

9号为祥瑞堂金宅，内部已经翻建，金宅门前有两方界碑。金宅西侧后原有一尼姑庵，据附近村民介绍，旧时香火极盛，庵堂于近年拆毁后改建，仅剩庵堂石库门和庵门前

大木梳巷浙台公所的两块界碑

老树一株。据民国《吴县城区寺庙公产调查表》，此庵名为小西山庙，始建于宋代，在民国时期住持比丘尼为三宝，此庵当时有庵舍八间。据附近居民讲述，当时庵堂内的当家尼姑，大家都称其为"阿爹"，是为一奇。

大木梳巷往北则是西杨安浜。西杨安浜西接广济南路，东接杨安浜，也就是国保单位玉涵堂的所在地。西杨安浜8号、9号则曾是郁恒丰茶庄，其中9号留存了石库门，附近门前有界碑"郁恒丰"。秀兰公所西侧有一条狭窄的弄堂，名叫求笺弄，一名求签弄，而《吴县城厢图》则标为"求子弄"，因为旧时弄北有观音堂，信众来此弄求签问卜，故名。

北岸沿着山塘街从旅游景观御碑亭开始，先后经过冈州会馆、宝安会馆水码头、岭南会馆头门、安泰救火会旧址，到达通贵桥旁，往西继续走，映入眼帘的则是从外安齐王庙移建的古戏台、汀州会馆。在这个北岸片区山塘街的北面，也就是山塘九府、新民桥菜市场的区域，已然沧海桑田，旧貌变新颜。北濠弄因位于阊门外北护城河西岸，故名，今已讹称为北浩弄。北浩弄西侧依旧属于山塘街的编号范围，比如目前在原来上山塘东段的北侧依旧可以看到吉庆寺弄和永余弄两条东西向并行的街巷，其中吉庆寺弄圆家庵已列入第三次全国文物普查新发现点，现为未定级的不可移动文物。吉庆寺弄南边原为大同里。永余弄南边原为永余里，如今已湮灭。此外，冈州会馆侧原是会馆弄，曾名山塘弄。此弄原来南接山塘街，已在2005年的山塘整治改造中消失，仅存弄牌。

通贵桥—星桥周边区域

该区域以山塘河为界，分为南岸和北岸，山塘街在北岸。在这个区域的南岸，首先可以看到东北角上的民国建筑群，分散在潭子里、平安里、元兴里这几处里弄间，形成了一片山塘地区独特的民国式里弄建筑群，在此建筑群中，亦夹杂了少量的晚清建筑遗存，由此可见街区建造年代的层叠记忆。潭子里较有代表性的民国建筑有4—6号郁永宁堂、7—8号吕宅、13号西区胡家墩派出所旧址、17号马宅、26—27号朱宅。吕宅内还有八角形西洋彩色玻璃窗。吕宅前的素面门楼则被列入三普登录点，朱宅则是典型的民国式花园洋房，其中花园为27号，其房屋北侧临山

通贵桥下塘旧影（20 世纪 30 年代）

通贵桥旧影

塘河。27号花园里是一幢典型的民国洋房，二层楼房，上层格栅窗，下层落地长窗，左右为厢房，而住在里面的则是两位百岁老人倪仲颐、刘云霞。刘云霞老人制作的腌姜片远近有名，《姑苏晚报》曾对其进行新闻采访。潭子里25号也是民国建筑，保留了原来的落地长窗。35号原为周世记造船厂，可见此处昔日网船业的影子。53号则是勤补堂张宅，系五开间楼厅。此处的张家即蜜饯作坊"张祥丰"家族，如今已住了四代人。潭子里6号（旧门牌）在民国时期曾居有花鸟画家朱培之[1]、报人庞独笑。此外，潭子里

1.《申报》（1933 年 12 月 30 日第 5 版）载录。

还有个占地五间的观王阁，始建于宋代，民国时期主事人为绍溢。旧时潭子里还有块"百忍碑"，劝诫乡邻和睦相处，今已不存。元兴里东南侧有顾吉记，界碑犹存。

潭子里往南是杨安弄，这条弄堂里的建筑具有浓郁的民国风情。杨安弄最有代表性的两栋民国宅子是35号徐宅及40—42号近代建筑。徐宅内有癸酉年（1933）徐弼题"紫气东来"砖雕门楼一座，宅内原有明代"肃政廉墓碑"一方，现已转入苏州文庙保存。40—42号近代建筑外侧为青砖砌筑，三角形门楣，带有浓郁的海派里弄风格。此外，还有34号长德堂江宅，已改建。45号原为腌腊同业商人创办的兰溪公所。而原17号在新中国成立初则是鼎丰酱园，原6号则曾为叶兴记茶叶号，兼营篾箱，属竹藤器业。

杨安弄的东面、留园中心小学的南侧有条小弄堂——营场坊，也就是前文提及的场弄，营场坊的房子多为翻建过的民国时期的传统建筑。其中1号曾为教育家汪惠章的宅子，汪曾先后任江苏省立第一、第三农业学校校长，他也曾代汪懋祖参加市政处参事会[1]，故二人可能同属吴趋汪氏家族。杨安弄的西侧是宝元街，宝元街分为前、后宝元街。前宝元街3号、10号、11号、14号，后宝元街14号、16号、18号皆有民国时期式样的石库门。值得一提的是7号内有一砖雕门楼，字额"竹苞松茂"，此门楼系三普登录点。前宝元街的南侧为贵门街，贵门街上留存至今的古宅主要为贵门街3号、8号（石库门）、16号（石库门）及9号残存的廊屋。贵门街西南侧是南胡家墩，其中10号保存较为完好，有完整的走马楼，落地长窗，系清末民初风格。14号亦有一石库门，外墙为青砖砌筑，系民国时期遗构。此外，这个区域已然消失的地名有市福桥和胡家墩（仅剩南胡家墩）。原市福桥、市福桥弄均系弹石路，其中市福桥东接广济路，西接胡家墩，市福桥弄则东接胡家墩。原胡家墩有胡家墩、胡家高墩和南胡家墩。其中胡家墩南接市福桥，西接南胡家墩，北接胡家高墩。而胡家高墩则西接胡家墩，东折北接贵门街。此外还有西杨安桥北接市福桥。贵门街、胡家墩南侧为广济公园。前、后宝元街中间的区域有一处引凤园弄。引凤园弄1号、4号亦存留民国时期式样的石库门。宝元街的南边是半边街，其中，半边街92号系晚清石作同业商人于清光绪十二年（1886）在此创办的石业公所，该公所于光绪三十二年（1906）又重建。当时这里有条

1.《苏州明报》（1928 年 7 月 24 日第 2 版）载录。

支弄，名曰绣花弄，1906年重建。旧时石业公所内有神像，今已不存。屋内有铜香炉一尊，镌"石业公所"字样。原先有青石碑刻两方，已转入文物机构保存。另民国《吴县志》载："永善局，在阊门外半边街。清光绪元年，郡人顾秀庭创建，专办留婴。"而清末吴大根编《长元吴丰备义仓全案四续编》中载："阊门外平粜局董顾贤麟，局设半边街永善堂。"清道光《苏州府志·杂记四》中载："瑞云峰玲珑高耸，宋朱勔凿成，由太湖运石，船覆，挽起失其座，继为郇阳董氏所得。阊门下塘徐氏[1]尚宝司某富堪敌国，与董联姻。董以此石赠嫁，载至中湖，船又覆，众力挽之，座随石而起，徐置之半边街东园中。百余年来园废为踹坊。乾隆四十四年迁于织造府西行宫内，石之遭际亦奇矣哉。"而清《吴门表隐》则载："行宫内紫云峰久失，观音峰今屹立半边街踏坊外。"半边街是一条长街，一直往西可以通达留园，其中可从东往西经过半边新村、三间头、仁安场、北园场、留园新村，西接桐泾北路辅路。三间头、仁安场、北园场整体区域为新中国成立后建造的居民小区建筑，屋檐上多开老虎天窗，时代印记显著。仁安场因旧有仁安庵而得名，此地旧时曾有猛将巡游，从乐将武桥的猛将堂一直抬到仁安场一带，非常热闹。值得注意的是，北园场11号留存了一座晚清时期的轿厅，现已成过街楼。后宝元街往北则是路西街。路西街29号有一块老界碑，上镌"蒋沈仁德堂"字样。路西街的东侧是丹阳码头，弄口原为紫阳堂朱宅，存旧界碑"紫阳堂朱界"一方，现已改建为丹阳烟杂店，延续了昔日的市井烟火。丹阳码头除了本弄外，还有支弄，分为一里、二里、三里。丹阳码头所在区域亦是晚清到民国的建筑遗存，其中较有代表性的为丹阳码头一弄2号和丹阳码头一弄9号两座老宅。丹阳码头一弄2号是一座一路四进的古宅，始建于清光绪年间。20世纪80年代，此处曾为养老院，今已改造更新。丹阳码头一弄9号是一处晚清时期的老宅，门前留存有字额"明庐"。在庭院内右侧进入有门楼一座，字额

丹阳码头"厚德载福"门楼

---

1. 即阊门外彩云里（今留园路）的直塘徐氏家族，寻乐翁徐朴及其孙徐封（紫芝园主人）皆痴迷造园。直塘原属常熟地界，后划归太仓。

为"厚德载福",落款为清宣统庚戌（1910），题写人为董蔚。更值得一提的是，宅内有一口古井，井圈上镌刻"义井""陈宅喜助"字样，记载了昔日陈姓邻居乐善好施，在这里帮忙开凿水井的往事。饮水思源，驻足于此，可以想见百年前丹阳码头邻里互助的人间大爱。

此外，则是丹阳码头二弄4号邬宅，宅前拐角处立有"邬嵩龄堂"界碑。而丹阳码头二弄2号则是孙宅，内部已改造。丹阳码头二弄6号则留存有一晚清时代的轿厅，属养修堂杨宅范围，附近老居民回忆，杨家是新加坡华侨。杨宅的轿厅门前廊下留存木雕，中间雕刻有"寿"字。丹阳码头二弄13号则是新德堂张宅。丹阳码头、星桥湾、潭子里间原来是个河浜，名叫"网船浜"。

丹阳码头南端通向杨安弄。路西街北侧，紧临丹阳码头有大悲庵弄。大悲庵位于大悲庵弄2号，民国时期住持为宏缘，当时庵堂有庵舍五间，是星桥南侧区域与清莲庵并称的古庵堂。庵内留存了清嘉庆年间的门楼，字额为"庄严法界"。大悲庵对面为大悲庵弄11号，是一座民国洋房，房内吊顶上施泥幔，并绘有图案。大悲庵弄西侧是石牛头和五泾浜新村。石牛头曾名前清莲庵场[1]。南宋咸淳六年（1270），僧人志珍在此建庵，拾得石牛头，置于庵中，故名石牛庵，这也是此地名的由来，其事载于清代的《苏州府志》及《吴门表隐》。石牛头2号即邬宅，界碑亦是"邬嵩龄堂"。石牛头48号是宝善堂俞宅。附近的建筑多为晚清至民国时的风貌，而外立面大多整修过。还有已消失的狮音庵弄，此弄南接石牛头，西接后青莲庵场。

五泾浜新村也分为一里、二里、三里。在石牛头的北侧，则有清莲庵场。青莲庵场1号即清莲庵旧址，庵前仍有古井一口。民国《吴县志》载："青莲庵在九都石牛头，即古圆觉庵。宋绍兴三年，僧本立建造赐额。明正统七年，僧善儆（乾隆《县志》作'璬'）葬母圆觉废址旁，即此建庵。岁久渐圮。清顺治十一年，僧愿如重建，金之俊有记。咸丰十年毁，同治间重建[2]。"青莲庵的东面原来是路头堂，即财神庙，始建于清

1. 此地属原虎丘镇长青乡前张网5组。
2. 《虎丘镇志》："同治间重建，3开间2进2厢。前进3间大殿，毁于民国初期。庵内原有金身三母佛和穿袍服的猛将及身材较小的观音和泥塑彩绘的雷祖、关帝菩萨等。清末，庵前曾栽2棵香樟树，西边的1棵没有成活，另1棵至今仍枝繁叶茂，已有百余年树龄。1951年，庵内办起了新合小学。1973年，庵内办张网铸件厂。铸件厂搬迁后，青莲庵被拆除。"

代，原有庙舍八间。在民国时期，该庙曾有一名叫作温栋臣的庙头当住持。如今已然了无踪迹，路头堂后来就演变为地名，此地东至后宝元街，西至航运新村，如今庙毁，地名亦不存。1982年该区域改名为余德里。路头堂西面原称杨家坟，杨家坟南侧是鸭行里，如今已处于半边新村的范围。旧时山塘其他地区也有许多路头堂，分别在通贵桥、彩云桥、普济桥南，而今早已无迹可寻。清莲庵场的西面是石子街，旧时的石子街曾是纸钱业的聚集场所。石子街上现今留存的多为晚清建筑，民国时期改造，但大多现已多次改造。其中11号内可见晚清时期的房梁遗存，12号、14号石库门保留较为完整，15号内则有古井一口。石子街中端的北侧是新胜里，都是新中国成立后的建筑。原先那里也有一个庵堂，改造居民小区时拆除。新胜里的北侧是南五泾浜。

五泾浜西起硕房庄河，河道由西向东汇入山塘河，在南侧的转角即可到达星桥下塘。如果从星桥走到山塘河的南岸，往北是星桥下塘，往西经星桥湾往东则可达丹阳码头，而此湾往北旧时则是个大户人家的花园，花园的东南侧原是一座洋房，建于20世纪20年代至30年代，如今早已不存。附近的老居民回忆，此花园西北侧后来曾为苏州帽厂，而花园的西南侧旧址后来又变迁为电子技校。这个区域在新中国成立初住了许多医界人士。星桥下塘7号、8号皆为三余堂许宅的房产。细分而言，东侧靠近星桥湾的院落从北往南在新中国成立初时有两家，依次是白莲酒店和蒋氏中医产科（星桥下塘1号）。而许宅的东面原为面粉公司占用。在面粉公司与许宅中间，临星桥下塘的一户原先为内科医生诸永熹所居，诸医生于1952年加入苏州第二人民医院（今苏州市立医院总部）。诸宅的西侧曾是陆锦华创办的产科医院。当时星桥下塘7号原为中医皮肤外科医生许纪常所居，而8号则原住上述所说的产科医生陆锦华。1956年陆医生加入金阊区医院，并担任妇产科主任（院级）。而星桥湾往北则是潘所宜酱园遗址。20世纪30年代，星桥下塘15号（旧门牌）为姚日全宅、星桥下塘16号（旧门牌）为裕盛米行。星桥下塘一带也曾开办星桥煤炭商店、粮油食品商店。更值得一提的是，从小生活在星桥下塘的诸家德先生（诸永熹之子）回忆："以前的星桥下塘沿河是一条长廊房，有的还是二层楼，很有气势。山塘河两岸靠满了船，货物交易。基本上延续到1956、1957年公私合营结束了。"星桥与星桥湾交汇处原有易安居茶楼，后面也是潘家的酱园。旧时的星桥湾里有鸿庆楼菜馆、黄乾泰香烛店、杜记米行、沈沉盛米行、同太和煤炭行等店铺。星桥的北侧是一家老字号荣阳楼，曾经改名庆丰楼。旧时的荣阳楼一副大饼油条5分钱，小馄饨则是7分钱，许多老山塘人对此依旧记忆犹新。那时在荣阳楼边还有一家叫"太仓馆"的小饭馆，后来并入

山塘街 332 号题字门楼

1949 年雷诵芬堂药号在
德大药行的购货票

荣阳楼。另，还有一家兴楼茶馆。而星桥堍还有三家诊所，一家是荣阳楼的隔壁曾居针灸推拿诊所，医生姓马。另一家则是儿科诊所，由儿科专家包慎伯[1]所开，他与诸永熹是同学，1952年加入苏州第二人民医院。还有一家诊所则是由在宁远堂坐堂，后来又去山塘联诊的吴青成（音）医生所开。由此可见，旧时的星桥两岸亦是医界精英的聚居之地。此外，在民国时期，星桥附近还曾有一家恒昌颜料号。

在这个区域的北岸，首先要谈谈此段的山塘街。东端的新民桥雕花厅，往西可达许氏雕花楼（许宅），之后到达的区域是殳家墙门，最后到达星桥。新中国成立初，新民桥堍有德大药行，曾与雷允上等药铺有贸易往来。此段山塘街上，262号有门楼题额"竹苞松茂"，四个字额的部分已损毁。336号理发店后也有一座门楼，字额为"永康长乐"[2]。关于殳家墙门的得名也有一段故事。民国《吴县志》载："明寓贤殳丹生宅在山塘东，今称殳家墙门。"清《吴门表隐》则载："殳丹生，字山夫，桐庐人。嘉善序生，徙居北濠。博学嗜诗，好客，善施困厄。著有《贯斋集》。妻陆观莲，有淑行。通诗古文，晚悟梵理，著有《寓园集》。女默，字墨姑，工书，能诗，善画。年十六母没，悲号三日卒。著有《闺隐集》。"殳家墙门东侧原有一家杏花村糖果店，还有一家评弹大观园书场，书场老板娘外号"长豇豆"。边上是老虎灶，去书场可从知家栈3号（原阿二烤鸡店）边上拐进去。殳家墙门3号原为吴宅，曾为无锡茂新面粉公司股东吴梅

---

1. 包慎伯医生住山塘白姆桥西 715 号（旧门牌），《苏州明报》（1946 年 9 月 28 日第 3 版）载录。
2. 疑系字额修补时排序错位，原来额砖文字的排序应为"长乐永康"。

影居住，而4-1号则有一处砖雕门楼，字额有"孝友人瑞"四字。殳家墙门14号原来是个庵堂，如今散为民居，庵舍多已改造，在西侧还剩一处观音兜。殳家墙门22号也是一座古宅，原先主人姓孙，有去美国的孙华镇和去香港的孙华铮等。殳家墙门在民国时期曾有一家裕源仁纸号（旧门牌殳家墙门566号）。殳家墙门弄口墙上原嵌有一碑，碑首大字为"长洲县奉宪勒石永禁"碑文，其余已漫漶不识。

而星桥头旧时有一家大有南货店，南货店的对面则曾是理发店、酱油店。老星桥菜场入口西侧的山塘街上，按照从东往西的顺序，第二家店铺是达顺酱园、第四家店铺是宁远堂药铺。再往北则是腌鱼腊肉店、山地货行等，一直延伸至白姆桥止。附近还有茶食店如阜恒丰、东阳等。过了星桥沿山塘街往西走，便依次经过天和药铺、白姆桥。关于白

山塘街白姆桥旧影

姆桥，《金阊区志》上载录了两种说法："相传唐刺史白居易修白堤时建。桥名来历传说有二：一说白居易指挥修筑山塘，其女关心父亲，常送饭至此。古代，妇人能为师者，尊称为'姆'，故名'白姆桥'。一说白居易的白马拴于桥头，故名'白马桥'。"[1]白姆桥分为东、西两弄，以河浜为界，本段范围为白姆桥东弄。白姆桥东弄较有代表性的老宅有4号，是典型的民国洋房，1953年此处曾开办中苏钟表零件工场。6号为思植堂王宅，12号[2]为邵鑫生宅，18号为郑宅，大阜潘氏潘世璜曾孙、金石书法家潘志万曾

山塘街白姆桥附近旧影

---

1. 白马桥世居泰伯后裔（世德堂），明洪武初期，吴彦文（济四公孙）外迁洋湖（今常州武进雪堰），其后人中有民国名人吴稚晖。
2. 此为民国时期旧门牌号。

为郑家题写字额"德荫延绵"。21号为蔡宅,曾为营造厂。蔡宅临街第一进内有门楼一座,原有字额"锡尔祉福",后被盗毁。白姆桥东弄往东北可达八字桥,八字桥东侧为八字桥西街。26号(石库门)为郁宅。30号谭宅为清末建筑,已改建。此街1号则为孝义堂。9号亦是典型的民国建筑,有左右厢房。此外,附近还有一家毕姓的大饼店和景梅苑茶馆。旧时景梅苑茶馆是许多老山塘人对弈下棋的去处。

在殳家墙门和八字桥西街的中间,从南往北有两条巷子,一条为知家栈,另一条为剪刀弄。知家栈[1]俗称"暗弄堂",在"暗弄堂"的右边口子上旧时是礼耕堂夏宅,原主人夏簧曾是山塘宁远堂药铺的股东,其子夏康保是附贡生,并曾任山塘的图董,其孙夏彭年则曾是清宣统元年(1909)的举人。知家栈、剪刀弄内的建筑多为民国时期及新中国成立后所兴建。比如知家栈22号、23号、28号系民国时代的石库门建筑。而知家栈19-2号刘宅则是清末建筑,楼内有门楼一座,字额已失,左右兜肚砖雕犹存。剪刀弄1号原为山塘纸箱厂,3号如今仍存格栅的矮闼门。28号则是勤慎堂,已改造,门前立有"勤慎堂东记界"界碑。此外,知家栈原有清代建造、占地六间的大仙殿,民国时期住持为静心。而同名的大仙殿在半边街曾有一座二间的庙舍,亦建于清代。

剪刀弄往北,与八字桥西街东段相接的有一条直巷——李继宗巷。关于这个巷子的得名有个民间传说,在南宋有个奸臣叫李邦彦,曾将康王赵构(后来的宋高宗)因禁在山沟里。他的儿子李继宗是个正人君子,南宋嘉定十七年(1224)生人,对其父所作所为非常愤慨,后来被其父发觉后,在其父愤怒的情况下,竟被杀害。后来苏州人为了纪念李继宗,在钱万里街沿河路北建起了李王庙。庙内有李王塑像,被奉祭祀为忠正王。当时的李王庙天井内还有高约2米的铁鼎、200多岁的银杏树。庙门的对面还有隔河的照壁。这个从20世纪就在山塘八字桥一带街巷中流传下来的传说很生动离奇,被记录在

李王庙旧影

---

1. 旧时有朱家蜜饯栈,故名朱家栈。清《桐桥倚棹录》、民国《吴县志》及《苏州城厢图》中皆作"朱家栈",后朱家蜜饯栈出让外姓,"朱"亦被讹为"知",即改作"知家栈",相传至今。

李王庙桥（庙济桥）旧影

当时山塘社区的文化资料中[1]，但细究之下，其实这个传说故事是经不起推敲的，靖康之变发生于1127年，如果李继宗生于1224年，此事发生时他尚未出生，那么历史真相如何，无人得知。民国王謇《宋平江城坊考》载："郦季子巷，俗书写称'李继宗巷'，然口语则明晰殊甚。"这个说法其实是吴方言中的同近音巧合改名，类似"大树巷"改称大儒巷之例。民国《吴县志》则载："郦生庙，在阊门外洞泾内。相传神即汉郦食其，清咸丰十年毁。按：此庙一名管粮土地庙。"然而《（洞泾）吴氏支谱》的记载则耐人寻味："英庙时瑞州推官玉有能声，瑞州弟景辉娶于李氏，生孺人。城西有李继宗巷，继宗即孺人外祖也。"洞泾吴氏也就是状元吴廷琛的家族，其祖上也有一支在明代的时候就居住在山塘通贵桥。但亦有地名学者认为此巷改称李继宗巷是清代之后的事，故认为《（洞泾）吴氏支谱》有牵强附会之嫌。李继宗巷为这一片区内较为历史久远的街巷，街巷内有尤家、沈家等大户人家。该巷21号（项宅）、24号、25号皆为清末至民国时期的建筑，其中25号沈宅保存较为完整，中间有一围合庭院。沈宅西侧门近李继宗巷，系沈家大房居住，而此宅的东门近八字桥西街，原为沈家三房居住。据民国《吴县城区寺庙公产调查表》，李继宗巷内曾有一些寺庵，比如明代始建的太平庵，原有八间，民国时期的住持为祖章。民国时期，在此巷中还建了一座报恩寺，主事人叫徐善根，旧时庵舍有六间。明代大学士吴一鹏也曾在此巷内筑真趣园，在明代嘉靖年间，园内池中还有镌诗巨石（清同治《苏州府志·金石二》及清《吴门表隐》皆载录）。而据宣统《吴县志稿》、民国范广宪《吴门园墅文献》及《红兰逸韵》等文献，此园后在清代雍正年间归邑人赵成秩，有梅花亭、拜石轩诸胜。李继宗巷内也曾有赵姓大户人家，出过附生赵廷玉。晚清废科举后，赵廷玉参加生员考核，名列榜首，后经过吏部铨选，发往山东文登县威海司任巡检。辛亥鼎革后，改为威海卫民政分署署长。后赵辞职归隐，1931年任教于上海晏摩氏女中。1933年又转任之

---

1. 山塘街道办事处编：李继宗巷与李王庙的由来，《山塘街道志》（内部资料），1983，P347。

江大学文科教授。八字桥西街的北面是木耳场，《金
阊区志》的观点为因弄内原有挂木制耳朵的耳科诊所
得名。木耳场即原牛车浜，其中木耳场13号为清河张
氏所居，门前立有界碑。21号也是一座高墙围合的古
宅，分住姜姓和洪姓人家。另一处古宅则在56号，门
口为石库门。木耳场内有1923年上山塘市民公社开凿

上山塘市民公社开凿的复兴泉井栏

的"复兴泉"公井一口。木耳场东面是石灰弄，这个区域内也有许多支弄，按方位取名
为石灰南弄、石灰中弄、石灰北弄。据民国《吴县城区寺庙公产调查表》，石灰弄区域
内有清代建造的澹斋庵，住持为钱善莲。民国时期则建有仙香庵，住持为维清。木耳
场的西北面临河是木场头，已淹没于清塘新村范围，往北沿河可达清塘路。清塘新村
南边到原苏站村范围，旧称"大鱼池头"。而在木耳场东面、石灰弄的北面则是前、后
管弄堂，其东侧与广济路、惠济桥南堍相接。前管弄堂39号、50号，亦是清末古宅。其

前管弄堂叶宅内景

前管弄堂叶宅中其中一处
"五福捧寿"铺地图案

中39号叶宅内有两处
铺地呈现"五福捧寿"
图案。叶宅原主人系星
桥成德泰茶叶店主、浙
江天台人叶楚珍。后管
弄堂11号则是晚清时
代建造，民国时代改建
的民居。

星桥—彩云桥周边区域

该区域以山塘河为界。南岸的区域南侧以星桥下塘西拐至南五泾浜为起点，过五
泾浜桥，北岸为北五泾浜。附近为张祥丰蜜饯作坊建筑群的范围，临五泾浜河则为张
祥丰家族的住宅。张祥丰南侧的北五泾浜5号原为秦家花园，后来此宅变迁为苏州水
产公司使用，之后又散为民居。北五泾浜18号、19号皆为老宅，其中18号为清末建筑，

有落地长窗，曾作为苏州机械仪表电镀厂使用。而19号则为民国走马楼，亦是落地长窗。42号内则有一株古瓜子黄杨树，树高6米，根部直径达28厘米，在树高43厘米处有分成两枝，四季常青。47号原为江南通用电器厂。北五泾浜的东北侧为莲花斗。莲花斗14号曾有浙绍公所，属于浙江哺布染坊

山塘星桥旧影

业商人于清同治九年（1870）创设。1958年，曾改为五金工具厂。1979年又拆除改建。莲华斗的北侧为莲花坊，也分为莲花坊一弄、二弄、三弄。莲花坊的北侧，沿山塘河则是猪行河头。莲花斗曾有财神庙，旧时系猪行同业公会请道士看管，建于清光绪七年（1881）。但询问老居民得知莲花斗9号附近原为莲花庵。猪行河头与莲花斗并不相通，去猪行河头可从半边街经仁安场往东北向进入。从仁安场到猪行河头需要经过乐

白姆桥西弄"聿怀多福"门楼

将武桥。此桥原为小石桥，跨五泾浜河西段。《虎阜志》载："净心庵在乐将武桥，旧名甘露亭，明季建。国朝康熙间僧月谦修，乾隆十六年僧能三修。"而在1900年苏州地图上则被标注为"落桨武桥"。乐将武桥曾有一座猛将堂，清代道光年间公建，占地五间，堂内向无僧道，民国时期曾由庞谭氏主持。20世纪50年代，这里仍是一片田园景象，旧属留园

大队第四大队。如今沧海桑田，五泾浜河西段临河的两岸已成一片住宅区。猪行河头也有几户大人家。比如猪行河头8号是慎业堂秦宅，23号则是南阳堂韩宅，如今已是人去楼空。27号则原是猪行顾老板的宅子。1995年，转卖给了现住户胡氏的父亲。41号徐姓猪行老板宅内有混水门楼一座，随着岁月流逝，门楼字额已损毁不清，据文史专家倪浩文先生考证为"紫气东来"四字。50号则是慎馀堂诸宅。猪行河头西侧是油车弄，油车弄10号则是一幢民国建筑。民国时期，油车弄1号是通义协油坊，"油车弄"应是因此而得名。油车弄西南侧是猪行河头后街，如今已是莲花新村的范围。油车弄

北岸区域以薛家湾、白姆桥为界。

清末山塘河彩云桥段旧影

首先介绍此段山塘街，过了星桥经过天和药铺可达白姆桥。星桥南堍在民国时期也有鼎泰五金广货点（旧门牌山塘街159号）。白姆桥东北侧是薛家湾的湖面，薛家湾4号孙宅内则有一座门楼清早期的门楼"兰辉玉映"，边款"戊戌夏月""欠翁季道翁书"，并钤有"杨奇之印"，系清代进士孙岳颁外甥程枚吉所题。从整体门楼形制来看，应为清初遗构。白姆桥西弄在薛家湾的西侧。白姆桥西弄较有代表性的老宅是14号，内有门楼一座，字额为"聿怀多福"。17号原为项氏三节祠，现此宅居朱姓人家。此外，4号原是面粉业赵姓老板的宅子，据说这位赵老板与杜月笙关系密切。宅内原有门楼，后废。白姆桥西弄再往西则是窑弄和倪家场。窑弄9号是一路二进清末建筑，宅内有混水门楼一座。窑弄10号为高宅，门前为石库门。此外，12号门前也是石库门，12号的北侧是种德堂李宅，如今已然荒废。倪家场又分为前、中、后三个区域。比较有代表性的老宅集中在前倪家场，比如前倪家场7号江松浦宅、13号孙宅和22-1号张宅。前倪家场2号也是一座百年大院，里面的老居民万宝娣少年时就住在这儿，那时她曾随父母到山塘河对面的五泾浜采摘包裹粽子的粽叶。当时的粽子品种有枕头粽、三角粽、小脚粽等，包好后放入煤球炉上煨煮，味道格外清香。清末，在中倪家场和后倪家场之间有毛家桥弄，其南面接毛家桥，故名，后废。毛家桥在清末出了一位举人高人俊，在清光绪二十年（1894）中举前，就曾先后为廪生、拔贡[1]，可见其在旧时的科举考试中成绩相当优异。旧时此处有较为清晰的街巷脉络，如今因门牌号变动，许多地名已然消失。以思古弄为界，其东面由南往北依次有红星里、梗子上、鸭蛋头、后倪家场、小鱼池头与其垂直交汇。东侧同向相对也有许多街巷，其中梗子上东侧为摇线弄，该弄北侧原有万里小学。万里小学往北则依次是张家栈、吊鳝弄、刘家栈、旺思泾浜。旺思泾浜西接小鱼池头，吊鳝弄西接后倪家场。思古弄曾名飞跃弄，弄内旧有崇兴寺，占地八间，建于清光绪七年（1881），住持为宝莲，系师徒相传。思古弄北

1. 夏冰《苏州士绅》，文汇出版社，2012，P231。

侧的街巷脉络为从南往北，北面有两条巷子与其基本
平行，即倪家弄和窑弄，此两弄与倪家弄都在北面与
前倪家场交汇。前倪家场北面有中倪家场，街巷基本
与之平行，在中倪场东段有一条小的支弄：关走弄，
此弄北接后倪家场。其中梗子上值得一提，因旧时该
处住户中多有做旱烟袋杆（梗子）者，故此得名。此
外，关走弄也有故事。老居民顾德明先生介绍，旧时
在该处有关公像，曾被人抬着在此区域游走，故名。
倪家场的西北面是南北走向的倪家弄。倪家弄内有许
多民国建筑，比如8号谭宅、12号姚宅。其中谭宅内的
轩廊下有"磬折""凝寝"字额。倪家弄的后面是清塘
新村。在清塘新村的西南侧是山塘街上的汪氏义庄。

山塘街道群联居委会所辖街巷里弄
方位示意图（姑苏区档案馆提供）

　　从白姆桥往西沿山塘街可依次达猛将堂、谭宅、树德堂汪宅、汪氏义庄、郁家祠
堂，再过金家弄口达陕西会馆门头（今山塘中心小学）。据说金家弄之名来源于金家
酒楼，故清人顾瑶光《虎丘竹枝词》中有"人满山塘酒满楼，先到金家定座头"之句。
过了陕西会馆门口则是牌坊群。在经过吕妻袁氏节孝坊、山东会馆门墙后，到达桐桥
遗址。桐桥遗址旁为观音阁，而桐桥遗址北侧有桐桥东圩和桐桥西圩两条支巷，旧时
统称为桐桥弄。桐桥东圩5号宅内留存有云海题写门额"业广惟勤"。桐桥西边原有

官水弄，据《桐桥倚棹录》，当时曾在观音阁
下置弄，便人汲水，故名。过了桐桥继续沿山
塘街西行，可达贝家祠堂，如今仅有贝祠前牌
坊系贝程氏节孝坊，此坊为清礼部儒士、贝氏
家族四世贝启祚之妻程氏所立，结构基本完
整，系仿木石结构。贝家祠堂与油车弄隔山塘
河对望，再往北则被京沪铁路沪宁段拦腰截
断。从桐桥遗址到彩云桥的山塘街段，需从铁
路桥下涵洞穿越，往西过了涵洞，便步入了半

1908 年 10 月 23 日《时事报》图画杂俎上所描
绘的关于苏州枭台左孝同等游览山塘的景象

塘之后的山塘。在到达彩云桥的远处的东侧，有一片区域称为会馆场，会馆场4号即老全晋会馆。附近山塘街636号东侧称为元福里，而在元福里9号三开间两隔厢的楼厅内，有混水门楼一座。继续沿着山塘街西行，可到达彩云桥，在彩云桥的东垛北侧曾是陶元记，店铺界碑犹存。彩云桥横跨山塘河，在山塘河南岸的区域有个宽大的湖面，称为野芳浜。从彩云桥下塘一直由南往西延伸，旧时这里曾是半塘寺的范围，繁华热闹。可详见前文关于野芳浜的介绍。如今在野芳浜上有一座断桥，其实是新造的景观，并非古迹。因为沪宁铁路线的兴建，野芳浜如今仅剩下北侧的浜口，默默诉说着昔日野芳浜上沙飞船的热闹景象。

彩云桥—普济桥周边区域

先介绍此片区的山塘街段。过了彩云桥，东侧是鸭脚浜，其中，山塘街638号原是人和堂药铺，641号、646号、655号则是杭氏典当铺。往西沿着山塘街而行，可达顾得其酱园。顾得其酱园东北侧是永安龙社，也就是旧时的消防站。顾得其酱园所在的区域，按照上文所述即筷哑场，如今这个地名已然尘封在历史的岁月中。再往西行，山塘街683号为余庆堂蒋宅，690号为吴宅，693号是沈福记，再往西可达井泉弄，附近有节孝坊。井泉弄尚存，其后通往姑苏区明星小学校，比如井泉弄11—12号老宅皆在这个范围内。再往北过唐孝子坊、陶贞孝祠、萧氏

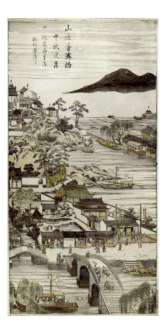

清代乾隆时期版画《山塘普济桥中秋夜月》

山塘半塘桥（彩云桥之引桥）旧影

节孝坊、张氏节孝坊、俞氏节孝坊后可达山塘街716号萃芳园，即慕天颜祠堂旧址。而沿山塘街再往西则是知春园，再往西则是敕建报恩禅寺，老山塘人称之为"王宫"，因为清雍正八年（1730）在这里建造了怡贤亲

王祠，纪念和硕怡亲王爱新觉罗·胤
祥（即允祥），也就是大众因电视剧
而熟悉的"十三爷"。胤祥助其四哥
雍亲王胤禛（后来的雍正帝）夺得皇
位，后又辅佐雍正帝处理政务，立下
了汗马功劳，被封为"铁帽子王"，世
袭罔替。后来怡贤亲王祠又改为怡
贤寺、报恩寺。怡贤亲王祠往西行不
远可达普济桥。附近山塘街730号、
750—753号亦是独门独院的清末老
宅。民国时期，在普济桥旁（旧门牌山
塘街536号）曾有一家裕丰碾米厂。

山塘河普济桥段附近旧影

从铁路桥望彩云桥的旧影

　　此外，此片区的山塘河南岸，是
苏州市社会福利院的范围，在清末的
时候便是一座善堂——普济堂，边上
有一座引善桥，其意是引入善堂。到了民国，这里成了吴县救济养老院南侧部分，民间
俗称为"老人堂"，再到现在的社会福利院，可见康养文化的传承，但原先的旧建筑的
遗存已然消失。普济桥南岸东侧范围为大普济桥下塘，其东南有盆景园。普济桥南堍
过引善桥后可达小普济桥下塘。

普济桥、望山桥—西山庙桥周边区域

　　该区域以山塘河为界，首先介绍北岸的山
塘街。清人曾绘制一幅版画《山塘普济桥中秋
夜月》，年代约在清代乾隆年间，署名"桃坞
秀涛子"。此类版画后来对日本的浮世绘产生
了深远影响，如今在日本广岛海杜美术馆和神
户市立博物馆各藏有一幅，后此画又曾著录在

普济桥旧影

山塘河斟酌桥段旧影

山塘河斟酌桥段附近 远望虎丘塔

亢树滋《抱秀楼记》（载于民国范广宪《吴门园墅文献》）

《中国木版年画集成（桃花坞卷）》中。《山塘普济桥中秋夜月》展现了清代普济桥周边的胜景。过了普济桥西行，首先映入眼帘的是蒋公祠，再往西是陈朝散祠，然后可达原青山桥烟杂店附近，这里也留存着许多老山塘人的集体记忆。青山桥侧原有一条巷子叫黄家巷，而附近则有两处古宅，都是酒业的老板，即今沿街的赵宅（山塘街764号，

原居绍兴人赵正昌）及弄堂里的马宅（山塘街771号），其中马宅保存得较为完好，有完整的厅堂、素门楼和照壁。赵宅边上山塘街767号原有一座茶亭，毁于20世纪50年代。边上还住着虎丘花农王茂森。过了青山桥烟杂店往西，进入了五人墓、葛成墓的范围，附近还有白公堤石幢，是为纪念白居易所建，一下子便把历史的记忆带回了唐朝。清周凤岐修、顾诒禄纂《虎丘山志》中所描绘的山塘全景中便有青山桥、花园弄、斟酌桥一带的景象。其实这个石幢原在青山绿水桥之间的甘露律院废址，1983年移入

《虎丘山志》中花园弄、斟酌桥一带的昔日景象

五人墓旁，建亭保护。五人墓的西面过青山桥，到达
普福寺遗址，系新建的仿古建筑群，不少人认为其是
《红楼梦》中的"葫芦庙"。如今寺庙仅遗存民国乙亥
年（1935）住持广慧募建的门额，但实际上，这里原来
是朱天庙。在普福寺遗址的西侧不远即甘露律院的旧
址，现存门厅。往西行，在山塘街794号和795号可见到
两座老宅，794号是余传金的故居。余传金是一位民
国的翻译家，精通俄文，此地现由其儿媳居住。795号

《虎丘山志》中的绿水桥一带的昔
日景象

是一处民间香
火点，居民在

普福禅寺遗存的门额

内间供奉两尊财神。沿着山塘街往西行则到达
了鲍传德庄祠和张国维祠（张公祠）的范围。附
近有虎阜大桥，系1976年建造的钢筋混凝土公
路桥，上通虎阜公路，横跨山塘街和山塘河。虎
阜大桥东堍原有宋公祠，今已不存。从桥下穿越后西行，
则到达李氏祇遹义庄。此处范围原是清代知府吴云的别
业，即聚远楼，后废。至清光绪年间为藏书家亢树楠、亢
树滋的挹秀楼。民国《吴县志》载："挹秀楼旧名聚远楼。
在虎丘山塘，吴太守云别业。太守在日，极画舫笙歌之乐，
未几归王氏。咸丰庚申后废。光绪初元，亢树楠重新之，
改名'挹秀'。亢
树滋有记。"此
外，山塘街844号

西山庙桥旧影（摄于20世纪30年代）

曾为汉二戴夫子祠，毁于20世纪60年代。往
西行沿街的古宅有仁德堂、卢宅（目前挂牌
调整为山塘街830号）等。再往西行则到达
绿水桥，过桥的东侧有个花园弄，如上文所

发起重修张公祠的旧闻，载录
于《申报》（1937年7月8日
第10版）

塔影桥旧影

青山桥及半塘以西的河岸旧影 远处为普济桥

述，是个历史和文化都极其厚重的场弄，如今已经拓宽，往东是三花二村的范围，如今是新建的居民小区。站在此处驻足，或可巧遇一二老者，交谈之间可以遥想虎丘三花昔日之盛况。绿水桥西曾有状元吴信中（字蔼人）的醉石山庄，内有"渔墅""玉树楼"诸胜，今已不存。清嘉庆十三年（1808）进士周之琦曾作《念奴娇》一首："翠尊芳约，尽西清、当日鸣珂仙侣。五载分张今更合，宛尔柯亭联步。语燕催程，闲鸥唤客，便好挐舟去。湖楼遥指，小栏红湿疏雨。　　堪羡昆阆归来，横塘卜筑，妙得沧浪趣。稚柳娇莺门巷接，最是金阊佳处。波软风柔，酒浓歌脆，准拟从君住。明朝相望，片帆空隔烟浦。"过了绿水桥往西是斟酌桥，斟酌桥的西面是蒋氏塔影园的范围，而园前则为李鸿章祠（李公祠）。而在斟酌桥北面为斟酌桥浜，其北侧汇入虎丘的地方已重建一古桥，名之为塔影桥。斟酌桥往西是望山桥，附近便是虎丘山的正山门。1944年，虎丘新辟马路时，在望山桥附近土堆中挖掘出东吴时期名将甘宁的墓葬。望山桥往北有万点桥，而此桥东侧为席场弄，今已整治拆迁。席场弄有许多信息点，下面谈谈其中的十个信息点。第一个是"席场弄"之名的由来，顾名思义，昔日此处曾有"家家织草，户户编席"的热闹景象，如今已然隐匿在断垣残壁中。第二个是《吴门表隐》载："虎丘席场弄，开白花，并元明人所植。"第三个是席场弄花圃内有明代四大才子之一的徐祯卿的墓。在清

虎丘正山门前旧影

代《虎丘山塘图》上明确标注了徐祯卿墓，民国《吴县志》载："国子博士徐祯卿墓，在虎丘西麓万点桥席场弄右、郁家浜北端。"这个记载与民国时期吴中保墓会编印的《吴县冢墓志》卷四中的记载完全一致。第四个是席场弄的古井故事。第三次全国文物普查时，文物专家在席场弄内登记了两口古井，分别位于35-1号和39号院内。其中39号是苏州市作家协会会员支洪英老师的老宅，支老师和她女儿每年都会回去看看那口清代的八角菱形的古井。虽然如今席场弄变化很大，但老树和古井依旧默默地述说着一个家庭一个世纪的变迁和曾经支家在这里的岁月点滴，那是一种浓浓的乡情。第五个是20世纪二三十年代的旧闻，在席场弄内口曾有乾泰杂货店[1]，而席场弄内还曾住着皮匠吴德金。这个吴皮匠外出去找名医经绶章看病，就是从席场弄旁坐小舟沿着山塘河一直往新民桥[2]去的。第六个是坊间流传的一个美丽的传说，弹词《玉蜻蜓》里三师太（年轻尼姑智贞）居住的法华庵就在席场弄的尽头。第七个是20世纪80年代，席场弄15-1号曾住着伤科医生金凌泉。第八个是《桐桥倚棹录》载："线带店昔只席场弄一二家，近来塘岸不下十余店。席场弄内家户搓线织带为业，有等乡间妇女筐筐携至渡僧桥、月城内一带拦地叫卖者。其蚕丝俱鬻于湖客，皆织绉绸䌷绫吐弃之丝杂苎为之，其糙不堪，俗呼为'糙丝线'。"第九个是老山塘人徐文高先生所著《山塘钩沉录》载："离休干部孙如康先生云：'苏锡虞501武工队虎丘地区地下党交通联络站在山塘街席场弄口西侧（孙家）。'"[3]第十个是席场弄中曾有虎丘年画艺人。过云楼第四代主人顾公硕先生曾谈道："自从上海石印画报、石印月份牌盛行以后，虎丘画铺与桃花坞年画，便走上衰路，在山塘席场弄中有位徐全福，可算是虎丘最后一位年画艺人。辛亥革命之后，他转业在怡园养花，虎丘年画从此结束了它的历史。"[4]

　　万点桥的西面是西山庙桥。此桥一侧明柱镌桥联："跨水虹梁新结构，合流虎阜抱潆洄。"而另一侧明柱刻则镌刻："咸丰二年岁次壬子季穀旦，诚正堂司董里人曹承成重建。"西山庙桥北堍前原有西山庙的混水门楼，近年拆除。西山庙往西是郁家浜，那里原先有小普陀庵的山门，今亦不存。西山庙桥南堍则残存一座花神庙。昔日此

1.《苏州明报》(1928年8月15日第3版)载录。

2.《苏州明报》(1928年8月10日第3版)载录。

3. 徐文高：《山塘钩沉录》，上海古籍出版社，2002，P187。

4. 顾公硕：《题跋古今》，海豚出版社，2012，P44—46。

桥驮南、北两庙的格局，在苏州亦是稀见。《桐桥倚棹录》载："夏氏别业在西山庙西。孝廉夏秉衡筑。中有清绮阁。按顾诒禄《虎丘山志》：'秉衡字谷香，华亭举人，尝筑别墅于虎丘之西。通音律，工填词，有《清绮阁词选》行世。'"如今在郁家浜南侧半塘河往北折可达新建的花神庙景区。说起山塘历史上的花神庙，先后有4座，分别为虎丘花神庙、桐桥花神浜[1]的花神庙、新塘桥南[2]花神庙、西山庙桥花神庙，如今只留下最后一座花神庙，至今屹立在西山庙桥的南堍。而最早的则是已毁的桐桥花神浜的花神庙，《桐桥倚棹录》载："桐桥内花神庙祀司花神象，神姓李，冥封'永南王'，傍列十二花神，明洪武中建，为园客赛愿之地。"[3]此外，西山庙桥附近原有马牛王庙，后移至虎丘。《桐桥倚棹录》载："马牛王庙在山北，祀马牛之神。乾隆五十四年西山庙桥移建今所，即陆羽楼故址。为磨坊公所。"在陆羽楼之前，此迁址之所即原尹和靖祠故址，后又称"通幽轩"，民间俗称为"赖债庙"，因除夕贫户常避索债人于此而得名。山塘河从此处再往西流，汇入白洋湾，如今已是白洋湾公园。虎丘山后山浜至西郭桥一带旧时有菱行河头，旧时菱市兴盛。

其次，是关于本区段的山塘河南岸情况。前文已介绍过引善桥、同善桥和龙华寺桥，其中打柴浜内的龙华寺桥留下了一个鲜为人知的民间传说，曾被编入当年虎丘镇的文化资料。据说最早的时候没有普济堂，那里只有一处三间的草亭。亭子里住着一老一少，合伙开了一家卖豆腐脑的摊子。其中年轻的喜好吟唱小调，深得路人喜欢，生意因此也很好。乾隆帝下江南时有次微服私访来到这里，见到小伙唱着小调，感觉十分动听，因而

山塘龙华寺桥近影

1. 清末地名为桐桥内二十图，今虎阜花园。桐桥花神浜花神庙建于明洪武年间。清乾隆四十七年(1782)、嘉庆十四年(1809)、道光十八年(1828)三度重修，其中乾隆年重建时苏州状元彭启丰曾题额"泽润春回"。毁于20世纪60年代。而虎丘花神庙则毁于清咸丰十年(1860)战乱，现残存界碑。

2. 原茶花村四组。详见《苏州郊区志》所载："在虎丘乡新塘桥南堍，内供花神与猛将。旧时每逢农历二月十二日百花生日，花农来庙烧香，庆贺百花生日。庙毁于(20世纪)60年代。"

3. 《虎丘镇志》："花神庙正殿中央端坐着花神老爷塑像，两边塑十二花神。花农们在塑像前供寿桃寿糕、猪头三牲和各式干鲜果品，然后焚香点烛，顶礼膜拜。还要献上一份礼金，并在庙里吃寿酒。中午，给花神老爷换新袍，并请'堂名'演唱，入夜，众花农手提花灯，抬了花神老爷到虎丘山塘一带游行，这就是十分诱人的花神灯会。灯会后，庙里还要唱戏，一直闹到天亮，人们才尽兴而归。"

邀请小伙到京城皇宫为生病的皇太后唱曲。皇太后听了，精神也好了不少，乾隆帝大为高兴，便命人将小伙的三间草亭改为三间瓦房，这便是普济堂的由来。传说毕竟是传说，实际历史上，普济堂是由昆曲艺人陈明智、顾如龙等于清康熙四十九年（1710）募建的。据说清康熙帝南巡至苏州时，曾观看名伶陈明智表演，甚为赏识。康熙二十八年（1689）康熙帝将陈明智选入皇宫大内供奉达二十年之久。陈明智于暮年辞归，在山塘建了普济堂。康熙五十五年（1716），康熙帝御书"香岩普济"额赐之。后来又有善士据传说兴建龙华寺，其实是纪念这个小伙所带来的"荣华富贵"（谐音），而寺前的古桥自然也就被称为龙华寺桥了。其实，龙华寺是一座历史久远的古刹，在宋代便已存在，也有传闻古刹始建于唐代。据《桐桥倚棹录》，北宋熙宁年间，龙华寺僧人妙应（俗姓童，故呼为童和尚）曾在虎丘造应梦观音像，由此可见，上述这个故事也只能说是一个美丽的传说了。而《苏州老桥志》中则认为龙华寺桥建于明朝，系单孔石拱桥。桥面中心石浮雕轮回纹，桥孔内镌刻"莲池"两字，字迹已渐风化。龙华寺后来改称龙华庵。据说在新中国成立初，龙华庵尚存三开间二厢房，当时的住持比丘尼为慧彻。

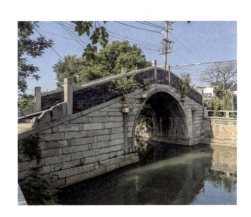

西山庙桥今貌

第二节　山塘的文化遗存

全国重点文物保护单位

大运河 江南运河苏州段 山塘河段

　　大运河是世界上最古老的运河之一，始建于前486年，包括京杭大运河、隋唐大运河和浙东运河三部分，地跨北京、天津、河北、山东、江苏、浙江、河南和安徽8个省、直辖市，27座城市的27段河道，全长2700千米，是世界上开凿时间较早、规模最大、线路最长、延续时间最久且目前仍

山塘河（摄于20世纪40年代）

在使用的人工运河，是中国古代重要的漕运通道和经济命脉。2013年第七批全国重点文物保护单位（简称"国保"）有8个省、直辖市共96处与第六批京杭大运河合并为大运河。大运河苏州段第六批国保包括十里亭、上津桥、下津桥、吴门桥、灭渡桥、安民桥、运河古纤道、三里桥、安德桥9项文物遗存，第七批国保包括灭渡桥水文观测站、江南运河苏州段2项文物遗存。大运河在2014年被列入世界文化遗产。江南运河苏州段中则有山塘河段。

云岩寺塔

　　云岩寺塔又名虎丘塔，据考，约建于五代后周显德六年（959）至北宋建隆二年

（961），是一座以砖结构为主的七层八角仿木结构楼阁式塔。塔体由外壁、回廊、内壁和塔心室组成。外壁八面均辟有壶门，并出直窗、平座、柱、额、枋、斗拱等仿木结构。进入各层壶门过道、回廊和塔心室，可见精美的各式砖构斗拱和藻井，以及沥粉堆塑的各式图案纹饰，涂以红、黑、白、黄、绿诸色，明快瑰丽，古意盎然。尤其是数十幅折枝牡丹图，容华富贵，风姿绰约；第五层的湖石勾栏图更属罕见。在现存中国古塔中，虎丘塔是最早的大型高层八角形塔、最早采用双层塔壁的楼阁式塔、最早在砖塔身外构筑平座栏杆的塔，又是以砖结构刻意仿木结构较早的大塔、保存大量浮雕式彩画的华美的塔。其建筑结构仍保存着唐以前筒式塔的一些特点，许多局部手法表现出唐宋之间的过渡风格，其斗拱、塔檐的做法与北宋《营造法式》所规定的制度相符。据记载，虎丘塔曾七次被焚，屡经修缮。在清咸丰十年（1860）的兵火中，塔刹和木构檐椽、平座勾格、副阶均被烧毁。新中国成立后，虎丘塔历经三次大修，第一次大修是在1956—1957年，在抢修施工中，在塔心内发现了秘藏千年的越窑青瓷莲花碗、檀龛宝相、楠木经箱、锦绣经帙等五代至北宋的珍贵文物；建塔年代也从文物的纪年中找到了较为可靠的依据。由于地基不均衡沉降等原因，塔体向北偏东倾斜已久，且日趋严重，塔顶偏心达2.34米。第二次大修是在1978—1986年，相关部门对塔的基部进行了加固，使千年古塔转危为安，斜而不倒。实际上在1977年3月已上报了虎丘塔的险情，1978年6月开始组织专家研究。

虎丘塔旧影

虎丘塔第二次大修时专家组在塔下的合影

20世纪80年代虎丘塔维修的相关资料

当时参与研究的国家建委建工总局、设计局总工程师陶逸钟曾在1981年10月30日的会谈中这样感慨道："我一生从来没有遇到过像虎丘这样复杂错综棘手的事。"（《翁惠成回忆录》1978年6月—1981年11月）第三次大修则是在2014—2015年，治理了虎丘塔存在的漏水问题及更换了部分塔体的断砖、碎砖，并做了表层防水。虎丘塔现在高度约48米，底层南北对边13.81米。虎丘塔也有子项，其中包括了原来的市级文保石观音殿遗址。

石观音殿遗址位于虎丘山门内，千人石西、冷香阁北，又名应梦观音殿，面积30余平方米。原观音殿建于北宋熙宁七年（1074），距今900多年，虽屡毁屡建，但建筑基址保存完整。石观音殿呈现前后三进格局，现今以遗址为中心在外围建立东西向的轩式建筑，形成闭合院落，大门朝东，面向千人石，建筑格局

石观音殿旧影

呈现长方形，建筑面积约80平方米，主要分为门厅、天井、碑廊三个部分。该殿基础与壁（墙）为武康石结构，屋顶为木结构悬山顶。因其基础及"四围石壁"为武康石建筑，而称之为石观音殿。该殿在北宋熙宁七年"觅美石造像，覆以石室"后，于明初被毁，明中期又加以修缮，并进行扩建，明末又被毁，清初又修，咸丰十年（1860）前后再毁，到同治年间又加以重修，才形成现今遗址所呈现的前后三进格局。这一石制殿式建筑，是目前江南所见较早的一处石制建筑，在虎丘山内年代仅次于虎丘塔，是一处具有较高文物价值的宋代宝贝。新中国成立初曾为虎丘小学临时教室；20世纪60年代初，殿内石观音像及石刻尽数被毁；1969年，大殿被拆除后改建成茶室和旅游用品商店；2005年11月，因拆除茶室而发现武康石铺成的石观音殿地坪、莲花座和同治年间重修记碑，这些在遗址清理后于2006年9月4日得以重见天日。院落最东面为门厅部分，上有刻着"古石观音殿"的砖细门楼，门厅右侧为碑刻，左侧设有陈列柜，一柜内陈列顾诒禄《虎丘山志》，陆肇域、任兆麟《虎阜志》，李根源《虎阜金石经眼录》等相关书籍，另一柜内陈列此前挖掘出的宋代石观音像的手指、脚趾等文物，而石观音

殿石壁上原有的《妙法莲华经》的第一部分也以书条石的形式陈列于此处。天井内即石观音殿遗址，展出原址清理时发现的武康石地坪、墙壁部分石料及石头莲花盘、佛座等构件，展出部分皆涂有保护层，露天原样保存。南墙上11块碑刻组成的"应梦观音连环画"叙述了建殿的缘起和过程。院落西部、北部为碑廊部分，西部居中碑亭内置崔护所作观音像石刻一幅，西北墙面置《石像大士赞并序》《妙法莲华经观世音菩萨普门品》等碑刻。康熙帝曾多次南巡到过虎丘，据《圣祖仁皇帝实录》康熙二十三年（1684）十月二十七日条："上幸虎丘。顾谓侍臣曰：'向闻吴阊繁盛。今观其风土，大略尚虚华、安佚乐，逐末者众，力田者寡。遂致家鲜盖藏、人情浇薄。为政者。当使之去奢反朴、事事务本。庶几家给人足，可挽颓风。'"可见康熙帝南巡虎丘时仍非常关切民情。而康熙四十六年（1707）四月十八日条亦载："庚子，上驻跸虎丘。"虎丘胜迹诸多，如剑池、真娘墓、断梁殿、拥翠山庄、憨憨泉、试剑石、二仙亭、双井桥、千人石、鸳鸯坟等，如若细讲，则又是一本大书。值得一提的是虎丘山上曾立有三座经幢，其中一座为周梅谷所立。郑逸梅《三千乱梦说苏州》载："周梅谷善刻碑，与当时硕彦皆有往来。在虎丘千人石立一经幢以纪念亡母，吴昌硕为书周氏所建经幢六字。然社会人士群起反对，便把石幢移至石湖，今已湮没。"而另两座经幢，分别是北周显德年间高阳许氏和明万历年间太监孙隆所建造的，但亦皆于20世纪60年代后消失。如今所见的两座，均为1980年的复制品。

省级文物保护单位

玉涵堂

　　玉涵堂，位于山塘东杨安浜16号，即明代大学士吴一鹏故居，俗称阁老厅。建筑群落为四路五进，南向，前临小河（其西段已填塞），东近通贵桥，过桥即山塘街。其正路偏东，第一、二进为楼，第四、五进是与两厢连通的走马楼。第三进为主厅，额"玉涵堂"，面阔三间16米，进深六檩14米，

玉涵堂近影

扁作梁架，东西山墙贴砖细墙裙，青石鼓墩柱础，轩敞古朴，属
明代遗构。除主厅玉涵堂为明代遗构，其余都是清代及民国年
间的建筑。钱勤学《山塘访古录》则载："其北堍民丰里[1]2号内
有座清代厅堂，满堂翻轩，扁作梁，四周木枋精雕戏文，内山墙
以清水磨细方砖贴面。建筑风格属清代前期，并曾发现乾隆年
号铭文砖和当时文人何焯所书砖额，传为申氏宗祠。"[2]吴一鹏
（1460—1542），字南夫，号白楼，长洲（今苏州）人，明弘治六年
（1493）进士，累官至大学士，出为南京吏部尚书。卒赠太广太
保，谥文端。著有《吴文端公集》。2002年12月—2003年8月，
对吴一鹏故居（玉涵堂）进行全面修复，辟为山塘风情馆开放。

吴一鹏像

普济桥

　　普济桥跨山塘河，始建于清康熙四十九
年（1710），桥侧有普济堂，因以名桥，是苏
州市区仅存的一座三孔拱石桥，花岗岩砌
筑，南北走向，拱券纵联分节并列砌筑。全
长38.69米，中孔净跨9.16米，矢高4.37米，
桥面中宽4.05米。南次孔跨5.31米，矢高
2.60米；北次孔跨5.29米，矢高2.54米。两

山塘普济桥旧影

端砌石踏步，南30级，北26级。拱券内壁刻有捐款人姓氏。东西两面明柱刻有桥联。
桥孔内刻有"放生官河"字样，山塘河属于官河，河里放生鱼、虾等水生动物，并严禁
捕捉，虎丘山门前现在还立有一块清代嘉庆年间的严禁在山塘河中捕鱼的石碑。普济
桥楹柱上阳刻的桥联，东为"东望鸿桥，水绕山塘连七里；西瞻虎阜，云藏塔影立孤
峰"，西为"北发塘桥，水驿往来通陆墓；南临路轨，云车咫尺到梁溪"。据内容可见桥
联为清末修建铁路时所加。

---

1. 苏州市金阊区政协文史委《七里山塘》2001年11月初版（内部发行）则写作"人民里"。
2. 钱勤学：山塘访古录，徐刚毅编《七里山塘》，上海古籍出版社，2003，P50—51。

五人墓 葛成墓

位于山塘街775号。五人墓是明代颜佩韦、杨念如、周文元、沈扬、马杰五义士合葬墓。墓门朝南，前临山塘河，壁嵌《五人墓义助疏》碑，时在明崇祯七年（1634），参加义助者有吴默、文震孟、姚希孟、钱谦益、瞿式耜等人。门后立双柱出头石坊，字额为"义风千古"，为杨廷枢所书。过石坊是享堂，面阔三间，进深六架。明间立"五人之墓"碑，高约2.2米，1981年整修时自墓门移至此处。东次间立《五人墓碑记》石刻和清代书条石10块，堂后即五人墓冢，一字横列，

五人墓旧影

围以条石，东西长16.87米，南北宽6米，高1.35米。正面嵌五人名碑。复社领袖张溥有感于五义士"激昂大义，蹈死不顾"的英雄气概，撰写了《五人墓碑记》。五人墓原已荒芜不堪，经两次修葺始成现状。1956年第一次整修时，加砌墓冢护壁，修享堂，构围墙，植松柏。1966年后又遭破坏。1981年进行了第二次整修，移建饮马桥附近一清代厅堂至此，取名为"义风堂"，并增建长廊。1982年5月起，五人墓重新开放。墓园内还有清乾隆十年（1745）纪念明应天巡抚周忱的《周文襄公祠堂记》碑，原发现于山塘街783号，今已移入五人墓园内保存。明万历

1934年9月4日《苏州明报》第7版登载关于苏州商会领袖刘正康等在五人墓旁发现葛贤墓的记载

二十九年（1601），太监孙隆受派到苏州擅立关卡，祸害百姓。葛成（1568—1630）领导苏州众人开展了一场以手工业工人为主体的抗税

1929年8月5日《苏州明报》第3版上关于五人墓的诗词

葛成墓旧影

斗争,因此被尊称为葛贤、葛将军。事后,官府追查,葛成大义凛然,赴官府自首,因此而入狱十二年。晚年被释出狱的葛成因敬仰五义士,自愿在五人墓旁为其守墓。明崇祯三年(1630),葛成病殁后,众人将他葬在五人墓侧,以慰其灵。据民国李根源《吴郡西山访古记》卷五载:"葛将军墓碑,正书。康熙癸丑孟春,云门陈继儒撰,古吴周靖书并篆额,高约五尺,在葛贤墓右。"1956年,五人墓、葛成墓被列为江苏省文物保护单位。

市级文物保护单位

叶天士故居

位于渡僧桥下塘48—54号,即眉寿堂。叶天士(1667—1746),名桂,号香岩,苏州东山人,吴派名医,温病学说奠基人之一。宅朝南,三路七进。中路第三进为大厅,面阔三间12.7米,进深13.6米,硬山顶。扁作梁,前后翻轩。设桁间斗拱,垫拱板雕饰灵芝纹。脊桁彩绘方胜纹。内壁有清水砖勒脚。西路曾作"沐泰山"药材仓库,其后部

叶天士故居

庭园已废。叶宅中路第三进有砖雕门楼一座,题额为"庭鸾翔云",边款时间为"道光癸巳仲夏",这一年即道光十三年(1833)。旧时叶宅门前亦有专属码头,以停靠病家求诊船只和叶氏出诊快船。叶天士殁后,其后人将房屋售与嘉庆时期的举人、金石学家张廷济(1768—1848)。张廷济殁后,张家后人将房屋售与曾任大清银行总行总务科长、上海中国银行正监督的倪远甫,现为倪家后人居住。相传太平天国时,此宅还曾被用作纳王府。后来此宅一半用作苏州市药材批发站仓库,另一半则为民居。2009年,叶天士故居被列为苏州市文物保护单位。

汀州会馆

原位于阊门外上塘街285号，现
迁建至山塘街192号。会馆于清康熙
五十七年（1718）由福建上杭纸业旅苏
众商集资创建，光绪年间重建。坐南
朝北，头门及戏台已废，存仪门、大殿
及两廊。大殿面阔五间17米，进深七檩
13米，硬山顶。扁作梁，前有船篷轩，
外檐列桁间斗拱，额枋刻双龙戏珠。
会馆的正殿供奉妈祖神像。所谓"会

汀州会馆门楼旧影 载于《苏州砖刻》（上海人民美术出
版社1963年版）

馆"，就是外地驻苏州的办事处，主要用于同乡人聚会、祭祀，是提供帮助、暂存货
物、交流商贸信息、议事的地方。会馆的建筑一般都设有戏台、大殿、厢房等，有的还
辟有花圃、园林供人游赏。从会馆的规模可以推测其所在地经商的实力。清宣统二年
（1910），汀州会馆扩建完工，并镌《重建汀州会馆碑记》记其事，碑文由雷庭瑞、郑
心蕃撰文，曾立于原会馆门口。新中国成立后，汀州会馆大门、戏台被毁，仅存两进三
开间殿宇，被用作物资局仓库。2003年，汀州会馆从上塘街整体移建至山塘街。2005
年，改建为苏州商会博物馆开放。

新民桥雕花厅

位于阊门外广济路新民桥北人民里2号。此处原
为申家祠堂，大门在山塘街，现仅存此厅，其他祠宇已
废。厅为清代早期建筑，大约建于乾隆年间。硬山顶，
面阔三间12米，进深13米。海棠式满堂翻轩，扁作梁，
四周木枋精雕人物故事，东西山墙以磨细方砖斜角贴
面，柱础为雕花石鼓式。

新民桥雕花厅

白公堤石幢

原在山塘街甘露律院废址。1983年，移入五人之墓旁，俗称方碑。作方柱体，由基座、幢身、幢顶三部分组成，通高3.16米，宽0.99米。幢身正面镌《重修白公堤记》，明万历三十九年十二月（1612年1月）王穉登撰文，文从简楷书，如今字迹大都依稀可辨。碑文有"记"和"铭"两部分，叙述万历三十八年至三十九年重修白公堤的经过，赞颂木铃和尚发愿募化修堤的精神和长洲县知县韩原善带头捐俸助修的善举。背面上镌木铃和尚所画线描大势至菩萨像，下刻木铃长跋八行及捐助修堤功德

白公堤石幢

人申时行、张凤翼、文震孟、冯时可、刘弘道等千余人姓名。然字迹漫漶，大部分已难以辨认。左侧面镌五百罗汉线描像，题刻"弟子周廷策拜写，木铃衲子勒石"。右侧面镌薛明益所画寒山拾得像，上方写陈元素和薛明益所书寒山子诗。幢顶中心立弥勒佛坐像，四边各浮雕坐姿佛像四尊。基座雕饰须弥山和卷云纹。白公堤石幢造型独特，雕刻精致，内容丰富，撰文、书丹、画像、题诗及捐助修堤者又多为当时吴中名士，因而是具有佛教色彩的明代珍贵遗迹，更是记载山塘街历史的重要物证。

张国维祠

全称张忠敏公祠，俗称张公祠，亦称"张东阳祠"。张国维（1595—1646），字玉笥，号九一，谥"忠敏"，浙江东阳人。曾任明末江南十府巡抚，后任兵部尚书。明天启二年（1622）进士，授番禺知县。他在任期间，兴学校，课农桑，以德化民。清军南下，张国维在浙东率军抵抗，失败后投水殉国。张国维祠始建于明代崇祯十六年（1643），清同治十一年（1872）重建。在保留以原有该祠古建筑为主轴的基础上，增设门厅、后厅和西大厅，从而形成"两路三进"的基本格局，占地面积约1500平方

张公祠堂碑记

米,建筑面积约1000平方米。祠堂门前四柱石牌坊上刻有"泽被东南"四字,系新建。原构亦为三间四柱五楼石牌坊,高约8米,额题"泽被东南",背书"风清江海",毁于1966年。现仅存祠西"寄轩"别院两进为晚清旧构。1909年,柳亚子、陈去病、庞树柏等17位入社社员和2位宾客在张公祠前厅雅集,成立南社。现一楼室内为展区,陈列南社史料,为爱国主义教育基地。

张公祠"泽被东南"牌坊旧影(苏州市方志办提供)

鲍传德庄祠

位于山塘街787—789号,原称"传德堂",民国八年(1919)由众议院议员鲍宗汉所建。建筑面积为1129平方米。鲍家远祖为东周齐国大夫鲍叔牙,系二世祖。门前列双柱单间冲天石坊,坊额"宗仁主义",系民国八年由时任大总统徐世昌,为表彰众议院议员鲍宗汉置田

鲍传德庄祠门前牌坊旧影

赡族,创建鲍氏传德义庄而题。"宗仁主义"意为以仁义为宗旨。上款"大总统题给",下款"民国八年三月",中镌"宗汉家世徽歙,迁居吴下,六代于兹。顷在虎阜之侧草创庄祠,置田赡族。仰荷国务总理兼内务总长钱公能训呈奉大总统,特给'宗仁主义'四字坊额,永垂不朽。谨志缘起,勒示后人。中华民国八年四月十五日鲍宗汉记"。坊柱上镌一联,上款为"民国七年十二月榖旦",下款为"邑人张一麐书"。枋联为"鹿车世泽钟人杰,虎阜清芬挹地灵"。第二进为享堂,面阔三间10米,进深六檩13米,雕花梁,前后船篷轩,南有一枝香轩廊。东西两侧

鲍宗汉与母亲蒋太夫人合影

各有附房，东边临河。现已为私家园林，
门额挂"兰园"匾，为苏州书法家华人德所
题。说起鲍宗汉，也算商界传奇人物。他
11岁便去上海的一家烟杂店做学徒，后来
接触了许多洋商和外国水手，不仅由店主
安排入法租界学习外文，后又进入泰来洋
行，由西门子电子厂上海行买办管趾卿介
绍，到北京、天津两地任西门子两行的买

鲍传德庄祠近影

办，并担任过交通银行的董事。后来他又在北京、天津投资房地产买卖。鲍氏家族后
裔名人还有苏州医学院的鲍光庆，原市工艺美术研究所所长、设计室主任鲍士铃，原
致公党苏州市委员会秘书长鲍鹏，其祖父鲍演昭曾追随孙中山参加革命，后任上海怡
和洋行襄理、日本长崎广东同乡会负责人。

李氏祗遹义庄

　　位于山塘街815号，虎阜大桥西侧，始建于清代，现存四进。"祗遹"的意思是敬
述。《书·康诰》："今民将在祗遹乃文考，绍闻衣德言。"孔传："遹，马云，述也。"义
庄曾被用作小学、房管所、居委会等。朝南四进，即头门、仪门、祠堂、堂楼，均为三开
间。祠堂面阔10.75米，进深9.55米，硬山顶，圆作梁，前有船棚式双翻轩，左右两壁以
磨砖勒脚。祠堂和仪门用观音兜山墙。西路进门为一砖雕门楼，第二进为并列的两幢

李氏祗遹义庄旧影

李氏祗遹义庄近影

建筑，均面阔3间，进深7界。门厅现仅存一间半，堂楼已拆毁，轿厅及大厅保存基本完好。门口有"李氏祠"界碑。李氏祗遹义庄建筑整体规模较大，虽已作局部改动，但原规格形制保存较好。

李鸿章祠

李鸿章像

原为清乾隆年间贡士蒋重光（字子宣）别业[1]，昔有宝月廊、香草庐、浮苍阁、随鸥亭诸胜。清代沈德潜《蒋氏塔影园记》有载："赋琴主人为园于虎丘东南隅，山之明丽秀错，园皆得而因之，名曰塔影。"初于虎丘南岸辟地结庐，名海涌山庄。明天启年间归吴江赵氏。清顺治初，遗民顾苓购得改筑，名云阳草堂，中有松风寝、照怀亭、倚竹山房诸胜，四方名士过虎丘者多来游赏。顾苓在《虎丘塔影园记》写道："败瓦颓垣中，风沼霜林，依旧如昔，寻山客至，不复停车。"清嘉庆二年（1797），苏州知府任兆炯改建为白公祠，祀唐苏州刺史白居易。中有思白堂，旁为怀杜阁、仰苏楼，供少陵、东坡木主。又有万丈楼，在怀杜阁之东，供李青莲木主。疏泉叠石，花木郁然，为官府公余宴集并往来嘉客游览之所。清道光五年（1825）吴县知县万台修，增建慕李轩。清咸丰十年（1860）遭兵灾废毁。清光绪

李鸿章祠

二十九年（1903）十二月己卯，予故大学士李鸿章苏州专祠，列入祀典。予故盐运使李昭庆、附祀李鸿章苏州专祠。从两江总督魏光焘等请也。[2]园亦划归祠内，名靖园，由国学大师俞樾题写园名。亭榭山石，荷池旱舫，花木幽雅。游虎丘者，常于此休息。园内尚存光绪二十七年谕旨碑一方。辛亥革命后，李鸿章祠逐渐被冷落，曾一度公开收取门票，任

1. 夏冰《虎丘塔影园考》，收录于徐刚毅等著：《七里山塘》，上海古籍出版社，2003，P99—100。
2. 此内容见江苏省不可移动文物数据库。

人游览,以资贴补。1916年,北洋政府皖系安武军第一路统领马联甲(光绪十八年武进士)曾在此设安武军参谋处营务处,并兼第一路统领之大本部[1]。抗战沦陷期间,日军改作草席厂。抗战胜利后,虎丘自卫队驻守,又改作造纸厂。1948年,安徽籍教育家夏文杰于此办私立淮上中学。新中国成立后,学校易名为虎丘初级中学,后为第二十八中学。自20世纪50年代虎丘环山河建成后,塔影园原址便处于虎丘景区之外了,成为山塘街上的一景。1971年后,陆续拆除了园子西部的假山及鸳鸯厅,后又填塞了西北隅的水池,建造了学校的3幢教学楼和操场。据老山塘人说在1979年的时候,李公祠望山楼前太湖石立峰运到美国纽约,构筑"明轩"。如今的李鸿章祠是2019年3月份投入建设的,包括李鸿章祠堂的重建、塔影园的修复及民俗博物馆和周围园林景观的提升。

陈去病墓

陈去病墓坐北朝南,作覆釜形,青砖围砌,水泥封顶,直径5.9米,高2.2米。后筑混凝土罗城,前立碑,设置石供案,铺砌墓道。碑镌柳诒徵所书"陈佩忍先生讳去病之墓",额雕双鹤翱翔。

陈去病(1874—1933),近代诗人,南社创始人之一,苏州吴江同里人。祖上以经营榨油业致富。原名庆林,因读"匈奴未灭,何以家为",毅然易名"去病"。早年参加同盟会,追随孙中山,曾任孙中山北伐大本营宣传主任、广东护法军政府参议院秘书长等职。孙中山先生亲切地誉他为"十年袍泽,患难同尝"。孙中山的逝世,对陈去病打击很大,他拒绝出任官职,从而转

陈去病像

入学术研究。1923年担任国立东南大学中文系教授。1928年后曾任江苏革命博物馆馆长、大学院古物保管委员会江苏分会主任委员。1933年10月病逝于吴江同里。1935年11月南社成立三十六周年之际,柳亚子等诸社友将其灵柩迁葬于南社诞生地虎丘山下,

---

1. 《申报》(1916年5月13日第3版)载录。

并举行了隆重的公祭。1933年在范烟桥主编的《珊瑚》半月刊上也刊出了陈佩忍先生（即陈去病）专号。《陈去病年谱》中亦载："鉴于陈去病创南社于虎丘，集会于冷香阁，遂于虎丘南麓，冷香阁下为墓地。是年11月10日，由友人居正、叶楚伧、柳亚子等，及门诸子陈布雷、金世德等公葬于此。由东南大学历史系教授、陈去病生前挚友柳诒徵翼谋题写墓碑曰：'陈佩忍（讳去病）之

1948年蔡邦华陈绵祥和蔡恒胜，蔡恒息（抱者的婴儿）

1948年陈去病后人陈绵祥及家人扫墓（同里陈去病故居陈列）

墓，中华民国二十四年十一月，柳诒徵题。'到会者尚有郑佩宜、费公直、朱少屏、朱凤蔚、王潜庐、林一厂、郭步陶、凌诵益、范烟桥、王德琦及长女绵祥、次女绵幹等。"[1]

拥翠山庄

位于虎丘山门内，古憨憨泉的西侧，原月驾轩遗址，建于清光绪年间，面积一亩余，系利用山势，自南往北而上，共四层，规模不大，但构筑精巧，是苏州状元洪钧与社会名流郑文焯于清光绪十年（1884）集资数万在憨憨泉附近兴建的一座山庄。先后构有抱瓮轩、问泉亭、灵澜精舍、送青簃诸胜，并于各建筑之间缀植梅树、柳树、芭蕉、翠竹，因园

拥翠山庄正门旧影

建在山上，题名为"拥翠山庄"。拥翠山庄门前白壁上，嵌有"龙虎豹熊"四个大字，据考证，为清咸丰八年（1858）十月桂林陶茂森所书，自他处移置于此。据李根源《虎阜金石经眼录》所载，"龙""虎"两大字为乾隆五十年（1785）参议蒋之逵所书，原

---

1. 张夷主编：《陈去病全集》（第六册）外编三：《陈去病年谱》，上海古籍出版社，2009，P396。

拥翠山庄旧影（全景）

在五人墓东蒋参议祠内。光绪十一年（1885）正月，拥翠山庄正式落成，杨岘之为之撰记，并刻成3块条石放置在灵澜精舍檐廊东边。光绪十三年（1887），又增设了月驾轩。民国十三年（1924），在灵澜精舍之北，陆公祠原址重建送青簃。1959年，曾进行全面整修增建，后因历史原因废弃。直到1983年，才重新开放。经由多次整修、增建，今全园保存完好，有堂构7处，匾额6方，对联5对，石碑书条石16条和古树名木银杏、桧柏4种4棵。拥翠山庄依山而筑、傍泉而建，园门居南，门前石阶井然。门楣"拥翠山庄"用正楷书就，大门左右两壁墙上嵌有"龙虎豹熊"行草大字石刻4方。在一条由南向北狭长且逐层升高的台地上共分为四个层次，进入山门拾级而上，分别有抱瓮轩、问泉亭、月驾轩、灵澜精舍、送青簃等建筑。其中，抱瓮轩与灵澜精舍南北对称布置，中部的问泉亭、月驾轩等东西交错布置，形成前后建筑高低呼应、左右建筑错落有致的格局。

虎丘剑池及摩崖石刻

　　位于虎丘，剑池宽约45米，深约6米。剑池四周，石壁合抱，镇住一池绿波。水面上方一道石桥飞跨两岸峭壁。剑池终年不干，水质清澈甘洌。池呈狭长形，南稍宽北微窄。唐李秀卿称之为"天下第五泉"。池东侧峭壁上刻有"风壑云泉"4个大字，结体宽博，笔致潇洒，相传为宋代书法家米芾所

虎丘剑池旧影

书，别具风格。崖左壁上"剑池"两个篆体大字为元代书法家周伯琦手笔。

钱处士墓

钱处士墓近影

位于虎丘山西山麓，又称补履先生墓。钱近仁（1713—1792），昆山人。钱近仁家境贫寒，父母早丧，寄居于苏州文丞相祠西面数十步的鞋匠家，遂习其业。然从小喜读诗书，经史子集、九流百家无不浏览，尤致力于《孝经》《论语》。苦学成才后，诲人不倦。性朴讷，不妄取一钱，洁身自好，安贫乐道，人称"补履先生"。终年76岁，殁后无子，众人葬之于虎丘。清同治《苏州府志》载："补履先生钱近仁墓，在虎丘西麓，许宝善志。"民国《吴县志》载："故有文士王绳孙兄弟三人，闻而奇之，招至家，礼待甚厚，遂移书籍以往，老于其家。年七十有五，尝入濂溪祠焚香肃拜，又熟读《近思录》。与之谈，每及道家言。时薛起凤、彭绍升皆以学行高吴门中，亦折节与交。吴县汪缙以仅一识面未及与语为憾，为之立补履先生传。"此墓于1958年文物调查时重新发现，土垄高1米余，直径2.5米，当时即得到修整和保护。1963年被列为市级文物保护单位。现墓为1982年重修，前立椭圆形石碣，年款"乾隆五十七年（1792）嘉三月立"，石碣落款"江苏按察使汪志伊题"。

控制保护建筑

许宅

位于山塘街250号。许宅建于清代，现存一落四进，有门楼两座，其一门额为"祥云瑞日"；另一门额为"嗣宗泽远"，落款为"戊午秋八月吴县顾元昌题"。第三、四进为走马堂楼，曾用作化工原料仓库。2000年5月遭火灾，第三、四进房屋化为废墟，幸有封火墙、挡火墙门阻隔,第一、二进门厅、轿厅得以保存。2001年,商人周炳中先生花巨资购下此宅,并依据"修旧如旧"的原则对

山塘街许宅旧影

全宅进行修复。此宅原为名医许丹鹤之宅,被罗哲文先生题名"山塘雕花楼"。而许丹鹤孙女许瑞云则曾在私立尚德小学任教。雕花楼内有一戏台,临池而建,是半陆半水的水上舞台。戏台正中悬一横匾"普天同庆"。现后二进已修复。许宅的西侧为孙宅,原为山塘孙如号南货店主孙春雷所居。

山塘街许宅门楼"祥云瑞日"

汪氏义庄

位于山塘街480号。汪氏义庄系清道光六年(1826)汪士钟建造,现存头门、仪门、享堂、堂楼。汪士钟,字春霆,号阆源,出生在"贾而好儒"的徽商家庭。其父汪文琛以益美联社布号而饶于赀。许仲元《三异笔谈》载:"新安汪氏设益美字号于吴阊,巧为居奇,密嘱衣工:'有以本号机头缴者,给银二分。'缝人贪得小利,遂群誉布美,用者竞市,计一年棉布约以百万匹,论匹赢得百文,如派机头多二万两,而增息二十万贯矣。十年富甲诸商,而布更遍行天下。"因其家资雄厚,汪士钟常

1931年3月2日《申报》第8版的记载

以高价收书，不数年，藏书曰富。故阮元曾联
云："万卷图书皆善本，一楼金石是精摹。"
汪士钟的藏书楼在山塘街叟家墙门内，名曰
"艺芸书舍"。咸同兵燹前夕，汪士钟后裔
在太平军进入苏州前，将船载满宋元佳册
避难无锡荡口，这些善本终归无锡孙家，
而艺芸书舍中所剩的古籍善本亦被盗去[1]。
1931年3月2日《申报》第8版上亦载："海源
阁藏书、系杨致堂氏所置、杨生于前清道光

汪氏义庄旧影

年间、其书籍原非旧有，系尽得汪氏艺芸书舍藏书，辇载来鲁，其他一部分则得之于
乐善堂。"汪氏义庄头门、仪门、享堂均有外檐桁间牌科，前后均有梓桁，头门为将军
门形式，现仍保留门额及门簪，仪门为双翻轩形式，享堂面阔三间，进深九界，前为双
轩，后有船篷轩，扁作雕花梁，其后有混水砖雕门楼一座，门阔3.85米。堂楼面阔三
间，进深八界，扁作雕花承重，前后有梓桁，上有副檐，地面铺装花岗石。此外，还有
清代阮元《汪氏义庄碑记》《汪氏迁吴宗祠并置义田碑记》等7方碑刻分置于两侧。

陶贞孝祠

　　位于山塘街696号、701—707号。建
于清代，为陶松龄聘室张氏贞孝祠，祠前
两侧存八字水磨砖墙，三横枋分别浮雕
凤、龙、狮。柱联："馨香垂奕禩，绰楔表
坚贞。"祠前有陶张氏贞孝坊，后有享堂
三楹。陶贞孝祠坐北朝南，依次有牌坊、
祠门和享堂，享堂三间亦存。享堂面阔三
间12.4米，进深7.6米，大梁扁作雕花，有

陶贞孝祠旧影

---

1. 潘景郑《著砚楼书跋》载："旧钞绿格本汪阆源先生《艺芸书舍宋元本书目》二卷，家藏殆六七十年，
　书衣题字，犹是先大父手笔，刊入《滂喜斋丛书》，即据是本迻录。"

陶贞孝祠近影

棹木，山雾云透雕云鹤。陶贞孝祠曾为丁公祠。丁泰岩，名思孔，汉军镶黄旗人，清顺治九年（1652）进士，官至湖广、云贵总督，注重文教，曾于湖南置岳麓书院，设丁公讲堂。戏曲家李渔赠丁泰岩方伯联："九州才赋重江南，先生具管乐之才，真堪富国；六合屏藩推海上，圣主播唐虞之化，永不扬波。"民国时此处改为小学至今。尚存《大中丞泰岩丁公德政碑》和《修建半塘小学校舍记》石刻。苏州市原金阊区政协主席平龙根曾在《我和我的山塘故事》中回忆说："山塘街上的虎丘中心小学，是我的母校，当年我们上课的教室叫陶贞孝祠，是市控保建筑。我大弟弟在虎丘中心小学低年级部读书时，当时教室就在五人墓的享堂里面。早晨父亲两三点去附近河浜里赶鱼，我和弟弟四五点就起来揉着蒙眬的双眼，沿着山塘街到星桥农贸市场卖。卖掉之后，回家烧早饭，吃完早饭，再去上学。尽管生活艰苦，但学习成绩不错，还担任过虎丘中心小学的少先队大队长呢！"

郁家祠堂

位于山塘街502号。郁家祠堂建于清代，一路三进，沿山塘街门墙有花岗石库门、花岗石门圈，天井后为门厅，中柱落地，面阔三间，进深四界，第二进享堂，面阔三间，进深七界，圆作四架梁，有雕花连机，前后有翻轩，前为鹤颈一支香轩，后为船篷轩，扁作雕花月梁，兰草纹。

郁氏尚德小学校徽

后殿面阔三间，进深六界，前有一支香轩，扁作雕花月梁，圆作四架梁。原主人郁子良为茶商，祖业甚丰。1924年，郁子良夫人郁沈懋萱创办郁氏尚德小学。祠堂内有"中

郁家祠堂近影

华民国十三年甲子中秋"捐修碑,边款为"山塘郁沈懋萱氏立""锡山杨文卿刻"。而在今山塘中心小学内,则尚存一方《郁母沈太夫人建祠兴学记》碑,由校董林仙耕书写于1924年。当时郁沈懋萱考虑到七里山塘教育尚未普及,本着"幼吾幼,以及人之幼"之意,决定创办小学,培植人才。乃拨家祠余屋二十余间为校舍,筹开办费八百金,并拨萱记田四百七十七亩六厘二毫捐作学校基金,名曰郁氏尚德小学,命内侄沈玉麒襄其事,于当年五月十日开校。此后一再添设学级,呈请官厅备案[1]。

观音阁

桐桥观音阁近影　　　　　　　　桐桥观音阁附近旧影

位于山塘街578号。观音阁始建于南宋咸淳四年(1268),明弘治十四年(1501)重建,民国二十九年(1940)再建,20世纪90年代重修。南向,两进,楼阁围合,中央为天井,呈走马楼形式,二楼才是正殿,这在苏州是绝无仅有的构造。前楼为歇山顶,后楼为硬山顶,两侧厢房则为单坡顶。正立面下层明间辟石库门,镌有"观音阁"字样的砖额。外墙原有一募捐碑,碑末署"大明弘治十二年夏六月吉日立,里人金组书"字样,应与重修桐桥之事有关。第一进面阔三间,进深六界。第二进进深四界,中柱落地,西侧砖细门额"般若庵",西侧外墙嵌有《重建胜安桥义助》碑,碑阳为明《重修山塘胜安桥记》碑,内墙嵌有清道光十九年(1839)所立《元和县严禁滋扰桐桥观音阁及行人碑》及道光二十年(1840)《重修山塘胜安桥记》碑,其中谈道:"苏城西北

---

1. 倪浩文:《郁氏家祠与尚德小学》,《苏州日报》(2023年9月16日)载录。

虎丘山塘之半有桥，为舟车往来，南北通津，谓之'桐桥'"。1940年，昌年长老卖掉祖上田产，购下旁边翁姓竹器行等二家房舍扩建观音阁。观音阁先后由昌年、隆一、能明为住持。20世纪40年代，观音阁曾是腌腊行业职业公会的办公地。

谭宅

位于山塘街454号。该建筑为清末民初住宅，坐北朝南，一路五进，现仅存楼厅及后堂，楼厅五间两隔厢，扁作雕花梁承重，纹饰装修均显民初风格。后堂东南两面各设翻轩，雕刻较精，原楼厅前砖雕门楼已残。整组建筑体量较大，反映了民国时期苏州传统建筑不断发展的趋势。此宅原主人谭继春（仁

谭宅

祥），家族并不显赫，曾有黄姓过嗣给二房，仍改谭姓。此宅有门额二处，题额为"磬折""凝寝"。

世德堂钱宅

位于山塘街252号。该建筑为一路二进清代住宅。控保牌挂"某宅"，文物单位信息公示公告牌则标为"世德堂钱宅"。砖雕门楼题"诗礼传家"。上款"道光戊子（1828）仲冬"，下款"富春周凯"。周凯，字仲礼，号芸皋，清乾隆四十四年（1779）出生于浙江富阳县城（今浙江杭州富阳区富春街道）宜家弄。自幼刻苦好学，15岁时中秀才，清嘉庆十三年（1808）得中举人，三年后殿试得二甲进士出身，授翰林院庶吉士，继迁编修，充国史馆提调。历任湖北襄阳知府、湖北汉黄德道、福建兴泉永道、台湾兵备道等职。周凯善绘画、通诗文、精书法，在艺术上也有很高的造诣，他幼年启蒙于同里宿儒高傅占先生，后师从阳湖文派领袖、古文名家恽敬、张惠言。与林则徐、魏源、龚自珍等名人组织"宣南诗社"。此宅在20世纪80年代曾开办金乐食品厂，现沿街辟为超市。

敕建报恩禅寺

敕建报恩禅寺近影

敕建报恩禅寺（王宫）旧影

位于山塘街728号。又名怡贤寺，曾名怡贤亲王祠，祀奉卒于清雍正八年（1730）的怡贤亲王胤祥，土人呼为"王宫"。咸丰十年（1860）毁，同治十一年（1872）重建。民国初，僧妙莲再募修。怡贤寺最后三任僧人是云闲、顶峰和妙莲。云闲琴棋书画皆精，曾撰有《枯木琴谱》。民国《吴县志》载："释顶峰、释云闲皆住怡贤亲王寺，皆善琴。"现存门厅、仪门两处建筑，门厅有八字形水磨砖细照墙，正门朝南仿楼阁式结构，以砖细贴面，面阔三间；仪门面阔三间，进深八界，有斗三升桁间牌科。20世纪50年代改建为粮仓。至80年代寺宇拆除，又改建为虎丘饭店暨江苏省粮食厅干部休养所。80年代初，寺内部分屋宇被拆除，改建为江苏省粮食厅干部休养所。粮食系统曾在此开办过虎丘饭店。

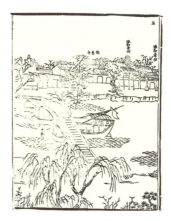

清周凤岐修、顾诒禄纂《虎丘山志》中报恩寺、普济桥一带的昔日景象

岭南会馆门头

位于山塘街136号。原建筑仅存三间门头，五山屏风墙，硬山顶，八字墙瓦檐下饰有砖雕抛枋，面阔7.3米。岭南会馆为明万历年间广州商人创建，清代重建，是苏州最早的会馆之一。

岭南会馆门头

山东会馆门墙

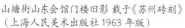

山塘街山东会馆门楼旧影 载于《苏州砖刻》 山东会馆门墙旧影
（上海人民美术出版社1963年版）

　　山东会馆位于山塘街552号，亦称东齐会馆，为清顺治年间胶州、青州、登州等地商人创建，乾隆时重修。咸丰十年（1860）战火中受损，未能修复。现仅存大门两侧门墙，高大巍峨，通体水磨细砖贴面，瓦檐下饰以砖斗拱，间以花卉纹垫拱板，下额枋为山水动物图案，雕镂极精。该门墙檐口高5.22米，宽20.75米，花岗石基座高1.02米，墙厚0.73米。20世纪30年代，山东会馆主事人为孙乾甫，后曾作台板厂使用。

天和药铺

　　位于山塘街374号，旧称"天和堂药材行"，俗称"天和堂"。建于清光绪十一年（1885），是苏州历史上首家行店合一的药铺。起初店主为徐兰峰（允福），1927年盘给郑锡华。1937年郑氏又以法币6000元盘给张韵书、颜振华等九位药商合伙经营。1953年12月公私合营后歇业。天和堂内曾有名医王凌云坐诊[1]。天和药铺坐北朝南，一路二进，均为楼厅。第一进为三间两隔厢，经过局部改造，进深六界，后面原有砖雕门楼，已毁，现接厢房各分左右，为卷棚形式。其后为第二进

天和药铺近貌

1. 《苏州明报》（1948年10月3日第2版）载录。

院墙,中门上为砖雕门楼,额题"惇行孝悌""时维道光五年杏月朔日"。第二进为三开间楼厅,前有副阶围廊,楼厅面阔三间,进深八界,前有抬头轩、船篷轩,扁作雕花梁承重,纹饰以花草为主。天井地坪为花岗石,屋内地坪为方砖,保存较好。

致冷双阁

位于虎丘山门内8号。虎丘山最高的平台上有两座楼阁,一名"致爽阁",一名"冷香阁"。致爽阁始建于宋,民国十九年(1930)重建。冷香阁为民国六年(1917)在金松岑的倡议下兴建。致爽阁面阔三间,进深八界,环以回廊。冷香阁在致爽阁以南,面阔三间,进深六界,东西南环廊。四周遍植梅树,品种多样,故又称"小香雪海"。此两处建筑于民国初期曾作为"南社"的重要集会场所。致爽阁、冷香阁位于虎丘山正南,地势高耸,楼阁式建筑是虎丘山景区的重要景观,从楼阁中远眺俯瞰,与第三泉相邻,情趣雅致独一无二。

致爽阁旧影

冷香阁旧影

文物登录点

第三次全国文物普查工作,2007年4月开始,至2011年12月结束。除已核定为控保单位的文物外,在当时山塘地区的文物普查中还有以下尚未核定等级的不可移动文物,按大的类别分为古建筑与其他(古井)两项,按具体类型可分为古宅、公共建筑(比如祠庙、会馆、善堂、戏台)、古门楼、古牌坊、古桥、古驳岸、古井,文化遗存类型丰富多样,展现了山塘厚重的文化底蕴。本节对公共建筑、古宅、古砖雕门楼和古牌坊进行专题介绍。以下为第三次全国文物普查在山塘地区所新发现的文物登录点中尚未核定文物等级的文物登录点统计清单。

第三次全国文物普查新发现中山塘地区尚未核定文物等级的文物登录点统计

三普文物登录点名称	类别	地址	具体类型
普济堂	其他	山塘街小普济桥下塘4号	古宅
安泰救火会		山塘街154号	
杨安浜8号郁恒丰		山塘街杨安浜8号	
圆家庵		山塘街吉庆寺弄13号	
冈州会馆墙门		山塘街92号	
山塘街176号戏台		山塘街176号	
山塘街400号高宅		山塘街400号	
山塘街470号某宅		山塘街470号	
山塘街496号砖雕门楼及建筑		山塘街496号	
安义堂严宅		山塘街前小邾弄49、53号	
丹阳码头一弄2号怡乐园		阊门外丹阳码头一弄2号	
曹家弄13号某宅		渡僧桥下塘曹家弄13号	
中倪家场12号砖雕门楼		中倪家场12号	古门楼
薛家湾4号砖雕门楼		薛家湾4号	
白姆桥西弄17号刘宅砖雕门楼		白姆桥西弄17号	
山塘街262号砖雕门楼		山塘街262号	
山塘街286号砖雕门楼		山塘街286号	
渡僧桥下塘8-1号砖雕门楼		渡僧桥下塘8-1号	
渡僧桥下塘64号砖雕门楼		渡僧桥下塘64号	
殳家墙门4-1号砖雕门楼		殳家墙门4-1号	
后小邾弄8号砖雕门楼		后小邾弄8号	
大悲庵弄3号砖雕门楼		大悲庵弄3号	
潭子里8号砖雕门楼		潭子里8号	
潭子里13号砖雕门楼		潭子里13号	
前宝元街7号砖雕门楼		前宝元街7号	
杨安弄35号砖雕门楼		杨安弄35号	
渡僧桥下塘29-1号南侧石牌坊		渡僧桥下塘29-1号	古牌坊
吴分楚胜坊		虎丘山门内	
俞胡氏节孝坊		山塘街708号门前	
陈张氏节孝坊		山塘街707号内	
萧烈妇坊		山塘街704号	
陶张氏贞孝坊		山塘街701号	
唐孝子坊		山塘街696号	
吕袁氏节孝坊		山塘街540号	
贝程氏节孝坊		山塘街603号	
东八字桥		山塘薛家湾清洁路1号南	古桥
西八字桥		东八字桥附近	
白姆桥		山塘街388号南	

三普文物登录点名称	类别	地址	具体类型
五泾浜桥		山塘五泾浜北口	古桥
保安桥		山塘野芳浜南　玻纤路中段	
万点桥		山塘街席场弄口	
斟酌桥		山塘街五人墓西	
青山绿水桥		山塘街五人墓西	
星桥		山塘街333号西	
同善桥		山塘街普济桥下塘	
引善桥		山塘普济堂东侧	
龙华寺桥		山塘打柴浜	
西山庙桥		山塘街郁家浜口	
山塘古驳岸		阊门至虎丘山塘河岸	古驳岸
上塘古驳岸		渡僧桥至广济桥北侧	
西杨安浜石驳岸		山塘西杨安浜	
白姆桥至八字桥石驳岸		山塘白姆桥至八字桥	
杨安弄30号门前古井	其他	杨安弄30号	古井
杨安弄55-1号门前古井		杨安弄55-1号	
丹阳码头一弄1号古井		丹阳码头一弄1号	
丹阳码头一弄9号古井		丹阳码头一弄9号	
丹阳码头21号古井		丹阳码头21号	
石牛头8号古井		石牛头8号	
大悲庵弄8号古井		大悲庵弄8号	
贵门街13号前古井		贵门街13号	
南胡家墩8号古井		南胡家墩8号	
南胡家墩10号古井		南胡家墩10号	
前宝元街3号古井		前宝元街3号	
前宝元街6号古井		前宝元街6号	
前宝元街7号古井		前宝元街7号	
前宝元街8号古井		前宝元街8号	
后宝元街3号古井		后宝元街3号	
引凤园弄4号后门古井		引凤园弄4号	
潭子里5号古井		潭子里5号	
潭子里8号古井		潭子里8号	
元兴里2号古井		元兴里2号	
曹家弄5号古井		曹家弄5号	
曹家弄8号古井		曹家弄8号	
曹家弄9号古井		曹家弄9号	
西叶家弄18号古井		西叶家弄18号	
西叶家弄32-1号古井		西叶家弄32-1号	

续表

三普文物登录点名称	类别	地址	具体类型
小木梳巷1号古井		小木梳巷1号	
知家栈28号门前古井		知家栈28号	
知家栈29号古井		知家栈29号	
殳家墙门5号古井		殳家墙门5号	
殳家墙门12号后门古井		殳家墙门12号	
殳家墙门16号后门古井		殳家墙门16号	
殳家墙门25号前古井		殳家墙门25号	
殳家墙门28号门前古井		殳家墙门28号	
殳家墙门35号古井		殳家墙门35号	
李继宗巷20号古井		李继宗巷20号	
李继宗巷28号古井		李继宗巷28号	
剪刀弄15号古井		剪刀弄15号	
伊家浜7号古井		伊家浜7号	
山塘街席场弄35-1号古井		席场弄35-1号	
山塘街席场弄39号古井		席场弄39号	
白姆桥东弄11号古井		白姆桥东弄11号	
白姆桥西弄4号古井	其他	白姆桥西弄4号	古井
山塘街286号古井		山塘街286号	
山塘街318号古井		山塘街318号	
山塘街446号（张宅）后面古井		山塘街446号	
山塘街917号门前古井		山塘街917号	
前倪家场1号古井		前倪家场1号	
前倪家场3号古井		前倪家场3号	
前倪家场7号古井		前倪家场7号	
前倪家场23号古井		前倪家场23号	
倪家弄10-1号古井		倪家弄10-1号	
倪家弄12号古井		倪家弄12号	
倪家弄14号古井		倪家弄14号	
中倪家场4号古井		中倪家场4号	
后倪家场12号古井		后倪家场12号	
思古弄12号古井		思古弄12号	
窑弄9号古井		窑弄9号	
窑弄12号古井		窑弄12号	
鸭蛋头1号古井		鸭蛋头1号	

备注：拥翠山庄、虎丘观音殿原为三普登录点，在新核定的姑苏古保委〔2024〕29号《关于公布姑苏区第三次全国文物普查尚未核定公布为文物保护单位的不可移动文物名录的通知》中已不见载录，故已并入云岩寺塔（国保）云岩寺及附属建筑子项，不在具列。从与山塘街、山塘河河道肌理关联而言，本书对于联系较远的上塘街、北浩弄区域不再作展开介绍。

公共建筑

从古建筑原来的功能性考虑，现将山塘地区尚未核定文物等级的文物登录点中的慈善公益机构、寺庙庵堂、戏台、店铺归为公共建筑。

普济堂

普济堂，也称男普济堂，位于山塘半塘小普济桥下塘4号，始建于清康熙四十九年（1710）。因乾隆三年（1738），士绅吴三复在苏州盘门外另设女普济堂，故半塘的普济堂改称为"男普济堂"。现址为社会福利院。现存清乾隆、道光、咸丰年间所立普济堂记事碑8方，已建碑廊保护。民国《吴县志》载："男普济堂，在虎丘普济桥。清康熙四十九年，郡人陈明智、顾如龙等募建。收养病民，略如京师堂制。五十五年圣祖御书'香岩普济'额以赐。乾隆二年，奉旨拨给没官房价银，置田八顷四十四亩有奇，又绅士助置田二顷六十亩有奇。始由绅士经理。乾隆二十七年，巡抚陈宏谋檄委督粮潘恂议立规条，归官经理。三十一年，巡抚明德增建病房五十一间。"《金阊区志》（2005年版）中则载录了普济堂的一些沿革往事："主要收养老病残疾无依贫民，供给衣食医药，内建三皇殿、关帝殿。当时每岁收田房租息约二万串，留养年老病民350人。五十五年，康熙帝书赐"香岩普济"匾额。乾隆二年（1737）奉旨拨给没官房价银，置田八顷四十四亩，又由绅士助置田二顷六十亩，堂始由绅士递充司事经理，每年一换，择殷实富户轮流点派，如其不愿，则献重资充入堂中，再另行点派。三十一年，巡抚明德增建病房五十一间，又拨给通州、崇明等地沙田若干。五十六年苏州府和江苏布政使司公告，不许点派绅士暗地勒充按年轮换，以杜弊端，普济堂乃归官经理，但日后此事并未切实遵守，仍时以郡城富翁按年轮递充司事。嘉庆十七年（1812）郡人陈道修倾家资在普济堂西北

普济堂（民国时期曾为苏州第一养老院，刊载于1928年《图画时报》）

普济堂近影

普济堂碑刻（姚红兰提供）

创立清节堂，收养妇女，以保全其贞节，并资佐普济堂。道光十九年（1839）司事顾宗淦请于阊门聚龙桥至方基上河口设立渡船，以租息充入堂中，每月初二、十六日按人给病残者八文作为膳菜之需。二十年有香山船业在太湖遇险得安，众议立愿行善，每月公捐堂中制钱一千二百文。民国十六年（1927）普济堂改为公办，易名第一养老院。十九年更名男养老所并附设残疾部，收养定额300人，凡男性老残病困者均可觅保送所，赡养终身。二十四年（1935）7月，男养老所与女养老所（乾隆三年吴三复于盘门建老妇普济堂，同治年间由冯桂芬移建于盘门内新桥巷，民国十九年改为女养老所，收容定额200人）合并为吴县救济院养老所，至1949年春，在所老人尚有240余人，有田千余亩。"[1]民国时期，清节堂主持人为陈学海。

1949年，吴县救济院养老所改名市安老所，主要收容三无孤寡老人，不久，市安老所又改名为市老残教养院。1959年，市老残教养院与娄门内吉由巷的育婴所、市儿童教养院合并，组建为苏州市社会福利院。20世纪60年代，又改称苏州市社会救济院，后又改回原名。1983年，又在原普济堂三皇殿旧址建颐养楼。

阊门中市河聚龙桥远望山塘渡僧桥和方基上

1.《金阊区志》编纂委员会：《金阊区志》第十二卷"民政"，东南大学出版社，2005，P524—525。

安泰救火会

旧时的山塘街商肆密集，街巷狭窄，故民间有句谚语称"南浩街失火，烧脱小邾弄"。为了防止火灾发生，山塘街上的商户们自发组织了民间的消防机构——龙社，后来在民国初期改称"救火会"。苏州是我国近代消防事业的诞生地，据说早在清康熙年间，西方的消防工具水龙就已经传到了山塘地区。安泰救火会位于山塘街154号，创建于1917年。1927年6月10日《苏州明报》第3版上刊登了《安泰救火会十周年纪念》一文，由此可见安泰救火会在1917年即在山塘创办。起初由鲍和清筹备，鲍氏故后，由吴介生继续主持。吴介生非常热心于安泰救火会的事务，竭力规划，建造会所，布置一切，井井有条。

1927年《苏州明报》上关于安泰救火会十周年纪念的报道

1930年3月7日，《苏州明报》第2版上又载："安泰救火会筹备改组闻四安泰救火会，昨开第一次筹备改组会议。签到李念萱、韩勤扬、张殿元、周维新等二十余人、李念萱主席推定宓光斗、李念萱、陈仲陶、张殿元、陈桂宝、陆余荣、董朝麟、蔡浩初、周维新九人为筹备委员，定三月十日，开第二次筹备会。"1935年11月24日《苏州明报》第7版上则提到吴介生发起集资向上海德昌机器厂订造救火艇一艘，并在虎丘进行安全消防演练，当时各界人士受邀观摩。救火艇出水迅速，注射高远，成绩甚佳。

1935年《苏州明报》中关于安泰救火会的救火艇在虎丘试演的报道

而早在20世纪20年代，美国旅行家师克明（Harold Speakman）也曾经在山塘附近住宿。一日早晨他被敲锣声惊醒，描述了这样的场景："救火员全副武装：包括鞋子、腰带和闪耀的高颈头盔，呼喊着冲往战场，他们的肌肉跃动，黝黑的皮肤在火光中闪耀。这让我产生了一种奇异的感受，就仿若在目视罗马的一场大火。"史金奎是当时北区十六段同安救火会（龙社）牺牲的救火英雄，在他牺牲后，安泰救火会为史金奎的公葬问题进行了呼吁，呈请官厅同意举行公葬。在1926年4月24日《苏州明报》第3版上报道了《公葬史金奎之昨闻》，讲述了史金奎在阊邱坊叶家救人，触电牺牲的事迹。叶家的这场火灾发生在同年的4月5日。当时已经是深夜11时10分，叶家的主人叶如林正在文火慢炖着中药，迷糊间撞翻了煤油炉。当时的警察厅消防队为官方机构，却只有30人的编制，其余的消防力量全来自民间消防队，警察厅消防队为了争功，与50多家民间的消防队摩擦不断。但发生火灾时，当地百姓都寄希望于民间机构，比如安泰这样的民间救火会。史金奎本是纸花店的伙计，热心公益，在发生火灾时他立即放下手头的工作，带上消防设备去义务救火，每次都是先于他人到达救火现场。叶家火灾发生时，北区救火队提出了断电的要求，但实际上电厂没断电，造成史金奎触电身亡。电厂的陈姓会计开始答应支付抚恤费1000元，但后来只给了100元，经过《苏州明报》记者的报道后，社会哗然，北区

1926年《上海画报》第11期中对于史金奎义士的事迹报道

1926年《苏州明报》关于公葬史金奎的报道

的全区救火会也罢工了。张一麐等极具地方声望的士绅也出面要求设立救火义士的抚恤办法和基金，公葬史金奎义士于虎丘山麓。后来官府同意划出虎丘山麓六亩六分地作为消防义士的陵园。1947年还有刘耀东、祝三山两位救火殉职的义士入葬。1949年，一位名为顾世杰的肉铺老板也因救火而被河岸边坍塌的石条压倒牺牲，安葬在了消防义士的陵园。更鲜为人知的是，在新中国成立前，德国汉堡大学医科博士、肺病内科专家李邦政医生曾在安泰救火会开设分诊所问诊[1]。

---

1. 《苏州明报》（1946年9月18日第2版）载录。

杨安浜 8 号郁恒丰

三普登录点。曾是郁恒丰茶庄。两路三进，系清末建筑。其中一路为三开间一隔厢，进深为五界。另一路则为三开间一隔厢，进深六界，前翻轩。两路整体厅堂皆为圆作梁，穿斗式。

郁恒丰茶庄近影

冈州会馆墙门

冈州会馆位于山塘街92号，清康熙十七年（1678），广东新会（一说为义宁）商人建。粤商在江浙沪经销芭蕉扇，会馆内常商贾云集，人流交错，生意十分兴隆，所以苏州人也将之称为扇子会馆。旧冈州会馆经历历史沧桑，仅存会馆墙门。今正殿已毁，头门亦改，其他建筑尚存，有"居仁""攸叙居"等砖刻门额。2005年山塘历史文化保护区保护性修复工程中，保留了会馆弄的部分原貌，在其旧址上重建冈州会馆。

冈州会馆墙门（局部）

山塘街 176 号戏台

三普登录点。原为苏州东汇路外安齐王庙的古戏台。外安齐王庙始建于清康熙三年（1664）。清同治、民国年间重修。庙内所祀为安万年，元末，朱元璋破齐门，安万年力拒战死，乡人供为神明。2003年，拓建东汇路时，拆除外安齐王庙，并向北移建了数十米，

古戏台近影

而古戏台则移建到山塘街。戏台下层通高2.59米,下砌人字砖。正门高2.48米,宽1.42米,东、西翼门各高2.2米,宽1.18米。戏楼两端对峙台柱各一,其下半截凿石为柱,高2.76米,上半截镶接等高木柱。戏台上层演区宽4.49米,深3.92米。置于表演区底线中间之太上板宽2.23米,右"出将",左"入相",台口高2.36米。表演区中央上方为船篷轩顶,其宽与太上板等,深2.79米,自台面至屋脊通高4.79米。围绕船篷轩顶之三面表演区上方,构筑宽1.13米的菱角轩顶,并与太上板后之同式顶棚交汇,构成烘云托月之势。其三面伸出檐口设枫拱双昂十字牌科十八朵。三面伸出之下方台沿,环置镂空花格矮栏,外装活络裙板,上设半窗十八扇。

古宅

已更新为民宿的山塘街高宅庭院

山塘街 400 号高宅

三普登录点。民国建筑。现已活化利用为山塘大院民宿,房舍已改建。此宅内一进有砖雕门楼一座,素肚,字额已毁,下部将军门内侧墙门上饰浮沤钉。

山塘街 470 号周宅

三普登录点,当时登录名为"山塘街470号某宅"。原宅主为原总后勤部周姓军人,后移居北京。现居历史类网络小说作家智静,著有《乡村小吏在大明》等书。其父为苏州市作家协会会员、唯亭人陈希天,在20世纪80年代曾创作《古城枪声》《夜袭浒关火车站》《三搜状元府》等中篇弹词。此宅原系周家祖宅,清末民初建筑。共三路,其中最南一路为三开间楼厅,前后两隔厢,进深八界。其他两路已经改建,均为三开间,其中北面一路进深八界,东西南廊翻轩。中间一路进深四界。前侧楼梯一侧木板墙上有木雕花饰,保存完整。

山塘街周宅木雕

山塘街周宅外貌

山塘街 496 号孙宅

山塘街孙宅砖雕门楼近影

　　三普登录点，登录名称为"山塘街496号建筑"。一路两进，一进前有船篷轩，并有砖雕门楼"贤能师俭"，系清雍正十一年（1733）进士、翰林院编修许集所题。许集，字时翔，号陶邨，吴县人。苏州门楼专家倪浩文在清理此门楼后认为："下枋万花包袱锦内为博古架结构，雕暗八仙，即以扇子代表汉钟离，以宝剑代表吕洞宾，以葫芦代表铁拐李，以阴阳板代表曹国舅，以花篮代表蓝采和，以道情筒代表张果老，以笛子代表韩湘子，以鱼篓代表何仙姑，造型甚为细腻。下枋中部抛方为'独占鳌头'，人物衣袂飘逸，是典型的清早期的苏派门楼风格。"[1]后一进门楼则已毁。

安义堂严宅

　　位于山塘街前小邾弄49号、53号。三普登录点。清末至民国建筑。前小邾弄49号

---

1. 倪浩文：《山塘街孙宅发现乾隆年间门楼》，《城市商报》（2016 年 5 月 6 日）载录。

为一路三进，整体三进皆为圆作梁。第一进一开间两隔厢楼厅，进深六界。第二进为三开间二隔厢楼厅，进深五界，前有翻轩，此进院落有砖雕门楼一座。第三进为三开间两隔厢楼厅，进深七界。前小邾弄53号也是一路三进，整体三进亦皆为圆作梁。第一进为一开间两隔厢楼厅，进深五界。第二进为三开间两隔厢楼厅，进深为五界，前面有翻轩。第三进为三开间两隔厢楼厅，进深六界。[1]宅内有墙门，但门额已毁。此宅近西叶家弄一侧有严宅的界碑。

丹阳码头一弄2号怡乐园

三普登录点。始建于清光绪年间。一路四进。其中二进有门楼一座，字额为"玉韫含辉"，署"光绪乙巳夏"年款。三进楼厅和四进附房均为民国时改建。20世纪80年代，此处曾为养老院，称为"怡乐园"，今已改造更新。

曹家弄13号某宅

位于渡僧桥下塘曹家弄13号。三普登录点，现为王姓人家居住。建筑整体原为一路三进，其中最后一进属于西叶家弄10号范围，不纳入三普登录点。前两进皆为三开间楼厅，均已改建，整体为清末至民国时代建筑。

古砖雕门楼

第三次全国文物普查新发现点（登录点）中，在尚未定级升格不可移动文物名录的登录中，有一批古门楼。从整体看，数量为14座。山塘河北岸区域，其中山塘街上有两座，分别为山塘街262号和山塘街286号。262号门楼如今已毁，残存字额"竹苞松茂"，前为三开间朝南楼厅。而286号第二进原来三普登录的门楼亦已毁。此宅原为永昌药材行仓库，系清末建筑，一路三进，皆为圆作梁。药材行老板是无锡人乔濠荣。薛家湾地区则有白姆桥西弄17号刘宅、薛家湾4号二座门楼及殳家墙门4-1号一座题

---

1. 苏州市文物局、苏州市文物保护管理所：《苏州山塘、怡园历史文化街区建筑评估》，中国旅游出版社，2013，P120、P122。

白姆桥西弄 项氏三节祠节孝之门近影

中倪家场 探花吴荫培题 "堂构缵承" 门楼

额为"孝友人瑞"的门楼，登录在册。白姆桥西弄17号刘宅原为项氏三节祠，故门前有节孝之门，坊上镌文："旌表吴县儒学生员项璧之妻周氏、长子吴县儒学生员项元求之妻支氏，长孙儒童项德树之妻王氏节孝之门。"现此宅居朱姓人家。此外，还有西面中倪家场12号的一座门楼登录在册。在山塘河南岸区域，首先是渡僧桥至通贵桥段，这个区域内有渡僧桥下塘的两座门楼，分别为8-1号和64号登录在册，前者为泰来药号，后者门额已残，四字中仅见"世德芬"三字。还有后小邾弄的8号的一座登录在册。通贵桥—星桥段，则有星桥南边片区的几座门楼登录在册，分别是潭子里的二座即潭子里8号，13号，皆为外开的素门楼。还有杨安弄35号及大悲庵弄3号、前宝元街7号。

　　而在这些砖雕门楼中最具价值的则是中倪家场12号、杨安弄35号、大悲庵弄3号、白姆桥西弄17号和薛家湾4号这五座门楼。中倪家场12号原为古宅，现已完全改建，仅剩一座"探花门楼"，其门额为"堂构缵承"，系探花吴荫培于乙卯年题写。这位吴探花在书写时将"卯"写作异体字"邜"。吴荫培（1851—1930），字树百，号颖芝，云庵，平江遗民，江苏吴县（今苏州）人。清光绪十六年（1890）庚寅科吴鲁榜探花，据说他天禀敏慧，读书过目成诵。吴荫培热心社会公益事业，曾任山塘男普济堂董事长达十年。1912年，他还捐资创办了"吴中保墓会"，保护了众多名人古墓。1918年，沧浪亭内设修志局，当时他与曹允源、蒋炳章一道出任《吴县志》总纂。因而为邑人称道，在士绅圈中极富声望。杨安弄35号原是一户徐姓的大户人家，内有一砖雕门楼，门额有徐弼题写的"紫气东来"。整座门楼上下枋、左右兜肚的砖雕保存得相当完整，系三普登录点。大悲庵弄3号即大悲庵所在地，目前列入三普点的是大悲庵堂内的砖雕门楼，题额"庄严法界"，落款年份为"清嘉庆壬戌晓月吉旦"。嘉庆壬戌即清嘉

薛家湾孙宅 "兰晖玉暎"砖雕门楼

前宝元街 7 号 翰林邵景康题"竹苞松茂"门楼

大悲庵 "庄严法界"砖雕门楼近影

杨安弄徐宅 "紫气东来"砖雕门楼近影

庆四年（1799）。薛家湾4号原是柴行老板孙仲涛的宅子，其祖上从大户人家购下，后来改建为新式住宅，仅剩清中期门楼一座，字额为"兰晖玉暎"，列入三普登录点。此外，前宝元街7号有砖雕门楼一座，题额"竹苞松茂"，落款为"光绪辛丑仲春立，元和邵小杏书"。光绪辛丑即光绪二十七年（1901），题写者是清末翰林邵景康（字小杏），元和（今属苏州）人。

古牌坊

　　谈起山塘的节孝坊，在第三次全国文物普查中，共计登录了9座石牌坊。首先是渡僧桥下塘29-1号南侧、水星弄口河埠的节孝坊。系两柱出头石坊，北侧柱联曰："宏一方之利济，念万姓以长宁。"其次，则是山塘街上的现存古牌坊，包括吕袁氏节孝坊（540号）、贝程氏节孝坊（603号）、唐孝子坊（696号）、陶张氏贞孝坊（701号）、萧

烈妇坊（704号）、陈张氏节孝坊（707号）、俞胡氏
节孝坊（708号）。

　　这些牌坊也有几个种类。首先是旌表节孝的
内容，突出"孝"字。

　　吕袁氏节孝坊所旌表的是吕大绵妻吕袁氏。
据清同治《苏州府志·列女》记载，这位吕袁氏当
时年方17岁，便与吕大绵婚配。她为吕大绵生育了
3个儿子。8年后，丈夫吕大绵去世，而这位吕袁氏
才刚刚25岁。她不仅"茕茕励操"将3个儿子抚养
成人，而且还"孝事翁姑"，共计守节37年，并于
清嘉庆元年（1796）去世。后来她的孙子吕修耘获
准在山塘桐桥之东为她建坊立祠。《吴门表隐》则
记载吕袁氏后来被旌表为"安人"。据清同治《苏
州府志》，苏州状元石韫玉曾为此写有一篇《吕氏
节孝祠记》。此碑记原存于宅内西北侧房屋内，于
2004年发现，碑名实为《新建吕氏节孝祠记》。另
外还有一方，今皆不存。当时的新闻报道称："碑
刻落款为'吴县石韫玉撰　长洲王政书　吴门张鲈香
镌'……石韫玉在碑文开头说，'天下风俗之美莫
大乎节孝'，最后又说：'山塘为我郡往来之冲，行
人如织，过斯祠者莫不知节孝之后有孝子又有顺
孙……岂非乡党所矜式而足以励风俗哉'，因此他
'乐为之记'。"[1]

萧烈妇坊旧影

深藏于古宅中的吕袁氏节孝坊

吕袁氏节孝坊旧址前遗存的坊柱

　　贝程氏节孝坊所旌表的是贝启祚妻贝程氏。按照《桐桥倚棹录》，此坊的题记者
叫黄子云。这位贝程氏非常贤惠，在她10岁时，父亲背上生了疽痈，她舍命天天用嘴将

---

1. 施晓平：《"状元碑"现身山塘街》，《城市商报》（2004 年 7 月 19 日）载录。

贝程氏节孝坊

浓血吮出，父亲才慢慢痊愈。与贝启祚结婚后，生下一子贝琏。清顺治二年（1645）清军攻入苏州，贝启祚在战乱中丧命，年仅32岁，当时贝程氏才27岁。程氏含辛茹苦将儿子贝琏抚养成人，她在清康熙十八年（1679）病故，守了34年的节。后来贝家到了其八世孙贝慕庭的时候，已经是财力雄厚的富贾人家。贝慕庭向江苏巡抚奏请旌表，经过礼部奏报，于清乾隆十年（1745），也就是在贝程氏去世66年后，终于获得节孝的旌表。如今的贝程氏节孝祠仅剩牌坊一座，祠堂已无存。原来的贝程氏节孝祠坐北朝南，有三进。其中第一进为祠门，两旁有贴砖八字墙，上饰砖雕，下承石雕须弥座。前立坊表，双柱单间，花岗石构筑，坊额镌"圣旨""节孝"等字。第二进为享堂，圆作梁，前有船篷轩。庭院内原有门楼，砖雕精细。贝节孝祠第一、二进于1996年建北环路万福桥时被拆除，并于2年后移建昆山亭林公园，用作修建顾炎武故居。而第三进则在1958年修建双轨铁路时被拆毁。

陶张氏贞孝坊所旌表的是陶松龄的聘室、吴县人陶张氏，题旌于清乾隆十七年（1752），也称贞孝祠。贞孝坊用花岗石雕刻砌筑，现存单间二柱，除顶楼外尚完整。横枋雕有丹凤朝阳、双龙戏珠和狮子绣球图案。坊柱上镌有一联："馨香垂奕祀，绰楔表坚贞。"清志中所谓"聘室"指的是男方已经礼聘女方，但未完婚，男方便已亡故。陶张氏的父母劝其改嫁，但这位陶张氏却"矢志守贞"。乾隆《吴县志》及后来转述的民国《吴县志》皆载，这位陶张氏性格刚烈，据说她为守贞"执义抗言，誓以身殉"。其父母苦劝无果，就把女儿又送回了夫家。陶张氏服侍舅姑，恪尽妇道，守贞二十年如一日，她在37岁的时候去世了。

陈张氏节孝坊所旌表的是赠奉直大夫陈松妻陈张氏，现存单间双柱，花岗石材，位于山塘井泉弄的南端（山塘街701号）。现状保存不佳，自定盘枋以下尚完整，顶部已无，尚存额枋、字碑、坐斗。其中额枋雕飞鹤云纹，字碑风化严重。清同治《苏州府志》载："陈松妻张氏，坊在普济桥上塘家祠侧。"由此可见，原先那里就是陈家的

家祠所在。现祠门存西侧贴砖八字墙，下有石雕须弥座。据清
《吴门表隐》，陈张氏后人获封"宜人"。清道光《苏州府志》
中则称这位陈张氏是清嘉庆二年（1797）获得旌表的。关于她
的事迹留下的文献极少，但清同治《苏州府志》中则直接将陈
张氏称为"孝妇"，由此我们可略知她的旌表亦是"节孝"的
原因。陈家在山塘也是大户人家，1888年《申报》上就载录了
陈氏家族迁徙到山塘的情形："吾族陈氏自始祖北溪公讳通迁
吴后，逮六世祖旭如公讳亮建祠于虎丘山塘，七世祖舜功公讳
治又分立新祠，当时辑有宗谱，经道光二十五年重修，迄今逾
四十年矣。"[1]

《申报》（1888 年 5 月
7 日第 10 版）上关于苏
州陈氏修谱的记载

　　俞胡氏节孝坊所旌表的是
俞赐麟妻胡氏，题旌于清嘉庆
三年（1798）。这座节孝坊原先
在俞节孝祠前（山塘街840号），
祠堂被毁后，节孝坊移至山塘街
708号的山塘河前。此节孝坊亦
是花岗岩材质，两柱一楼式牌
坊。其额坊隐约可见姓氏，但漫
漶不识。有柱联"纶孝九重名高松柏。楷模百世节励冰霜"。

萧烈妇坊旧貌　　　　　　　　萧烈妇坊今影

　　其次是旌表节烈的题材，顾名思义，那时的旌表突出在"烈"。山塘街有一座萧
烈妇坊。该坊亦为花岗石石材，现存单间两柱，定盘枋以下完整，上、下横枋上则分别
雕刻了双龙戏珠和狮子绣球图案。坊柱镌刻楹联："三吴共仰冰雪操，千载常瞻绰楔
荣。"坊后原有旌表节孝祠，今已不存。

　　再次是旌表孝子的题材。山塘和虎丘一带原来有几座孝子坊，比如吴中英孝子
坊（山塘街596号）、杨楚孝子坊（山塘街605-1—607号，1998年建万福桥后立柱遗

1.《申报》（1888 年 5 月 7 日第 10 版）载录。

迹消失）、杨成茂孝子坊（山塘街657—660号，20世纪60年代后无存）、江国正孝子坊（山塘街779号，坊后有祠，20世纪50年代后不存），目前登录为未定级不可移动文物的仅有唐孝子坊，即唐肇虞

江孝子传碑（今已移入五人墓景区内保存）

孝子牌坊，位于山塘街696号，此孝子坊题旌于清乾隆二年（1737）。现存为牌坊单间二柱，定盘枋以下尚完整，上、中、下横枋上分别雕有飞凤流云、双龙戏珠和狮子绣球图案。两侧还有通体贴细砖的八字墙，其上部饰有砖雕，雕刻的图案丰富精致，有芍药、牡丹、秋葵、兰、梅、桃、荷、竹、松等。清同治《苏州府志》载："唐肇虞，字顺江，九岁而孤，事母至孝。……明末寇乱，母子相失。号哭访母，遍及大江南北，戎马倥偬，昼伏夜行，徒步经二三千里。憩于镇江关帝庙，梦帝以金铃系其臂。肇虞心动，遂走金陵，遇一妪。见其憔悴无人形，询所自来。泣以告。妪引之归，出所留妇见之，果其母也。因奉母归，孝养终身。乾隆二年题旌。"而清乾隆《吴县志》则载："孝子唐肇虞墓在吴山桃花坞二都二十七图。"孝子坊后为祠门，祠址曾改建为丁公祠，先前尚存碑刻《大中丞泰岩丁公德政碑》《修建半塘小学校舍记》等。旧时，虎丘山下曾有建于清道光九年（1829）为杨师曾所立的孝子坊，今已不存，附近的塔影浜亦已填没。此外，还有虎丘小武当的吴分楚胜坊，至今犹存。据民国李根源《吴郡西山访古记》载："吴分楚胜坊，隶书，在虎丘后山麓。前建中和桥，后造假山，古之小武当也，今废。"

虎丘山下塔影浜杨师曾孝子坊旧影

吴分楚胜坊旧影

其他传统建筑选介

蒋公祠旧址

位于山塘街762号，即"蒋参议祠"，建于清康熙五十五年（1716），祀明末天津兵备道参议蒋灿。三开间平房，进深四界，圆作梁。民国《吴县志》载："蒋参议祠在

1919 年 蒋公祠移石碑（倪浩文提供）

蒋公祠旧址

虎丘山塘，祀明天津兵备道布政司参议蒋灿，孙赠侍郎之逵祔。清康熙五十五年，曾孙文澜建。乾隆八年，元孙曰梁拓地增建，清徐骏陆桂馨有记。"蒋公祠后原有荷花池，20世纪50年代在此设粮仓。90年代，这里成了社会福利院、普济医院的职工宿舍。蒋公祠有碑刻多方，如清道光十二年（1832）《禁扰蒋参议祠执帖碑》，今藏于苏州碑刻博物馆。1919年，蒋枺熙撰、蒋炳章书、张一麐填讳《蒋公祠移石碑》，今藏义风园。蒋公祠内也曾有清乾隆五十五年（1790）蒋之逵行书"龙""虎"二字额，后移入虎丘拥翠山庄，潘钟瑞《虎阜石刻仅存录》中有收录。而原藏朔州知州蒋深小园内之"绣谷"石刻，则不知所踪。此外，还有清道光十二年（1832）《禁扰蒋参议祠执帖碑》，现藏苏州碑刻博物馆[1]。蒋灿（1593—1661），字韬仲，号雉园，晚号慕皆，南直隶苏州府长洲县人，系娄关蒋氏第五世，清流县知县蒋育馨次子。其父蒋育馨曾是长洲举人，后十次进京，会试屡试不获，后来选为汀州府清流县知县。而蒋灿则是天启元年（1621）举人，崇祯戊辰（1628）会元，殿试以三甲一百零一名中进士，考授浙江省绍兴府余姚县知县，后又调任上蔡，修筑城墙、管理保伍、训练勇士以防御流贼。蒋灿后

---

1. 倪浩文：《山塘街蒋参议祠》，《苏州日报》（2022 年 7 月 16 日）载录。

来又升为兵部主事，历官员外郎、郎中，擢任天津兵备道参议，修缮天津卫卫城，兴建三台，保全南浙、南直、长芦的粮饷；因事遭贬谪到福建，后得赦免，京城失陷后和王宗昌沿海路到南京。南京失守后，他杜门照顾母亲，母亲死后哭到瞎眼，69岁去世。著有《春秋讲义》《羼提斋集》《半关文稿》《津门奏疏》等。清同治《苏州府志》等苏州旧志对此事有载录。

陈公祠旧址

山塘陈公祠旧影

位于山塘街757—758号，即"陈朝散祠"，建于清乾隆五年（1740），据清《桐桥倚棹录》为陈伯震记。原祠内有荷花池、假山，毁于20世纪60年代，现仅存有老朴树一株。清同治《苏州府志》载："陈朝散祠，在虎丘云岩寺，祀宋朝散大夫知苏州事陈省华，国朝乾隆五年建。"民国《吴县志》则载："陈省华，字善则，阆中人。至道初，苏州时遇水灾，省华复流民数千户殍者，悉瘗之，诏书褒美。"《（光绪）昆新两县续修合志》则载："宋至道二年，知苏州陈省华议筑昆山塘。"陈省华的夫人冯氏性严，每天带着儿媳妇下厨做饭，与陈省华有三子，不许事华侈。长子陈尧叟是端拱二年（989）状元，次子陈尧佐则是进士出身，三子陈尧咨也是咸平三年（1000）状元，世称"三陈"，父子四人皆进士，故称"一门四进士"，而陈省华的女婿傅尧俞也是状元，故又称"陈门四状元"。

永安龙社旧址

永安龙社旧址

位于山塘街670号，半塘彩云桥西，俗称水龙公所。原大门为月洞门，天井内有棚廊相连，相当于现在的风雨连廊设计。民国陆鸿宾（字璇卿）的《虎丘山小志》中曾对半塘的永安龙社有过详细的记载："创始于清同治间。初置旧屋五楹，社董为钱、陆、华、杨诸君，后相继谢世。

民国四年，社屋余地为西邻毛姓侵占，经讼解决后有蒋柏如君维持。第[1]见颓垣断瓦不忍坐视，始自捐资添置前后基地改造。头进储藏救火器具，因无办公余屋，复募建厅楼三椽及书房、厨房、卧房全部。有前苏常镇守使朱熙悬匾额曰'永靖离光'，又，汪鸿藻君题额'莫厥攸居'，毕诒策君题额'天一所生'，顾鄰士君题额'盛德在水'，吴荫培君题额'有备无患'，方鸿恺题额'永久安宁'，朱永横题额'永镇坎方'，有季新益君一联云：'居安虑危弭灾气于永久，蟠龙踞虎得山水之神奇'。夫永安龙社毁于洪杨兵燹，乃

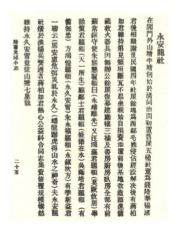

民国陆鸿宾《虎丘山小志》中关于永安龙社的记载

者[2]、蒋柏如君热心公益，纠合同志集资修覆，规模灿然，维持永久安宁岂徒山塘七里哉。"由此可见，永安龙社后来修缮亦由顾得其酱园经理蒋柏如亲自打理，并得到当时士绅如吴荫培、毕诒策及军界要人比如前苏常镇守使朱熙的鼎力支持。民国八

永安龙社界碑

年（1919）《示禁滋扰永安龙社碑》载："虎丘半塘地方，原有永安龙社，年久废弛。先因为筹款维艰，迟未规复旧制，地方人士引以大憾。盖该处市廛栉比，人烟稠密，年来火警频仍，在商民固有戒心，即储藏血经之龙寿山房，近在咫尺，邑绅对于消防事宜，尤为重视。公民等即经会同会商筹款添购洋龙及各种救火器具，为防患未然之谋。复将原续捐置之社基四分之二厘，清理明晰，立界四周，围以墙垣，建筑房屋三椽，计十二间六披，为储龙之办事之用，仍名永安龙社，借复旧制，以维火政。"[3]如今永安龙社旧址依旧矗立在山塘街上，尚未列入不可移动文物保护名录。永安龙社界碑现存二方，分列于龙社旧址

---

1. 连词，意为"但是"。
2. 意为本人，指陆鸿宾。
3. 徐苏君：《苏州碑刻访见录》，苏州大学出版社，2024，P65。

的东、西侧。希望在不久的将来，永安龙社旧址能得到更好的修缮和保护，让这处山塘的特色遗存能得到更好的保护。

顾得其酱园旧址

顾得其酱园的创办人是过云楼的主人顾文彬。顾文彬（1811—1889），字蔚如，号子山，又号叔瑛、紫珊、艮盦、艮庵、过云楼主，元和人。清道光二十一年

民国时期 山塘半塘顾得其酱园的广告

（1841）进士。同治十年（1871）顾文彬投资创办顾得其酱园的时候，尚在浙江宁绍台道任上。顾得其生产食品选取金元黄豆、净白面粉、陈盐鲜果、虎丘清泉等考究的原料，因而其所出的酱油清香醇厚，酱小菜广受欢迎，腐乳还独揽了上海市场。[1]民国初期，顾得其的特色腐乳先后打入了上海永安、先施等大公司。顾文彬的曾孙顾公硕曾与人合资在山塘野芳浜开办顾得

顾得其酱园界碑

其的酿造厂[2]，后来顾家聘请宜兴人蒋柏如任顾得其酱园的经理[3]。而昆曲专家顾笃璜先生便是顾麟士[4]之孙、顾则奂次子。在新中国成立前夕，顾笃璜先生就曾在顾得

左：《申报》（1926 年 10 月 21 日第 1 版）上关于顾得其酱园的广告
中：《申报》（1940 年 12 月 24 日第 14 版）关于顾得其酱园名产玫瑰、酒脚腐乳在上海销售的广告
右：《苏州明报》（1930 年 6 月 30 日第 3 版）关于顾得其酱园赠匾给十七后方医院的报道

1. 夏冰：《顾得其与潘所宜》，《七里山塘》，苏州市金阊区政协文史资料编委会（内部发行），2001，P142。
2. 同上。
3. 苏州档案馆民国商会档案：《山塘顾得其酱园国税蒋柏如遗产报告表》（1946 年 6 月 1 日）显示，当时纳税义务人为蒋家德，遗产管理人 / 执行人亦为蒋家德。
4. 顾麟士（1865—1930），字鹤逸，顾文彬之孙，过云楼第三代主人。

其酱园工作，文史学者沈慧瑛对顾笃璜先生的口述采访载录："1949年春节前后，为了防止国民党的疯狂反扑，保存我党的实力，迎接解放，组织上通知他们暂停一切活动，顾笃璜的母亲张娴冒着风险将存放在顾得其酱园作坊的印章、传单、油印机等物品转移到城内家中。临近解放，顾笃璜和战友们听从组织安排，又回到顾得其酱园作坊，每天晚上听着火车呼啸的声音入睡。4月26日晚上，火车突然停了，四周一片安静，这群年轻人明白，解放军来了，苏州的天要亮了！"[1]说起"顾得其"的店名，民国程瞻庐《苏州识小录》中曾谈道："'得其'者，乡党所谓'不得其酱不食'也。"如今的顾得其酱园旧址仍存界碑三方，其中东侧前后有二方为"顾得其界"，前一方东侧旁曾有九贤祠界碑一方，其碑文为"蒋家祠界"，外框系卷草纹，即九贤祠，今已改建，旧貌全失。近年界碑已被涂上水泥湮灭。据《桐桥倚棹录》："九贤祠在野芳浜，祀明清流县蒋育馨、天津参议副司蒋灿、都督浙江总兵谥忠烈蒋若来、廪生、私谥贞白先生蒋垣、奉天治中蒋圻、乐清县知县蒋埴、兵部观政进士蒋德埈、中书舍人赠侍郎蒋之逵、光禄寺少卿蒋文澜。"后一方则与"永安龙社"界碑毗邻。在西侧山塘街679号门牌下还有一方"顾界"界碑。顾得其酱园后来有分号开在阊门吊桥堍，而顾得其酱园的东栈则开在临顿路的兵马司桥堍（今大儒巷一带）。

潘所宜酱园旧址

位于山塘街星桥下塘12号，系大阜潘氏长房蓼怀公在庙堂巷的一支所开办的酱园，后来传到该支的潘廷枞手中。民国程瞻庐《苏州识小录》中载："'所宜'者，乡党朱注所谓'食肉用酱各有所宜'也。"潘廷枞是第三十三世，清嘉庆己卯（1819）举人潘遵礼的孙子，潘馥的侄子。他后来从汪家手中购得庙堂巷的壶园，成为壶园的园主。潘廷枞也是苏州总商会的议董、当时苏州酱业同业公会的董事。潘廷枞是道衔候补员外郎，再加上大阜潘氏的家族

山塘星桥下塘潘所宜酱园旧影

1. 沈慧瑛：《江南名士顾笃璜》，《名城苏州》（2022 年 2 月 3 日）载录。

背景和财力，在当时也是很有名望的士绅。潘廷枞亦热心社会慈善事业，比如在1921年，他与曹崧乔、曹惕寅、吴荫培、杨廷栋、陆鼎奎等人一起创设苏城隐贫会，救济失业民众。潘所宜酱园生产的豆腐干也是当时苏州家喻户晓的特产。潘所宜酱园的经理则是倪培芝。倪培芝曾在1930年担任吴县油酱业同业公会的执行委员[1]。而20世纪20年代，潘所宜酱园的首席账房先生是吴江芦墟人顾凤声。顾凤声（1895—1988），晚号分湖老人，书法上师从陆恢，尤善蝇头小楷，又精于珠算。潘所宜酱园门前跨街楼依旧保存了原貌，只是南侧廊棚和店招今已不存。

杭氏典当铺旧址

位于山塘街655号、646号、641号，鸭脚浜与山塘河交汇口的西侧，据苏州市文物局测绘，系两路四进建筑。其中644号有混水（已毁）和砖雕门楼各一座。民国时期曾为典当铺，当铺主人姓杭。后来典当铺的北侧曾用作虎丘工艺美术标本厂，南侧曾用作虎丘服装厂。

杭氏典当铺旧址

甘露律院旧址

清乾隆《元和县志》则写道："甘露律院在阊门西半塘，初仅一茶亭……"此说与清康熙《苏州府志》记载相同，而以上两志书的其余记载均与《桐桥倚棹录》相似。清道光《苏州府志》亦与《桐桥倚棹录》相似，只是清道光《苏州府志》中还提到了当时甘露律院一带所属的地名"九都彩云里"。民国《吴县志》中则记载甘露律

甘露律院旧址

---

1. 《苏州明报》（1930年10月27日第2版）载录。

院毁于清咸丰十年（1860）。此外，范君博《吴门竹枝词》中提到此处曾一度改为祭祀清巡抚都御史韩世琦的祠宇，并记载了白公堤石幢原在韩公祠内。

顾氏洋房旧址

位于山塘街782号，青山桥北。建于清末民初。洋房为上下两层，四周有回廊，原为红砖外墙，后贴瓷砖，改变了外立面的风貌。老居民说，对面曾有照墙镌"武林世家"四字。武林就是现在的杭州，其实此洋楼的主人顾四胖原是虎丘吴垾上人，他早年游手好闲，因犯事被官府列入嫌疑而逃往杭州。后来，顾氏听闻上海的洋人要修海堤，急需打桩用的栎树，便抓住商机，做起了供应木材的生意，自此发家致富。后来他摇身一变，以洗白后的"武林世家"新身份回到苏州建造了这栋洋房。顾氏洋房在新中国成立后先后用作虎丘公社办事处、海涌印刷厂厂房。顾氏洋房原有花园，后来花园被毁，成为中亚空调通风设备厂地址，原来花园内的太湖石则运到普济堂保存。

范君博《吴门竹枝词》中有关甘露律院改建为韩公祠的记载

顾氏洋房旧址

小普陀寺旧址

位于山塘郁家浜内。《桐桥倚棹录》载："小普陀寺在西山庙西，即兴福庵。文《志》云：'有三石佛象，宋嘉泰二年善士吴净心造，国朝雍正九年僧体仁重建，中奉石像观音，始易今名。'道光十七年僧定慧募建大殿及照厅等处，并铸巨钟重千余觔有奇，定慧自撰碑文，吴昶有《中兴记》。"旧时，人们除了到小普陀寺烧香敬佛外，也会去小普陀寺的茶寮品茗。民国《吴县志》中便记载了清雍正十二年（1734），陆奎撰并书有《小普陀茶寮记》。民国《吴县志》中还记载了同一年公建的虎丘小普陀茶亭，

其中有陆奎勋记柱联："皎日当空聊憩息，清
风徐拂足淹留。"此外，小普陀寺内还曾有清
道光二十七年（1847）的铁磬，而此说系民国
《吴县志》引述了《吴郡西山访古记》的记
载。据民国《吴县城区寺庙公产调查表》，小
普陀寺在民国时期住持尼为燃德，当时的庙
宇已为光绪七年（1881）重建的建筑。其中庙
舍有二十三间，田产达四亩五分。

小普陀寺旧址（平龙根提供）

西山庙旧址

　　民国《吴县志》载："西山庙在东山庙之西，去山无百
步，在平壤。祀晋司空王珉。宋崇宁二年建，清咸丰十年毁，
同治十一年重建，今民间与其兄珣同奉为武邱乡土谷神。"
王珉（351—388），字季琰，小字僧弥。出生于琅琊王氏家
族，系东晋丞相王导之孙。其兄为赠司徒、尚书令王珣。北
宋时期，王珣的《伯远帖》曾由内府收藏，故著录于《宣和
书谱》。明代董其昌曾收藏此帖。后乾隆帝又将其列入"三
希堂法帖"。王珉历著作佐郎、黄门侍郎，累迁侍中，中书

西山庙旧址（平龙根提供）

令。少有才艺，善行书，与王献之齐名。世人谓王献之为"大令"，王珉为"小令"。《晋
书》载："珉少有才艺，善行书，名出珣右，时人曰：'珣词翰为时宗师，然当时以弟珉
书名尤重，故有'僧弥难为兄'之语。"清宣统《虎丘山志》载："王宾曰：'此盖东西寺
庙，寺去而庙存耳。在元时，每当元夕，两庙张灯设馔，箫鼓喧阗，游人杂还。寺之山
径，节节有灯。往来之人，或以鼓乐自随，竞相为乐。此踵宋时故事也。'"王氏兄弟与
虎丘颇有渊源，明周永年《吴都法乘》载："云岩寺即虎丘山寺，晋司徒王珣及弟司空
王珉之别业也。咸和二年，舍以为寺，即剑池而分东西，今合为一。寺之胜闻天下，四
方游客过吴者未有不访焉。"而清道光《苏州府志》则载："虎丘寺古杉，《吴郡志》：
'在殿前，相传为晋王珉所植，唐末犹在，形状甚怪，不可图画。'"1890年5月29日，

潘祖荫族兄潘钟瑞曾在其日记中写道："出金阊，在滩桥上饭店吃饭，暂泊。复行，抵怡贤寺外泊，适有西山土地解饷神会，观之。"

1919年，孙世忠倡修西山庙。1958年，因在此兴建大同造纸厂，庙堂被毁。2019年时，西山庙仍存寺庙山门门楼一座，但当时字额已湮灭，两旁则为八字水墨砖墙。至2024年，门楼已不存。西山庙曾举办花王会，当时的花王会所用仪仗皆用鲜花扎成。而当时虎丘的东山庙[1]听闻西山庙的花王会后，也要来"轧苗头"，于是东山庙举行了东亭王会。东亭王会里有鲜花旗伞，还有辣椒制成的辣伞。此外，东亭王会上还有女子臂香、素大肚皮等祈雨场面[2]。

1934年《苏州明报》上关于西山庙、东山庙两届花会竞赛的报道

勤补堂张宅

勤补堂张宅内景

位于潭子里53号。建于清末民初，系五开间楼厅，长窗落地，一进庭院有新修门楼，系双面字额，其外侧题"勤补新颜"，内侧题"万事如意"。还有古井一口，新修水泥井圈及新镌"甘池"两字于井后墙上。此宅属于糖果业张祥丰家族"老大先生"所有，现居张祥丰家族第四代后人张伟烈。

丹阳码头邬宅

位于丹阳码头二弄4号。原为协祥兴鱼行老板邬子青的宅子。邬子青在山塘毛家桥开办鱼行，后又在山塘星桥塊（原山塘街322号）开办保寿堂药铺。邬宅现存一进，大厅为鹤颈轩，原宅堂前门楼有"厚德载福"字额，今不存。

---

1. 东山庙曾祀晋司徒王珣，亦称短簿堂，后改为隆祖塔院。如今虎丘万景山庄盆景园门前一对有石狮子，背上刻着"老东山庙"四字，可谓东山庙遗址的印记。
2. 《苏州明报》（1934年7月25日第6版）载录。

三余堂许宅

位于山塘星桥下塘8号，现存南路四进，北路三进。此宅原为中医外科医生许芝轩的宅子，许芝轩与其弟继承祖产后买下了这所宅子。许芝轩曾在此亦开办诊所。许家世代行医，从事中医外科，治疗疮、痈、疖、丹毒等疾病。许芝轩，名鹤龄，为医造福一方，其刀圭疗法奏效如神。对于贫寒的就诊患者只象征性收取不足一元的诊金，故1927年3月到许宅就诊的浒墅关贫寒患者曾在《苏州明报》上登报致谢。许芝轩的弟弟是许鹤

三余堂许宅内景

《苏州明报》（1927年3月26日第3版）上关于许芝轩的事迹报道

丹，亦是名医，其宅在山塘街250号，即今山塘雕花楼。兄弟二人乐善好施，灾年田里歉收，许氏兄弟就对农户减免佣租。许芝轩的长子是许玉麟，娶了浒墅关徐家（祖上曾出过举人）的女儿徐桂英为妻，生一子（早夭）、三女（许优钰、许最钰、许著钰）。次子为许玉甫，生有二子一女，其中许玉甫的长子为许纪常医生，后来也在星桥下塘许宅中坐堂行医。此外，还有三子许玉岗，曾任光福人民医院院长。

宁远堂药铺旧址

位于山塘街328号，然而其在山塘的原址则设在星桥塊暗弄堂（知家栈）边上，最初地址即今山塘街324号，抗战后迁铺址到328号，而324号原址则开设保寿堂药铺。宁远堂是苏州较早的药铺，明崇祯十七年（1644）由宁波人成姓药商创设于木渎，当时成家看重木渎的繁华，取诸葛亮《诫子书》"宁静以致远，淡泊以明志"之意，取名宁远堂。旧时苏州药材业中有"宁、沐、雷、童"四家并称，因宁远堂创设最早，故排列在首位。到了清咸丰十年，时逢庚申之变，为躲避战火，成氏弃店避难于苏城。战火平息后，成氏返回木渎，发现店铺已被地痞侵占，成氏遂委托图董夏簧相助，几经周折，店归原主，但成氏深感在木渎已经难以立足，遂于清同治三年（1864），将店铺迁往山塘星桥

块暗弄堂口（今知家栈口），这次迁徙共耗资一千二百千文。成氏为感谢夏簧，将宁远堂的股份分为十二股后，让夏簧占了四股半，并按例分配股息和红利。宁远堂在暗弄堂口新店开张时，在店铺门前两侧分挂两幅冲天长挂，分别上书"宁远堂地道药材""宁远堂丸散膏丹"，檐下则悬有短挂一幅"本堂创始迄今已有二百余年，只此一家，并无分出"。店内有一大秤锤，系木渎老店原物，秤锤和锤底铸有"宁远""咸丰"等字样，遗失于20世纪60年代。在1938—1949年间，宁远堂先后聘请叶洪钧、陈雪楼、沈养吾、奚凤霖、金绍文等名医坐堂。1930年，宁远堂的营业额已达一万二千银圆。1956年，公私合营时，保寿堂药铺归入宁远堂药铺。1958年，宁远堂药铺与中易药房合并，成立宁远堂中西医商店。1965年，西药店分出，故又改名宁远堂国药店。1966年，为立新国药店，并于该年年底改制为国营药店，并改称国营立新国药店。1979年，恢复宁远堂国药店旧名，后并入雷允上。

1936年3月7日《苏州明报》第10版上关于宁远堂药铺迁址的报道

人和堂药铺旧址

位于山塘街638号，半塘附近。创设于清末。在清光绪年间[1]，山塘半塘的人和堂曾归药业商人徐兰峰所有。当时徐兰峰名下便有天和堂、人和堂（半塘）、太和堂及昆山春阳堂等产业。20世纪20年代由另一位药业操盘手郑锡华盘下。1949年5月，新中国成立前，人和堂的负责人则是柯新如，当时的旧门牌号是山塘街599号。

人和堂药铺旧址今貌

---

1. 民国时代，在金门外横马路89号也有一家人和堂，堂主为沈守金，创设于清光绪十一年（1885）。但从现存档案中看，应非同一家药铺，仅是店名相似而已。因为据相关商业档案资料显示，原在金门外横马路的人和堂一直在沈家直系亲属后人手中，未外盘，直到公私合营后归并。

猛将堂

位于山塘街440号，山塘街与倪家弄交会口西侧、毛家桥遗址旁。《桐桥倚棹录》载："吉祥庵在毛家桥，即刘猛将堂。"旧时，苏州有许多吉祥王的庵堂，而吉祥王的故事在清乾隆《吴县志》中便有记载："或云即宋名将刘锜弟，常为先锋陷阵保土者也，初名'扬威侯'，加封'吉祥王'，故庙亦名吉祥庵。相传其神能驱蝗，吴人事之甚严，累著灵异。明

山塘街倪家弄口猛将堂近影

家户户祝，香火愈盛，庙遇圮即葺。"民国《吴县城区寺庙公产调查表》载："猛将堂，在山塘街毛家桥，主管僧人名龙珠。清康熙年间米业同行公建，有米业内负责派僧看管。"而此猛将堂附近曾有洪德米栈，或许与此有关。猛将堂的东墙上嵌有《奉宪严禁斛脚多勒陋弊碑记》，业已风化难辨。值得一提的是，民国时期山塘的米业还有祥裕米厂（原望山桥堍9号）、臭马路（清洁路）祥泰米行（原114号）、复昌米行（原山塘街472号）、元吉米行等。

全晋会馆旧址

会馆场4号。也称白石会馆，即老全晋会馆，清乾隆三十年（1765）由山西钱业商人集资万金兴建，隔河原有照墙。当时会馆前曾有一座小桥、两根白玉旗杆。会馆内曾有关帝殿，朱漆雕刻，殿前有石坊，殿侧是戏台，殿后有亭、台、楼、阁及假山石，并有荷花池。会馆内原曾有一方清乾隆四十二年（1777）镌刻的《全晋会馆应垫捐输碑记》。清末经历咸同

老全晋会馆近影

兵燹后，老全晋会馆遭毁。清光绪五年（1879），山西丝茶商人又易地在苏州平江路重建全晋会馆新馆，后为戏曲博物馆办公地。

东官会馆旧址

位于山塘街656号，残存屋舍三进。明天启五年（1625）由广东商人兴建，康熙十六年（1677）其又新建宝安会馆，遂迁并，但老会馆及馆内武帝像仍保留，后辟为义厅、茶室。

山塘街马宅

位于山塘街771号，青山桥东侧，系山塘绍酒业通记商人马方瑛的宅子。马方瑛亦曾是苏州城内著名绍酒号王济美的老板。1926年，烟酒同业公会曾公推马方瑛接办江苏第三区烟酒公卖分局。1930年，马方瑛曾被公选为建筑中山堂筹会募捐委员之一。马宅为一路三进的清末建筑。东侧为三开间大厅，进深八界。中间五架梁，前后双步，圆作抬梁式，有混水门楼。西侧也是三开间大厅，进深六界。中间五架梁，前后一步，有混水门楼。厅前还残存半段八字墙。

山塘街马宅内景

白姆桥东弄郑宅

位于白姆桥东弄18号。清末建筑，一路二进。此宅原为香粉业商人郑心涤的宅子。最初为米行，系郑氏购得后改造为住宅。二进楼厅有鹤颈轩，厅前天井前有潘志万题写的"德荫延绵"砖雕门楼一座，落款为"甲午初冬"，即清光绪二十四年（1894）冬[1]。潘志万（1849—1899），字子俣，号硕庭，笏盫，罯盫，斋室名还砚堂，别署临顿里民，江苏吴县（今苏州）人。晚清书法家，金石藏家。潘志万系大阜潘氏家族后人，清咸丰二年（1852）举人潘介繁之

白姆桥东弄郑宅　潘志万题写"德荫延绵"混水门楼

---

1. 倪浩文：《郑心涤故居》，《苏州日报》（2018 年 4 月 30 日）载录。

子，其曾祖为探花潘世璜（系状元潘世恩从弟）。潘志万早年为诸生。工书法，学颜、柳，晚年潜心金石研究，著有《金石补编》《苏州金石志》《书籍碑版题跋偶录》等。

白姆桥东弄 4 号近代建筑

位于山塘白姆桥东弄4号，系民国建筑，左右厢房。1953年，此宅曾被征用为中苏钟表零件工场，当时的生产商标为"金星牌"。1982年，此宅改为星桥托儿所，当时的负责人叫刘益英。现散为民居。

白姆桥东弄 4 号建筑

慎业堂秦宅

位于猪行河头8号，民国时旧门牌号为24号。三开间两隔厢楼厅，进深八界。圆作梁。部分门窗留存清末、民国时候的风貌。此

慎业堂秦宅"诗礼传家"门楼

慎业堂秦宅界碑

宅原为九丰面粉厂老板、无锡人秦伯芬的宅子，现为其后人居住。秦宅门前现存慎业堂界碑，宅内门楼字额题为"诗礼传家"。

慎馀堂诸宅

位于猪行河头50号，系允泰猪行老板诸焕章的住宅。诸焕章，字南生，无锡人。此宅现存一路两进，皆为楼厅，后楼平出两厢，更后设有河埠。二楼前则设水泥天井，

慎馀堂诸宅门楼（倪浩文提供）　　　　　　　　　　慎馀堂诸宅

并压出"五蝠捧寿"图案。二进楼厅带海棠长窗与半窗。[1]诸宅二楼内为圆作抬梁结构。楼厅前则有混水门楼，字额为"和气致祥"，左侧边款为"诸焕章题"，右侧落款为"壬申仲夏"，此处壬申即1932年，由此可推测老宅的建造年代。据苏州市档案馆民国商会档案，诸焕章之子诸永琦曾在猪行河头52号开设杜公茂猪行。

北五泾浜张宅

北五泾浜张宅"和气致祥"砖雕门楼　北五泾浜张宅走马楼内景　　　　北五泾浜张宅外景

　　位于北五泾浜19号，系山塘蜜饯业张祥丰家族所建。原主人为张祥丰蜜饯栈主张醉樵，其子娶了苏州杏林世家曹岳申的女儿，故东侧附近的张祥丰蜜饯栈内亦有曹岳申的门额题字。民国走马楼风格，落地长窗，楼前有砖雕门楼一座，字额已毁，但依稀可见癸丑年（1913）所题"和气致祥"字样，左右兜肚石雕残存。沿河有字额"五泾小筑"，边款已漫漶难辨。东侧临河有界碑"张承志堂"。

---

1. 倪浩文：《慎馀堂诸焕章故居》，《苏州日报》（2022年6月18日）载录。

潭子里王宅

位于潭子里15-1号、16号，原主人为吴馨记茶庄经理王子颂。王子颂与吴馨记的老板吴子平同为徽州歙县同乡，当时王子颂还参考福州的花茶改良了苏州的花茶窨制工艺。其子王康明为医生。此宅现存一门楼、一古井，楼厅高爽，双桁鹤颈轩，扁作雕花。边路存"幽居"书卷砖额。其中门楼字额"堂构缵承"由南社社员、贡生、甲戌科（1874）武进士朱永璜题写。朱永璜系苏州乐圃朱氏的滚绣坊支第三十二世裔孙。后来，王子颂又独自开办鸿兴记茶场[1]。

潭子里王宅"堂构缵承"砖雕门楼

承忍堂郁宅

位于广济路164号、元兴里东南侧，系一路二进走马楼建筑，二进楼厅为鹤颈轩，二进内有庞国钧于庚午年（1954）所题写的砖雕门楼一座，题额为"种德培基"。庞国钧（1884—1968），字蕙裳，号鹤缘、鹤园，又号莪闇，别署梦鹤词人，江苏吴江人。拔贡，曾充七品京官。早年曾受业于光绪年吴江进士钱崇威。后入江

承忍堂郁宅内景

苏巡抚陈夔龙门下，为其代笔公文。抗战前与吴湖帆等发起组织"正社"书画会。1950年由柳亚子荐举为中央文史馆馆员。庞国钧工书法，尤精行楷，熟掌故外，亦善诗赋、倚声。天井内铺地系"五福捧寿"图案。此宅原为茶商郁氏所建，大门左侧有"承忍堂郁宅"字样，今已被涂抹覆盖[2]。

---

1. 倪浩文：《潭子里王子颂故居》，《苏州日报》（2017年9月29日）载录。
2. 倪浩文：《承忍堂郁宅》，《苏州日报》（2022年6月18日）载录。

殳家墙门李宅

　　位于殳家墙门22号。此宅原为茶厂老板李德贤的茶叶仓库，为一路二进建筑。公私合营后，此宅一部分归为李家居住。此宅由西侧大门进入，经轿厅至后一进。后进为三开间楼厅加三开间平房，东侧为仙鹤颈轩，左右廊道两侧原有字额，今皆毁。西侧为船篷轩，木刻雕花保存完整。

殳家墙门李宅船篷轩

前小邾弄吴宅

　　位于前小邾弄24—25号，建于清代。最初系虎丘米行老板所居，后由吴馨记茶庄主人吴子平购得。吴子平，安徽歙县石潭村人，原为吴胜记茶行老板，早年则在蔡记茶行工作，精通茶叶。光绪二十六年(1900)庚子之乱，同业的程德泰茶号(原在上塘街)在关外的茶庄损失惨重，最后盘给了吴子平。吴子平重组茶庄后，改名吴馨记。据民间传说，吴子平有一次在公正茶行访友，恰好见到邮局电报送达公正茶行，说东北花茶销售有起色，请公正茶行代为送货。据说吴私自扣下了电报，借了800银圆筹备了一批花茶，运抵当时东北营口的花茶市场，解了当地的燃眉之急，亦因此而获得

前小邾弄吴宅门楼
（华意娟摄）

丰厚的报酬。后来吴子平以吴胜元为招牌，做北方的花茶生意。而苏州的茶叶生意，则仍以吴馨记为招牌，由其同乡王子颂负责。前小邾弄吴宅现存三进，其中第二进轩饰雕花，第三进门楼题额"湖海襟怀"，光绪丁酉(1897)仲春立，顾鸿题。

前小邾弄楚宅

　　位于前小邾弄42号，原系伤科医生楚纫佩的宅子，一路四进的清末民初建筑。第一进一开间二隔厢楼厅，进深三界。第二进为三开间二隔厢楼厅，进深六界，前有鹤颈轩。第三进为走马楼风格。第四进则为三开间两隔厢楼厅，进深六界。此宅梁架皆为圆作。42号最早是楚家的医馆，新中国成立后公私合营，楚家保留了老宅第三进。

前小邾弄楚宅内景

楚纫佩（1916—1985），系伤科名医楚秀峰的弟子，楚氏伤科第五代传人。他于1938年开始在前小邾弄42号坐堂独立行医。20世纪50年代，楚纫佩与外科名医李万卿、中医儿科名医金绍文等人成立金阊区联合诊所，此诊所即金阊区人民医院前身。楚纫佩曾任原金阊区人民医院伤科副主任医师兼科室负责人、院务委员会委员、中医学会苏州市分会理事、区人大代表、区政协委员、农工民主党金阊医院组长。楚氏伤科的创始人是无锡前洲西塘人楚廷玉，人称"楚二胡子"，以铁板功、三指按摩法、善接骨治伤出名。楚廷玉终身未娶，以养女之子楚秀峰（1872—1947）为嗣孙，楚秀峰挑起了楚氏伤科的大梁，创立楚氏接骨手法、固定疗法、外敷膏药等，将楚氏伤科弘扬光大。当时楚秀峰即在小木梳巷行医，后来收了弟子楚纫佩。2023年，楚氏伤科疗法入选第六批姑苏区非物质文化遗产代表性项目名录。

虎丘义士陵园

　　始建于1926年，系旧时救火联合会公墓，占地六亩六分。民国十五年（1926）4月5日，间邱坊叶家因煤油炉引起火灾，全家八口人和邻居唐老太被烧死，同安龙社义务救火员史金奎在救火中不幸触电身亡。为表彰救火会会员奋不顾身救火的英勇事迹，救火联合会为其举行了隆重的公葬，墓葬虎丘山南麓翠荇山庄。1932年，当地居民还在间邱坊巷捐资公建了双井"金泉井"。顾士杰，无锡人，早年来苏州，在东中市经营一家熟肉店。顾士杰身材魁梧，热心公益，每次龙社救火总是积极参加，十余年如一日。民国三十八年（1949年）1月22日傍晚，高师巷许氏居民家发生火灾，正在煮肉的顾士杰听到警

救火联合会公墓旧影

报声，放下手头的活直奔现场。因龙头水量不足，他和其他两位队员不顾河水冰冷，奋力移动橡皮管吸水，但不慎跌入河中，被驳岸石条压住，不幸遇难，年仅33岁。救火联合会为顾举行公葬。其墓前竖有"义无反顾"石碑。

西山庙桥花神庙

西山庙桥花神庙近影

位于山塘西山庙桥南堍，与西山庙隔河相望。此庙始创于清代乾隆年间，光绪十九年（1893）重修。系三间二进砖木结构平房，至今犹存。《虎丘镇志》载："前后两进间有厢房连接，中间为一天井。第二进庙堂正中原有塑像1尊，两旁墙上绘有十二花神。前面照墙边原有天后庙1间，为渔民烧香之所，解放[1]后被毁。民国二十三年（1934年），花神庙的前身为叶浜乡乡公所。民国三十六年（1947年）为叶望乡乡公所。解放初期曾办过敦仁小学。1956年为虎丘乡政府所在地。长青乡建乡后，花神庙改作长青农具厂，后又成为镜片厂生产车间。庙后朝北外墙上原有八仙花岗石浮雕8块，现被保存在苏州市市区文物管理所（双塔公园内）。自镜片厂搬迁后，花神庙一直空关，破败不堪。"据《苏州郊区志》，该花神庙为清乾隆年间始建，原为土地庙，清道光年间重修后改为花神庙。至光绪年间里人又集资重修。此庙系面阔三开间，南北三进的庙宇，两侧以厢房相连，中为天井。第二进正中供司花之神像，两旁墙上绘十二月花神。此庙残存的花岗石八仙和刘海浮雕图，已移入苏州双塔罗汉院。西山庙桥南堍在旧时地名为路北村7组。由此可见，《苏州郊区志》与《虎丘镇志》所载大致相仿。

---

1. 即新中国成立。

第三章

山塘商市、
社会团体与社会治理

第一节　旧时山塘的商市

明清时期的山塘商市

明代郑若曾在《江南经略》卷二《浒墅险要说》一节中谈及山塘、虎丘一带是当时重要的商贸要冲："其南为枫桥，商贾骈集，乃入苏之正道也。又有虎丘山塘泾，货物亦阜，乃入苏之间道也。"此观点后来被顾炎武采信，收入其编纂的《天下郡国利病书·苏州备录》中。

明末清初《苏州市景商业图册》画中所描绘的苏州城贩夫走卒、妇孺乞丐、花果时蔬、美酒佳肴、市肆宅院、楼船箫鼓皆栩栩如生，其中有一幅描绘的便是

郑若曾《江南经略》书影

山塘五人墓附近的商肆景象。从这份流散于海外的珍贵图册中，我们可以看到明末清初的五人墓旁商肆林立，比如五人墓南侧是益美斋精制水晶眼镜铺、益美斋佳造进呈月宫花扇、青莲号各种四时花卉、天和轩包条酒席等商号，五人墓的北侧有仁和号自磨进呈藕粉、本塘白莲粉等商号。五人墓前山塘河上的游船上则有"学院"字样的挂灯。

《金阊区志》[1]载录了明清时期山塘的商市情况，认为："明清时期金阊一带曾是丝绸棉布集散之地，山塘街则是百业类聚，货畅其流。从星桥到金家弄，鲜鱼行、腌腊行、山地货行等店面沿街而设，前为店铺，后设码头，装运货物十分方便。山塘河上茶

---

1. 《金阊区志》编纂委员会:《金阊区志》第五卷，第二章商业街区商市，第一节商业街区，东南大学出版社，2005，P240。

馆极多，有乐苑、聚仙园等26家，大多设在星桥、半塘、虎丘等处的河旁，茶馆内设水灶，后逐渐发展附设书场，还供应点心。山塘街上的饭店酒楼颇多，'承平光景风流地，灯火山塘旧酒楼'。著名的菜馆酒楼有三山馆、山景园、李家馆（后改称聚景园）等。此外，米栈、

明末清初《苏州市景商业图册》中关于山塘五人墓周边商肆景象的描绘（法国国家图书馆藏）

酱坊、酒坊、糖坊、青腌（蜜饯作）、药铺、花树店及草席、棕刷、竹藤器等手工业尤为集中，在虎丘山附近一段集中扇肆、灯铺、画铺、绒花、线带、竹刻、泥人、耍货等售卖苏州工艺品的店铺。河道中有灯船、沙飞船、游船等10多种；艄舱备有厨房，酒茗肴馔，任客所选，苏州船菜船点赖此发展。每年清明、农历七月半、十月朔有'三节会'，端午节有划龙船市，中秋节有虎丘走月亮（赏月）等，四季民俗活动不断。每当市会，男女老幼，倾城出游，山塘七里几无驻足之地。清末，据吴县商会统计，山塘街上有80个行业，492户商店，其中批发行栈占相当比重。"

清代徐扬的《姑苏繁华图》，绘制于清乾隆二十四年（1759），时在乾隆帝第二次南巡（乾隆二十二年，即1757年）之后。画中描绘了一段自葑、盘、胥三门出阊门外，转山塘桥，至虎丘山麓的景观，成为后人研究山塘历史文化的重要参考。《苏州通史》（清代卷）在考证《姑苏繁华图》时对于山塘两岸的宅第园林也有描述："山塘街两旁分布着宅第园林，其中有陆龟蒙寓舍，顾苓的云阳草堂，吴一鹏的玉涵堂、真趣园，王穉登寓舍，陆广明及其弟仲和宅，一代名姝董小宛宅[1]等，住宅与零星点缀的树木相

1.《桐桥倚棹录》载："董小宛宅在半塘。《板桥杂记》云：'董白，字小宛，天资巧慧，容貌娟妍，性爱闲静。慕吴门山水，徙居半塘，小筑湖滨，竹篱茅舍，经其户者，则闻咏歌诗声或鼓琴声而已。'"

互映衬，显得十分幽静。"[1]《姑苏繁华图》中所描绘的景象呈现了清中期苏州山塘地区的市景百态，生动再现了苏州作为江南地区的典型商业、文化重镇的繁华景象。

清徐扬《姑苏繁华图》山塘桥北侧附近的商肆景观

从清代徐扬《姑苏繁华图》中可看出，当时在山塘桥的北侧即腌猪河头附近有许多店铺，如南河腌肉、南京板鸭、宁波淡食及选制官窑各款瓷器、砖瓦石灰、布行等。而山塘桥附近，即渡僧桥到山塘桥的附近街面上当时亦是店铺林立，比如有锡器店、银器店、馒头店、伏酱行、油酒铺、粮食铺、漆器店、参药行、福兴号香烛店、杂货店等，此段沿街的后面则是义学。

清徐扬《姑苏繁华图》山塘桥南侧附近的商肆景观

---

1. 王国平、唐力行主编：《苏州通史》（清代卷），苏州大学出版社，2019，P79。

从山塘桥沿着山塘河的北岸，就步入了七里山塘。清人徐扬在《姑苏繁华图》上描绘了这样一幅商市的景象。从东往西，沿山塘河依次有道地药材、九散膏丹、肉店人参、药酒、手巾扇子等店铺，其后的山塘街上则有布行、白鲞银鱼、茶食、点心、牛油烛等店面。沿山塘河往西，北岸沿河至鸭脚浜附近则有菜饭馆、馒头店、和合馆、粮食油酒铺等。

《姑苏繁华图》亦描绘了半塘桥（彩云桥）附近的商业景象。比如半塘桥的北侧有饭馆、花店、盆景店、席铺、餐盒店、漆器店。而普济桥往西邻近虎丘附近，大致青山浜周边的山塘街上则有名人字画铺、酒坊、小菜馆、京苏杂货铺、盆景铺、瓷器店、古玩玉器店及若干席铺，其中两家挂"虎丘名席"招牌，另一家挂"细席"招牌。过了万点桥往西，沿山塘河的店铺则有竹器、烟铺、茶室、酒馆，过了酒馆就是虎丘的正山门。

虎丘山浜蔡氏老店（《申报》1882 年 9 月 23 日第 4 版）

清徐扬《姑苏繁华图》从山塘桥到半塘桥的景观（一）

清徐扬《姑苏繁华图》从山塘桥到半塘桥的景观（二）

清徐扬《姑苏繁华图》半塘桥附近的景观

清徐扬《姑苏繁华图》普济桥西侧邻近虎丘的商肆景观

清徐扬《姑苏繁华图》虎丘附近的商肆景观

太平天国时期，阊门和山塘一带遭到了毁灭性的破坏。1860年，太平军进攻苏州，清军纵火焚烧阊门、山塘一带商市，致使繁华的商市罹遭浩劫。这一年，时任江苏巡抚的徐有壬命令总兵马德昭布置城防，而马德昭竟提出："焚毁沿城民房，以免太平军利用民房接近城墙。'徐抚遂出三令箭与之，首令居民装裹，次令移徙，三令纵火。马部兵以三令一时出，顷刻火光映天。徐率僚属登城坐观，署臬司苏府朱钧痛哭下城。城外遂大乱，广、潮诸人尽起，溃勇亦大至，纵横劫掠，号哭之声震天，自山塘至南濠，半成灰烬。'（《能静居士日记》"咸丰十年四月初七"条）阊门外向来万商云集，市肆繁盛，商民未及装裹迁徙，清军、广勇大肆洗劫。"[1]而清人戴熙在《吴门被难记略》中也记载了这场劫难："四月朔，总督何由常退苏，巡抚徐不纳，遂有大营不支紧报。初三，有败勇无算，或步或舟进浒关，临城，阊、胥两门遂闭。初四晨，阖城顷刻罢市，居民望东而走者填街塞巷。申刻，得抚宪令，沿城房屋限日拆毁，行坚壁清野法，令未行。晚有马总镇者，登城纵火，阊、胥两门外烈焰四起，抢掠大乱，连烧十里许，三昼夜不熄。"[2]

清末，山塘街也有繁华的商市，由此可知在咸同兵燹中街区经历了重塑，但《桐桥倚棹录》中所记载的许多绝美景致早已在那场史无前例的兵燹中消失殆尽。崇明人黄清宪在《省墓日记》中载："当贼据苏郡时，以山塘为贸易之所，故廛肆尚存列，然已毁十之四五矣。"经历战乱后的山塘进行了再次蜕变。清人潘钟瑞在《苏台麋鹿记》中讲述了咸同兵燹后，苏州城在经济异常凋敝的情况下，山塘地区依旧再度恢复了市集："嗣后出城者渐多，居然发出资本开设各种铺户，于是山塘成集，名为买卖街。"从晚清时期的《申报》中，以山塘河上的津梁为方位参照，可以窥见当时山塘的诸多业态。清末山塘的渡僧桥堍曾有悦来绍兴酒栈[3]、泰来酒馆[4]等酒肆，还有裕源信局[5]、丽水台茶馆[6]及桥北堍的先贤文献宋公祠，祠内曾有"永镇金阊"四字[7]。《桐桥倚棹录》

1. 王国平、唐力行主编：《苏州通史》（清代卷），苏州大学出版社，2019，P103。
2. 戴熙：《吴门被难记略》，罗尔纲、王庆成：《太平天国（四）》，广西大学出版社，2004，P396。
3. 《申报》（1876年8月14日第3版）载录。
4. 《申报》（1877年11月2日第3版）载录。
5. 《申报》（1876年6月1日第2版）载录。
6. 《申报》（1878年7月16日第3版）载录。
7. 《申报》（1886年8月10日第4版）载录。

卷十中记载了宋公祠售卖的特产——新会陈皮。"陈皮，以虎丘宋公祠为著名。先止山塘宋文杰公祠制卖，今忠烈公祠及文恪公祠皆有陈皮、半夏招纸，制法既同，价亦无异。朱昆玉《咏吴中食物》诗云：'酸甜滋味自分明，橘瓣刚来新会城。等是韩康笼内物，戈家半夏许齐名。'"此外，渡僧桥堍还有扫烟堂[1]，渡僧桥堍小郑弄口的艺兰堂纸号（创办于清光绪初年，《金阊区志》），当时其他设在山塘的纸号则有源发、裕源仁。

1886 年 8 月 10 日《申报》上关于山塘宋公祠的声明

恒泰兴酱园广告

清咸丰元年（1851）渡僧桥的北堍开设了一家恒泰兴酱园，这家酱园经历了咸同兵燹和民国元年的阊门兵变，股东进行了调整，店号也变成了恒泰兴昌记。到了1920年，这家酱园因为经营不善，又改换了股东，更名恒泰行丰记。直到1954年，酱园改为恒泰兴酿酒工场，再到1956年公私合营，与潘所宜、顾得其新、张信号、德新、华美和一家新味调味品合并改组成为金阊酱品酿造厂。1958年又一轮兼并调整，金阊酱品酿造厂改组为苏州酱油厂[2]。而渡僧桥下塘则有福来康泰记参号[3]、刘振泰参号[4]、泰来票号[5]、泰来药材行[6]、德昌懋参号（小郑弄南首石库门，原山塘街旧门牌12号），而渡僧桥叶家弄口，则原有一家漆匠店[7]。山塘桥内则有徐添兴土栈[8]、王复茂号当[9]。通贵桥堍则有德济米店[10]、寄

---

1. 《申报》（1889 年 7 月 10 日第 6 版）载录。
2. 朱慰祖：苏州恒泰兴酱园，苏州市金阊区政协文史资料编委会（内部发行），2001，P134—139。
3. 《申报》（1883 年 4 月 16 日第 5 版）载录。
4. 《申报》（1902 年 8 月 26 日第 9 版）载录。
5. 《申报》（1894 年 7 月 13 日第 9 版）载录。
6. 《申报》（1894 年 8 月 3 日第 11 版）载录。《金阊区志》（2005年版）则载录为"泰来德药材行"，清光绪初年始创。
7. 《申报》（1876 年 8 月 15 日第 3 版）载录。
8. 《申报》（1880 年 10 月 4 日第 7 版）载录。
9. 《申报》（1895 年 11 月 26 日第 7 版）载录。
10. 《申报》（1879 年 6 月 10 日第 2 版）载录。

售货物的场所萃丰庄[1]、慎记油行[2]及北侧水码头边上的柳德兴糕团店等。而星桥堍则曾有文星楼[3]茶馆、生泰亨米店[4]。白姆桥则有万年楼茶室，旧时冬日茶客在此临河啜茗，多有不慎踩到因积雪而产生的薄冰而失足落水者[5]。白姆桥旁还有吴世美茶叶店[6]。半塘桥（彩云桥）旁则曾有开泰钱店[7]和德兴酱园[8]。清宣统年间，山塘街上还有广货店西源茂。桐桥旁则有一家清光绪中叶开设的正丰毛骨栈，行业业别属于皮毛油骨业，这个店铺到民国初期依旧存在。

民国时期的山塘商市

民国初期，山塘街也十分繁华，比如典当业、酱园业、桐油豆饼业、糖果业、花圃业、猪业、杭线业、麻线业、鲜果业、药业、茶业、油坊业、南货业、香铺业、烟纸业、菜馆业、腌腊业、理发业、烛业等。下文对民国时期山塘的重要商业业态进行选介。

典当业

当时山塘的典当铺以渡僧桥下塘的元昌典、星桥的保大典为代表。元昌典的创办人是庞天笙，住山塘杨安浜。元昌典后来又搬到山塘的桐桥[9]。保大典创设于清代光绪年间，清末民初时，该当铺为蔡健行和宋季贤两人合伙经营。另外山塘街上还有一家福源栈、宏兴典当[10]。此外山塘的典当行还有毛家桥的东福源和半塘桥的西福源。1915年后，庞天笙又在山塘街开了另一家永盛典。

1. 《申报》（1880 年 10 月 20 日第 6 版）载录。
2. 《申报》（1885 年 9 月 21 日第 10 版）载录。
3. 《申报》（1876 年 8 月 12 日第 2 版）载录。
4. 《申报》（1894 年 6 月 13 日第 10 版）载录。
5. 《申报》（1880 年 2 月 4 日第 2 版）载录。
6. 《申报》（1883 年 10 月 2 日第 2 版）载录。
7. 《申报》（1879 年 1 月 13 日第 2 版）载录。
8. 《申报》（1878 年 11 月 26 日第 2 版）载录。
9. 《苏州明报》（1929 年 7 月 12 日第 2 版）载录。
10. 《申报》（1910 年 4 月 12 日第 20 版）载录。

酱园业

　　酱园业也是昔日山塘街上的重要业态，最具代表性的酱园是潘所宜和顾得其，至今旧址犹存。潘所宜在星桥下塘，当时的负责人是倪培芝。在白姆桥下塘，则另外开办了潘所宜景号。而另一家颇有名气的酱园、彩云桥附近的顾德其，其负责人则是宜兴人蒋柏如。此外，较有名气的酱园也还有星桥的达盛酱园、渡僧桥边的泰丰西号粮食酱园（旧门牌号为渡僧桥南块6号）。此外，民国时山塘的酱园业多为安徽人开办，比如歙县人吴亦源（介生）曾与同乡余有泉合伙开办"潘有宜"。还有歙县人方民敬开办的恒泰兴丰记、歙县人汪永康开办的恒春永等。

潘有宜酱园号信缄

糖果蜜饯业

　　山塘的糖果业有星桥南侧莲花斗的张祥丰，民国八年（1919）时，张祥丰的掌柜是无锡人张梅春。苏州档案馆藏1928年《苏州商业户籍表》户主一栏则登记为无锡人张仲华。张祥丰于1958年公私合营，后改为苏州蜜饯厂，迁到了苏州阊胥路，而在山塘莲花斗的故址则一度用作棉麻仓库。说起张祥丰，则要谈谈张祥丰的蜜饯供应商，来自运河浙江段上的古镇——塘栖。据1947年2月19日《申报》上的

《申报》1937年3月10日第22版上的苏州张祥丰糖果号紧要声明

张祥丰农业产品制造厂广告

1947年2月19日《申报》上关于张祥丰到塘栖采购梅子的记载

张祥丰蜜饯栈近影　　张祥丰蜜饯栈内"竹苞松茂"砖雕门楼

一篇《富庶之镇　水果产区》所载："讲到塘栖，这是一个较大的富庶之镇，这里以水果著名于时，运河横贯全境，港汊纷歧，地多于田，人民多以采卖水果为生，驰名的塘栖枇杷，年可产八九万担，梅子可产十二三万担，藕可产三四万担，其他杨梅，桃子，甘蔗，荸荠，樱桃都有很大的产量。枇杷分红白两种，其白沙枇杷触指即酥，不易外运。藕则坠地即粉碎，嫩不可言。我意白沙枇杷如此之嫩，真是珍贵，今后应在运输上设法改良，务期此甜美的枇杷，不致单为塘栖人所享受。其他的水果都行销沪、苏、杭各地。塘栖镇上有一家汇昌老店，专制蜜饯的水果，生意鼎盛，后来苏沪各地都来采购。有的采购生的水果，携归自制。上海冠生园特为制造陈皮梅而来塘栖辟筑梅林，苏州张祥丰也每年设行来搜购梅子。"[1]在山塘的糖果业，除了张祥丰外，还有无锡玉祁的魏福泵等其他几家。民国十四年（1925），在山塘街33号曾开设了一家金星糖果厂，老板姓周。此外，还有振华森记糖果号（原山塘街901号）。

山塘的蜜饯业在民国时期也很兴盛，曾有许多蜜饯厂和蜜枣号在此开设。比如山塘河南岸五龙泾浜西面的油车弄，有一家歙县人汪致祥开办的义和永枣厂。此外还有歙县人汪瑞书在山塘开办的义茂生蜜枣号。此外，民国初年的其他山塘枣业亦由徽商经营，多分布在桐桥至普济桥一带，在1918年《申报》对山塘的枣捐税也有相关记载："拟征制枣捐税：阊门外山塘街桐桥起至普济桥一带向有长茂、顺发等十余行家，每于夏秋之交有徽帮客商来苏至各该行收买鲜枣，设甃制成蜜枣分运各路销售，获利颇丰。苏州税务公所钱所长得悉，拟即征收捐税，欲令该帮商人每年认定若干数目以归，简捷已派员与该商筹议，不识各商能承认否也。"[2]

1.《申报》（1947 年 2 月 19 日第 8 版）载录。

2.《申报》（1918 年 7 月 31 日第 7 版）载录。

酒业

山塘的酒业则分布在渡僧桥、半塘、虎丘等处。其中渡僧桥有绍县（今属浙江绍兴）人陈增寿开办的宝裕。渡僧桥北堍曾有李家全负责经营的

民国时期山塘半塘恒义酒坊的广告

方吉泰，主人是方秉衡。这家酒业专售高粱酒及各种花露药酒[1]。李家全还是旧布业的老板，但他的旧布铺子开在阊门外的上塘街。山塘半塘桥旁也有酒业名曰"元丰"，这家原是1934年无锡人观清开办的德泰酒坊，1936年又兼并元丰酱油后提供烧酒堂吃，转变为元丰酒坊。此外，山塘半塘桥边也有绍县人王仁九开办的王松茂。恒义酒坊也曾开设在山塘的半塘，当时酒坊所在的旧门牌号为山塘街596号。还有山塘街上的张信号[2]，经营烧酒，当时开办人是无锡人张宝舒。而当时虎丘地区的绍酒坊业亦非常兴盛，开办者清一色是绍县（今属浙江绍兴）人，如绍县人金家悦开办的金瑞兴、金成名开办的金顺兴、金顺禄开办的金泰兴、马方瑛开办的通记、赵顺生开办的正昌（后改称赵正昌，山塘街754号）、陈康寿开办的永孚、谢源明开办的万和（后改称谢万和）、赵汶记（山塘街27号）、洪祥源（山塘街176号）等。绍县人赏立凡和谢元顺也曾分别在山塘下塘开办同福泰和谢方和。此外，山塘的绍酒店还有福兴。

其他的酒业名店还有普济桥堍的谢同茂，而青山桥浜2号原来的金家酒坊即为原金阊区政协主席平龙根的先辈（由绍兴迁苏）工作的地方。

桐油豆饼业

桐油豆饼业也是山塘的一大特色，经营该行业的有许多吴县人，也有浙江人，比如吴县人袁润泉开办的老三房、吴县人洪少甫开办的三台及桐乡人沈寿伯开办的同三和等商肆，在当时较有名气。山塘街882号（旧门牌）曾有协顺源桐油号。此外，半塘还曾有一家张万兴饼店[3]。

---

1. 《桐桥倚棹录》亦有虎丘花神庙售卖花露的记载："静月轩在二山门花神庙内，今僧人蓄四时花露于轩东。"
2. 山塘星桥头张信号元记酒行。
3. 《申报》（1915年8月15日第10版）载录。

药业

山塘的药业[1]按照民国时的行规可细分为药铺、药材行、参燕号、私人诊所、行商等。药铺与药材行的主要区别在于前者不仅出售药品，还邀请名中医坐堂问诊，后者只是经营药材生意。

第一，介绍下当时山塘知名的药铺。当时山塘街上较有名气的有宁远堂、良宜堂、协利元、天和堂（在白姆桥）、问心堂（今山塘街357号）、人和堂（半塘）、保寿堂、德茂成、天益堂（虎丘望山桥堍）、同春堂（虎丘西侧宋宅内，1935年由宋邦杰开设）等。

山塘问心堂界碑

宁远堂药铺在明末创设，时间上早于沐泰山和雷允上，发端于木渎，后迁山塘，前章已有详细介绍。

良宜堂当时位于山塘街54号（民国时期门牌号则曾为24号），原为颐年堂，堂主为华庭栋，原位于山塘桥南堍，创设于1905年前。后由严楚卿、程福敏盘下，改名为良宜堂。1934年蔡浩初时任良宜堂任经理，首创"代客煎药"业务，之后苏州药铺竞相效仿。1937年后，良宜堂内有刘钟良、奚益生等名医坐堂。1956年，良宜堂并入沐泰山药铺。

天和堂药铺的创设人是徐兰峰（允福），1927年又盘给了郑锡华。这位郑老板很会做生意，药材产业做得很大，当时同时盘下了天和、人和、太和及在昆山的春阳堂与协利药行。1933年又盘下了濂溪坊金家（金顺泉、金顺昌兄弟）创设的种德堂药铺。1936年时，郑老板开始大量向外转推药铺。比如将种德堂推盘给了鲁树德药铺主鲁寿卿，又比如他以法币6000元将天和堂药铺推盘给张韵书、颜振华等9人合伙经营，直至1953年实行公私合营。

此外，还有山塘桥边的陆润号和乾大仁（山塘桥南堍第一石库门）。渡僧桥下塘还有一家名叫"存大"的药铺，开办

山塘桥堍信隆盛源记发行票

---

1. 本节内容综合参考苏州市地方志编纂委员会办公室、苏州市档案局：《苏州中医药堂号志》（内部资料），《苏州史志资料选辑》（1—47 辑）。

人是浙江慈溪人。而最出名的是陆润号，其创办人是吴县人陆干臣、陆荣伯（柏笙）父子。陆荣伯去世后，由其子陆仲德接管，陆家三代惨淡经营，主要销售冬令时节滋补药铺及为富户代煎药膏，所以当时的陆润号有"三春靠一冬"的说法。而渡僧桥边的沐泰山药号也颇有名气，如今已是老字号。1930年，该药号的经理是张辅之。当时沐泰山药号也曾是汪震远医生的诊所。山塘斟酌桥畔曾有一家孙道卿于清光绪年间开设的许两尝药铺，至辛亥时歇业。天益堂药铺位于虎丘望山桥堍，原业主为蒋显章，1935年从葑门横街迁到虎丘望山桥堍山门西首，后因经营不善，又盘给了协利药行顾锡荣、顾锡章兄弟经营，该店改名为天益堂成记。1956年公私合营，并入天生堂药铺。1958年9月，改名虎丘中西药店。1966年10月，改名农药店。1966年12月改制为国营，又改店名为国营农药店。1979年10月，再次更名为虎丘国药店。上述所述的天生堂药铺，系西津桥天生堂的分店，1939年由顾根生创设于当时的山塘街914号，1941年，严邦苏（翔南）以法币1200元盘入。

第二，谈谈当时山塘的药材行（包括牙行）和参燕号，虽然这两者称谓不同，但实际性质上大同小异，只是后者更侧重于药材流转过程中出现的寄存、抛售的中间商角色。民国时期，山塘的药材行众多，有仁昶恒药行（山塘街118号）、天顺昌药行（20世纪40年代由邵鑫珊、宋为若、陈松洲、周芝铭合伙开设于渡僧桥下塘2号）、德元药材行（1941年由蒋稼良开设于山塘前小邾弄14号，是一家草药行，1948年时，该行外迁至北浩弄6号）、陆永记（前小邾弄35号，由苏州西津桥药材商陆大弟创设，1956年并入德大亨。当时陆永记与周宝记合用同一店面，而1944年创设周宝记的老板周宝祺主要经营鲜货药材，比如销售鲜铁皮、鲜瓜兰、鲜石斛等）、方德元药材行（1942年由方能德创设于阊门外下塘叶家弄，1949年迁至渡僧桥下塘15号）、鸿记药材行（山塘渡僧桥下塘曹家弄10号，创设人为原泰来德经理陈润生，1956年亦并入德大亨）、鸿泰楚记药行（1940年由原乾昶顺药行协理文鸿楠开设于曹家弄9号，并自任经理）、信隆草药什货店（1893年创设于山塘李继宗巷，创设人为姚荣卿，主要经营野生药材）、元大药行（1946年由协利药行栈司沈利发开办于夊家墙门11号，1956年并入德大亨）、王金记药行（1935年由王金钩开设在山塘夊家墙门旧门牌16号，主要经营草药）、恒丰药材行（1946年由坤记药行的陆康侪开设于夊家墙门16号，主要是门市收购药材，以捐客经营方式到上海药行、药材铺抛售）、宝昌药行（1944年由原天顺药行业主陈松洲创设于前小邾弄34号，主要经营浙江长兴、安吉及孝丰等地土产药材与沪上药号的转运服务，并在苏州各行推销药材）、久大药材行（1945年由汪树本独资创设。1949年，汪又与胡本臣等人合伙，改名久大协记药材行，并迁至山塘街162号原德茂药行旧址）、慎丰生药材行（1942年由泰来德经理沈耕生创办于山塘后小邾弄7号）、怡和药行（1949年由谢藕坤创办于潭子里28号，主要经营僵蚕及其他地产药材生意，1957年并入德大亨）、协泰药行（1938年由朱叔良、方少卿合伙在渡僧桥下塘70号开设，前者出任经理）、信昌药材行（1950年姚永才、陈德昌合伙开设于山塘街102号，依靠轮船航班批售小草药，1956年并入德大亨）、德茂药行（山塘街829号，创设于1905年前，1906年后由上海义茂药材行接盘，主要经营官料药材，当时经理为杨贵良。1934年经理则改为孙孝豫）、源隆药行（原信隆草药店经理经显庭创设于1905年前，系草药铺，信隆草药店股东吴廷元夜曾在同一时期开设同源药行）、泰丰义药行（1905年前由经隆熙在山塘街186号开设，主营亦是草药，后亦几经接盘）、裕记药行（1917年由周念萱创设于山塘街471号）、永记蜜蜡行（1917年由韩晋文创办于山塘，1937年后停业）、永源泰药行（1906年前由沈锡九、徐荣堂创设于渡僧桥下塘，后因火灾歇业）、茂昌裕药行（亦在渡僧桥下塘，初期情况不详，1906年由顾杏荪接盘，改为茂昌裕源记药材行，1910年由陈炳奎经营，民初时停业）、丰记恒药材行（1910年由沈锡九创办于山塘桥堍，1919年盘给顾杏荪后，店名加"发记"，1933年，程鼎卿接盘后，将店铺迁往杨安浜6号，至1942年周耀先任经理后，再度迁址至下塘14号）等。

渡僧桥下的河道旧照（河岸左侧可见福来康益记参号店招，右侧可见大丰提庄店招）

德大亨药行名气很大。德大亨最初的业主是周芝田，创设于清光绪三年（1877）前，设在山塘街原220号。德大亨是拆兑行，专营云贵川广闽浙山陕等地官料药材的批发业务，1918年，德大亨改组，当时苏州沐泰山药铺股东张叔鹏、张辅之及永记昌蜜糖行股东韩晋文等八人，上海嘉广盛药行股东王振铨、杨养生、王景裕等六人，皆参与入股德大亨，改组成功后，改名为德大义记药行，先后聘请杜润之、朱嗣鸿担任经理。1919年，药行生意亏本，苏、沪两地股东引发退股纠纷，后由苏州总商会会董颜楚卿出面调停，并于1923年改由叶春瑞经营，改名德大余记药行，周芝田依旧挂经理衔。1926年底，叶春瑞将店铺出盘给谢钦元、朱嗣鸿等人，改名德大鑫记药行。1935年，上海致丰药材行经理董伯伟等来苏投资，后来入股德大鑫记药行，将其改名为德大亨记药材行，谢钦元为经理，朱嗣鸿为协理。后来，经营不善，业绩下滑，董伯伟又请姻亲陈焕章出山整顿，其凭借德大亨记和致丰的特殊关系，向沪上各行多拆紧俏货。在银根紧缺时，打通了随时可向永丰、福大等钱庄临时贷款的路子，德大亨记的业绩又得到回升。

在山塘桥，还有一家1919年时由汪保泰（绍桢）创设的汪桢记药行，1927年停业。原信隆盛药行经理陆荫村（国炳）曾于1923年在山塘街149号开设仁大药行。1930年前，山塘还有一家名为协大的草药行，经理为瞿文达，1938年，这家药行外迁到了上海汉口路，不幸遭遇火灾后歇业。1932年，原泰丰义药行职员汪尧庚亦在山塘街开设元成药材行，经营草药。后来汪尧庚不幸遭遇入侵苏州城的日军，遭到枪杀，其弟汪家庚继承了元成药材行，直到1946年歇业。此外，还有严福庆在山塘街124号开设的福泰药行，主要经营官料药材，销售中、小型饮片，性质上属于小拆兑行。1935年，浙江慈溪人陈锦如在渡僧桥下塘开设恒大药行。1937年，吴金龙在山塘通关桥（通贵桥）下塘开设吴金记药行，此行后来盘给了夏忆春，迁到小邾弄后改名协记药行。1937年，香烛店主谢寒松在渡僧桥下塘52号（旧门牌）原香烛店旧址改建福昌药行，这位谢老板也算跨了一次界，药行主要经营官料药材。可能是跨界不熟悉业务，福昌药行的经营状况一般。

山塘桥堍72号原有协和药行，系1946年从山塘街871号迁址而来，最初由姚圭麟创设于1939年，1942年雷救直入股投资后，聘徐守之为经理，并完成了以上的店面迁移。山塘伊家浜1号原有恒昶药行，系1939年周芝铭、邵鑫珊、宋为若合资创设，1940年归周芝铭独营。1942年内部整顿后改成恒昶记药行。1949年迁到山塘街60号。伊家浜2号原为永昌药行，1942年由原来在元昌草药行的乔浩荣等五人合伙开办，大股东是乔家族长乔宇清。1946年，乔浩荣盘下山塘街181号泰丰义草药行，并将其与永昌药行合并后迁往上述泰丰义草药行的原址。此外，还有程鼎卿于1942年在渡僧桥下塘街11号开设的裕大药材行。1946年，该行又盘给了颜柏龄等人，改名裕大永药材行。民国时的伊家浜曾有名中医陈文卿在此巷内坐堂。丹阳码头48号也有徐来富于1942年开办的徐来及，后来用了久康药行的名义，该行始代客买卖，没有雇员，后来又迁往了山塘桥旁

1936年7月18日《苏州明报》上关于吴县第一区渡僧桥镇镇公所的通告

的腌猪河头。此外还有1942年由潘祥龙创设、两年后又与陆金狗合伙经营的荣昌药行（合伙后改为荣昌合记药行），主营地产药材。

　　白姆桥边则曾有协利药行（旧门牌山塘街734号）、德泰药材行（旧门牌山塘街847号）。协利药材行，创设于清咸丰十年（1860）前。太平军与清军交战时，店主陈普安避居南通，后来返回山塘复业。光绪十一年（1885），陈氏将铺子盘给了徐兰峰。徐老板也是经营能手，当时盘下一行四店（天和堂、人和堂、太和堂及在昆山的春阳堂），因此被人称为"太天人"。后来，徐老板年事渐高，双目失明，药材产业便外盘。其中，协利药材行于1927年盘给了另一位药材业、饮片业老板郑锡华，1933年内部改组，改为协利（和记）药行。1936年，郑氏又外盘给了张韵书等药商，改名为协利元药材行。

　　渡僧桥边也有不少药材行。泰来德，位于渡僧桥下塘8号，1871年由无锡人孙佩忍创设，与德大亨性质相同，皆做各地官料药材的批发生意。光绪年间，孙家又增资，改名泰来德亨记药房，清末高秋槎、民初颜楚卿皆曾担任经理。乾昶顺（慎记）药材行，位于渡僧桥下塘25号，由张慎甫创设。存大药行位于渡僧桥下塘29号，由严琛章（顺章）创设。公和栈，位于渡僧桥下塘57号，创设于光绪十九年（1893）前，是一家牙行，主要业务是代为储藏货物、安排客商膳宿、抛售药材。其始创人为一孤老，人称"二老太"，此人去世后由学徒扬州人吴广茂接管店铺。此外，渡僧桥下塘还有朱栋才开办的世泽堂栋记膏药号（民国时门牌80号）。万丰药行（1945年由朱洪生独资

开办于殳家墙门2号,专营乡邦航船上的药材业务)、森记药行(1945年由周凤岐开设于渡僧桥下塘30号,主营官料药材)、存仁药材行(1946年由北码头5号迁到渡僧桥下塘)、乾昌恒药行(1947年由张受禄创设于渡僧桥下塘25号,主营官料药材)、永庆福药行(20世纪30年代由上海泰记药行老板韩鹤亭创设于渡僧桥下塘26号)、德昌药材行(由董春江等于1946年2月开设于渡僧桥下塘45号)、赵致记药行业(1942年由赵致孚予开设于渡僧桥下塘街37号,1948年又迁至曹家弄15号)、刘峻记药行(1946年由原上海益元草药行的刘峻杰夫妇开设于前小邾弄32号,专营苏州地产药材)。民国时期,渡僧桥下塘51号(旧门牌)曾为祥兴西药房。

　此外,还有吴县人陆荫村在山塘开办的仁大药行,小邾弄里还有裕记,开办人是吴县人周念莹。杨安弄25号(旧门牌)曾设马氏养心庐药房,主售"中华灵宝丹",兼办广货。

　民国时期,山塘地区的参号多集中在渡僧桥下塘一带。刘正泰是较早的参号,由郑奎元开办,在清同治年间由郑香远受盘,后由其子郑奎元继承。1945年,该参号内又另设义丰药行,由原泰来德药行的吴南荪独资运营。老正泰,清宣统三年(1911)由邵英之创办,后传其子邵嘉源运营,聘严锦章为经理。后来,老正泰与刘正泰合办为一处,旧门牌号为渡僧桥下塘街79号。清光绪十四年(1888),陆干臣开办陆润号参号(旧门牌号为山塘街25号),后传其子陆荣伯,又迁至伊家浜9号。清同治年间,来苏避难的彭国礼在渡僧桥下塘11号开设同益祥参号,后该参号由其子彭友棠(后来的宝生、同益祥参号业主)继承,至1900年停业。此外,还有福来康得记参号,但开办人不是彭家人,而是王雨亭,开办于清同治二年(1863)。吴氏福来康参号由吴宝泉(子泉)开办,位于渡僧桥下塘街2号,该参号于1937年后聘唐梦寅为经理。福来康余记参号,由王嘉福于清宣统二年(1910)开办,位于渡僧桥下塘。此外,还有王德元开办的福来康得记参燕号(旧门牌号为渡僧桥下塘街9号)、福来康詠记参燕号(旧门牌号为渡僧桥下塘街81号)、刘裕丰参号(1875年由刘姓药商开设在渡僧桥下塘)等。

　第三,谈谈山塘民国时的私人诊所,即民国时期所谓的祖传秘方小肆。比如伊家浜内有幼科医生程文卿、程绍麟、黄石谷及内科医生芮晓霞。前小邾弄有外针科医生杨步清,小邾弄口内科医生彭杏山,叶家弄有女科医生叶恒安,通贵桥旁则有内、外科医生张惠安,渡僧桥下塘则有幼科医生何寅初。[1]此外,渡僧桥下塘还有内科医生程思白,曹家弄则有幼科医生杨锡洲,木梳巷则有幼科医生沈逢石、伤科医生楚秀峰。[2]1935年,山塘还有医生祝曜卿(山塘街)、朱诚先(杨安弄)、顾绳泉(杨安弄后街)[3]。直到新中国成立初,山塘仍延续着私人医生看病的传统。

第四,药业中还有一个特殊的业态,那就是山塘的行商,即没有正式的门牌,但在当时也是不容小觑的一种业态。做药材生意的掮客很多,比如住在山塘桐桥的董绍基,在20世纪30年代主营苏北帮客商运来的龟板、鳖甲、鸡内金、坎气、狗皮等臭货药材,并与皮毛骨栈业务挂钩。还有曾住山塘街847号的顾百立,也是药材掮客,他曾与弟弟顾鸿元开办大丰药行。1944年,药行歇业后,顾百立改做行商。还有山塘普济桥的曹大宝,1946—1955年,她专营玫瑰花、月季花、玳玳花、苏枳壳等药材的加工,并销往药行。药材生意做得好的掮客,也会开药行,比如1947年掮客张寿根在山塘街850号开办松记药行,兼营家庭副业滤药筛。

茶业

山塘的茶业也有很大规模。民国时期,山塘有一家仁昌茶行,当时由安徽歙县人方耀南开办。其同乡方永吉,也在山塘杨安浜开办了正昌茶行。

清末,在山塘杨安浜、小邾弄、叶家弄、木梳巷一带,有许多窨制花茶的作坊,许多都是安徽人开办。比如叶家弄1号原是徽州方姓人氏开办的江艇记茶行。小邾弄内则有协和正益记茶行。杨安浜21号(旧门牌)曾为敬记茶行。此外,杨安浜还有源丰积茶行、恒兴公茶行(老板方颖舟),小木梳巷曾有诚泰茶行,始建于清代光绪年间,后来又曾开设瑞兴制茶栈。

此外,还有万大成在山塘开办的"恰大"、山塘街上的兴楼、山塘毛家桥的万年春,以及广盛(西杨安浜旧门牌13号)、永丰、又新、协和正、协源祥、源丰积、恒茂昌等徽州茶行。

1. 《苏州明报》(1935年7月19日第5版)载录。

2. 《苏州明报》(1936年7月18日第6版)载录。

3. 《苏州明报》(1935年11月20日第8版)载录。

西杨安浜广盛制茶厂信缄

叶家弄江艇记茶行信缄

小邾弄协和正益记茶行信缄

虎丘望山桥汪德兴茶花庄信缄

万兴祥仁记寄恒茂昌茶号信缄

　　民国时期在山塘开办茶行的这批徽州茶商中以方、吴两大姓居多。民国时期山塘徽茶业主要靠与茶花农合作，实现定产定销。此外亦通过向茶铺贷放茶银、掮客带货及打通厘卡和漕帮关节等多种方式扩大经营，直到新中国成立后才形成规模性的茶工业，比如东杨安浜16号的久华制茶工业股份有限公司，在前小邾弄、东杨安浜、西杨安浜、叶家弄、潭子里等处分设7家小型茶厂。其茶行所在的区域除了上述以外，亦向西延伸到丹阳码头、潭子里一带。此外虎丘望山桥亦曾有设一家汪德兴茶花庄。

叶家弄永丰茶行信缄

茶馆业

　　山塘的茶馆业很兴盛，分布在虎丘、半塘、星桥附近，较为出名的有永乐、聚仙园、得意楼、乐园、协园、泉园、志德仙、万仙园山、乐苑、南昌、兴楼、大观园，茶馆前店后坊，设有水灶，且后坊多临河。

理发业

　　山塘的理发业也颇具规模，有创办于民国九年（1920）的三民（山塘街351号）、创办于民国十九年（1930）的协兴（虎丘）、创办于民国三十四年（1945）的华美（猪行河头11号）以及创办于1949年5月的林记（山塘街292号）等店铺。

花圃业

山塘的花圃业更是蔚为大观，集中在半塘和虎丘一带。除了苗木，商家也经营水石、树桩盆景。清顾禄在《桐桥倚棹录》对此皆有描绘，比如描绘水石盆景时写道："有于白石长方盆叠碎浙石，以油灰胶作小山形，种花草于上为玩者。"而描绘树桩盆景时则说："蓄短松、矮柏、古桧、榆、椿、黄杨、洋枫、冬青、洋松，并有所谓'疙瘩梅'者，咸以错节盘根，苍劲古致为胜。"花圃业商有陆渭清、陆仁卿、潘铭鑫、毛继章、郑义卿、高春帆等，其中毛继章的花圃就开设在花园弄，潘铭鑫、郑义卿、高春帆三家皆开设在山塘的下塘。早在清乾隆年间，下山塘一带就有花商公所，到了清道光四年（1824）公所又扩建。清光绪十九年（1893），则又重建。此外，还有花树业商人在虎丘花神浜5号兴建的花业公所。

民国时期，下塘的花圃业亦非常繁盛。当时玫瑰、茉莉、珠兰花市在花园弄口场上，其余则分布在半塘的花市，具体在半塘报恩禅寺（怡贤亲王祠）一带，当时的花市日出即散。普济桥旁也有一家花圃，名曰"浦金元"。民国时期，在山塘野芳浜南侧的旮糠桥旁曾有一家名为"浦寿福"的花圃。此外，虎丘的周边也有许多花圃，比如吴县人葛渭泉开办的渭记花圃。又如虎丘下塘的饮盘根、虎丘沙上的田庭奎等。

油坊业

山塘的油坊业也有一定规模，比如吴县人彭学如在半塘开办的万昌油坊、安徽歙县人吴介生在半塘桥下塘开办的潘通豫油坊。

锡箔业

当时山塘的锡箔业较为出名的是吴正隆分店，由杭州锡箔业商人吴西畴创设。又如宁波人姚瑞璋在山塘开办的义丰慎。浙江人很有生意头脑，当时锡箔业的生意亦兼及土纸业、蜡烛业。许多锡箔业商人则多来自绍兴，比如敬康箔庄的创始人就是绍兴人陈寿彭，原先他在吴趋坊与人合伙开同济箔坊，后来来到山塘发展。起初在渡僧桥找了一个门面，后来店面太小，不好加工，只能做批发，兼营零售，不到两年，他又在山塘桥万年青酒店买下一间半门面，将箔庄迁到新址。后来迁出山塘，原址又开设协和锡箔庄[1]。1947年，在山塘街有7家锡箔店，按当时的旧门牌排序，分别是山塘街6号协和祥、22号敬康、87号老正隆、766号裕源、815号乾泰、836号曹祥泰、876号同康。[2]

南北货业

南北货是南货与北货的统称。民国时山塘的南货业十分繁盛，比如山塘白姆桥则有吴县人陈季泉开办的"祥大"南货号、吴县人徐才之在山塘开办的德泰恒。也有南北货兼售的，比如瑞昌福、永源、信泰等。而北货商人中亦有经营腌腊海货者，多为苏北商人，他们不仅经营咸货，还因为要贩运豆石、海货，亦涉足沙船业。

腌腊业

山塘腌腊业较为出名的是浙江金华人杨渭齐开办的腌腊行，名为"洽大恒"（毛家桥堍）。抗战前，另有一家腌腊铺子"仁昌和"，亦在山塘。此外，还有山塘街228号（旧门牌）的协泰腌腊行、山塘街224号（旧门牌，毛家桥边）的协兴祥腌腊行、原星桥东161号的新大腌腊鱼行、原山塘街722号的万顺宝记腌腊鱼行以及菜大祥、协大、合成、新华、益民、新大、大生祥等腌腊行。星桥西首还曾有同顺昌腿号，该号的股东有叶金海、张履安等[3]。

猪业

山塘的猪业，多集中在山塘的猪行河头，比如该处曾有吴县人徐允卿开办的徐允泰猪行。还有江阴人徐坤泉开办的徐恒大、吴县人徐聚福开办的徐洪泰、丹徒人徐明忠开办的徐广盛（原猪行河头52号）、无锡人陈恒德开办的陈鸿昌等。此外，山塘的其他猪行则有万昌、三友、联益、源茂、大公、正泰、源茂、仪泰、杜公茂（原猪行河头52号，由诸永琦创设）、森大（原猪行河头69号）等，多达三十多家，可谓是盛况空前。当时猪行河头的生猪主要来自泰州、泰兴、泰县及如皋、海安等地。新中国成立后，

---

1. 陈寿彭：山塘箔庄，《七里山塘》，苏州市金阊区政协文史资料编委会（内部发行），2001，P161—162。
2. 《金阊区志》编纂委员会：《金阊区志》第五章第四节"日用杂品"，东南大学出版社，2005，P258—259。
3. 《苏州明报》（1931年6月15日）载录。

当地成立国营食品公司,解散猪行,猪行河头一度繁盛的景象也被封存在历史的长河中,而山塘的猪市后来又集中转移到了钱万里桥。

皮毛鱼骨业

山塘的皮毛鱼骨业俗称臭货业,比如出售牛、马、羊、兔、狗獾、狐狸、黄鼬等的皮张,鸡、鹅等的羽毛,三牲的骨头,牛油,羊油,猪鬃等,其中较出名的有张裕兴、同益、泰丰盛、泰康、开泰洽记、顾顺记、合丰、源兴泰等。

烟纸业

民国时,山塘的烟纸业有渡僧桥堍的协兴成、协兴仁烟钱店(原在渡僧桥南堍,由吴县人王熙庭开办)、李继宗巷口的天平生烟钱店等。此外,李继宗巷的云白铜烟袋业商人还开办了瑞凝公所、瑞云公所(民国《吴县志》载录)。其他烟业(客烟),主要是黄烟业,则有谢勤斋在山塘渡僧桥堍开办的公顺达,林式斋在山塘新民桥下开办的林同兴,常熟曾师宇、叶祥基在山塘通贵桥堍开办的公益兴。公益兴原来的总经理是蒋韫斋、蒋贡谬父子。

竹藤业

民国时,山塘普济桥、桐桥一带的竹藤业,当时由山塘金家弄、半塘的一批篾匠在此合伙开办,主要产品为扁担、竹藤篮、竹藤榻等。其中竹藤篮又被称作"虎丘篮"。

香铺业

民国时,山塘的香铺业也有一定规模。比如吴县人端木礼彬在山塘街开办云外飘恒西号。端木礼彬当时在苏州有庞大的香铺产业,除了山塘街,在濂溪坊、临顿路花桥、张庚桥、凤凰街都有门店。吴县人韩观扬在山塘曾开办云外飘润记。

山地货业

民国时,山地货业是山塘的重要业态。比如山塘星桥的北面山塘街179号(旧门牌）曾有一家名叫"宝顺"的山地货行。此外，还有恒大公记、天成、大丰、顺丰、永丰祥、公记、公鑫、天丰等。民国时，这些货行凌晨"出行"，灯火通明。过秤时，报码声此起彼伏，之后便是将各类货物挑到菜市场叫卖。过了早市或者供过于销的，则会被"行"码头的老板拒绝"进行"，只能等待明天凌晨才能进货船，这也是民国时维持市场供销平衡的必然举措。

面粉业

民国时，山塘亦有许多面粉号，比如无锡人秦伯芬在山塘开办了九丰面粉号，山塘桥堍31号（旧门牌）曾有一家协盛兴面粉号，山塘桥堍881号（旧门牌）也有一家德兴面粉号。

布业

山塘知名的布业有林仰贤开办的布号慎兴等，后来又迁到了上塘街。此外，山塘还有乾元泰衣庄、天元泰提庄等。此外，民国时期还有成衣铺和布店，比如当时山塘街735号曾为协大布店。

照相业

民国时期，山塘的照相业也有一定规模，比如1919年在虎丘山门口的新新照相馆，当时店主是黄肖唐。1928年，虎丘山又开了一家拥翠，店主为施士良。1945年是

虎丘剑池月洞门上的新新照相馆广告

虎丘山21号虎丘照相馆旧影

虎丘山门口新新照相馆
印制的《虎丘指南》

虎丘地区照相业发展的鼎盛时代,照相店在这一年井喷式出现,比如虎丘山1号的剑光、5号的明明、21号的虎丘,还有虎丘附近的国昌、新光等店肆,皆在这一年创设。

壅业

如今,山塘往北的清洁路地区在昔日乃是壅业[1]的聚集地,可见地名有历史传承。相传在元末明初时,清洁路地区也曾是吴王张士诚养马的地方,后来俗称为"老马路"。当地的壅业则始于清乾隆五十五年(1790),后来这条老马路便又被世人称作"臭马路"了。1952年的爱国卫生运动中,"臭马路"得到了彻底整治,并改路名为清洁路[2]。1984年,清洁路的弹石路面又改为六角道板路面,面貌焕然一新。

其他行业

民国时期的山塘地区还有一些其他的行业。比如南北海货业,有天福、大有等商肆。杭线业则有吴江人陈润卿开办的同春永、无锡人钱松山开办的海昌等。半塘桥下塘则在民国十年(1921)还出现了一家名叫"勤振"的棉织工厂,开办人是杨定甫,还有一位29岁的无锡青年刘龙玉,主业为机织线毯、棉绒毯。线铺业也是民国时山塘的重要业态,有杨顺记、徐留兴、满万利、益丰、恒盛、张源鑫、杨盛元、罗聚兴、李龙记等。薛家湾地区在民国时期的主要业态为柴业和渔业,还曾出了一位山歌高手张正芳[3]。破布旧货业也是山塘的重要业态,比如浙江吴兴人朱菊如开办的裕源仁。料货业,比如吴县人臧炳清开办的"臧宝记"。山塘的铜锡号则有西义丰,开办人是吴县人黄庚山。此外,还有陈永茂等铜行。民国时的煤业也占一席之地,山塘桥旁原来的腌猪河头在民国时期则有浙江鄞县人邱金生开办的"德兴泰"煤业,还有一家煤业则称之为"和义"。当时在苏州经营煤炭业的多为宁、绍商人。麻线业,比如吴县人徐瑞芝和戚纯铭合伙开办的公泰、吴县人马炳元开办的福泰源、吴县人徐棣华开办的正泰

---

1. 壅业,近代中国城市中专门负责收集、运输粪便并管理公共厕所的行业。
2. 清洁路70号曾有宋姓的民国宅,宅内有门楼,如今已无迹可寻。
3. 参见张松坡:《我的曾祖父张正芳》所载:张正芳出生在吴江黎里,祖上为鲁南,运漕粮为生,其子开办精益眼镜公司。载于苏州市方志办编:《苏州史志资料选辑》第三十五辑,徐文高转录,2009年,P127。

绍记。麻浆业，比如吴县人沈慎之曾在山塘开办信泰协、吴县人徐伯英曾在山塘桥旁开办徐顺泰。置器业，如赵枉轩开办的赵亦泰。铁钢号业，民国时则有协泰昌、瑞泰等。金融业，比如渡僧桥下塘的万祥银楼，1930年时该银楼的经理是王鸿宾。还有武进人郑文彬在山塘李继宗巷兴办的大达制造（绷带厂）。此外，小宗行业亦有许多，比如虎丘的泥人十分出名，因此清人顾禄《桐桥倚棹录》载："游人之来虎丘者亦必买之归悦儿曹。"民国时，山塘除了有做泥人的，还有做绢人的。《桐桥倚棹录》亦载："绢人多为仕女之形，以五色缯绫为饰，眉目姣好，或立或坐。"民国时，虎丘也有许多竹木铜器匠人涉足于赏玩之物，但名气较前两者则逊色不少。还有一些早已消亡的行当，比如蝇拂作（驱蝇除尘的用具）。《桐桥倚棹录》则载："蝇拂作，在虎丘山塘及山门口。并有以棕线结作花蓝、火焰扇、浆刷帚、蜡帚、道冠之属，厥制甚繁。"民国时，伞业亦很出名，比如王桂林开办的王万泰伞号。

民国时期山塘的部分工商业业态分布情况

序号	业态名称	店铺数量	所在区域
1	酱园业	34	半塘、虎丘附近山塘街上
2	鲜果业	10	新民桥到星桥
3	山地货	8	新民桥到星桥 多集中在星桥
4	油饼	5	毛家桥到桐桥（观音阁）
5	绍酒	7	半塘、虎丘至桐桥（观音阁）
6	土烧酒	4	新民桥到星桥 多集中在星桥
7	南北货	6	山塘桥到星桥
8	茶叶	5	新民桥到星桥
9	茶食糖果	15	山塘桥到白姆桥及虎丘附近
10	蛋哺	1	山塘街357号（旧门牌）
11	粮食	12	虎丘、半塘及新民桥东西两侧
12	饭馆	2	星桥、虎丘附近山塘街上
13	茶食	3	星桥附近
14	面馆	5	星桥、半塘、虎丘
15	馄饨	5	通贵桥、半塘、虎丘
16	糕团	6	山塘桥堍、星桥、虎丘
17	饼馒生面	16	通贵桥、星桥、桐桥、虎丘、半塘
18	饼馒	1	山塘街345号（旧门牌）
19	粉面	2	山塘街89号旧址及虎丘附近
20	饴糖	3	毛家桥附近及半塘

续表

序号	业态名称	店铺数量	所在区域
21	肉品	4	多集中在星桥附近及虎丘附近
22	羊肉	2	星桥附近
23	豆腐	9	山塘桥、通贵桥、星桥、桐桥、半塘等
24	腌腊	8	星桥到桐桥以东
25	猪鬃	1	桐桥附近、山塘街590号（旧址）
26	皮毛羽骨	16	集中在桐桥附近
27	破布旧货	22	集中在桐桥附近
28	蔴	1	大德小学附近、山塘街517号（旧址）
29	成衣	17	桐桥、半塘、虎丘
30	绸布	2	新民桥到白姆桥
31	衣	3	新民桥到星桥
32	帽扇	2	山塘会馆弄附近 桐桥旁
33	皮革制品	4	新民桥到毛家桥
34	弹花	4	山塘会馆弄附近 桐桥附近
35	制革	2	大德小学附近
36	丝线	1	山塘桥堍
37	洗染	3	山塘桥、星桥附近
38	颜料	5	山塘桥到新民桥
39	图书文具	1	星桥附近
40	纸	6	山塘桥到星桥
41	印刷	1	山塘桥附近
42	金属制品	7	新民桥、星桥、半塘
43	轮运	1	山塘街141号（旧门牌） 通贵桥附近
44	造册	1	山塘街521号（旧门牌） 桐桥附近
45	煤炭	3	新民桥、半塘桥、毛家桥
46	电料	4	毛家桥、会馆弄附近及虎丘
47	钟表	4	会馆弄、通贵桥、虎丘附近的山塘街上
48	眼镜	2	大德小学附近
49	土卷烟	38	通贵桥到毛家桥、半塘、虎丘、桐桥
50	骨伞鬃刷	11	星桥、半塘、桐桥
51	中药	7	大德小学以东、虎丘、半塘
52	参燕药材	11	新民桥以东山塘街、星桥附近
53	茶馆	11	虎丘、半塘、星桥、通贵桥
54	理发	16	虎丘、半塘、星桥、桐桥
55	浴室	3	新民桥、白姆桥、半塘桥的山塘街上
56	小灶	9	虎丘、半塘、桐桥、星桥、新民桥、山塘桥堍
57	香商	5	星桥以东山塘街上

续表

序号	业态名称	店铺数量	所在区域
58	烛	3	星桥到新民桥
59	爆竹	6	新民桥到山塘桥的山塘街上
60	箔商	2	新民桥到山塘桥的山塘街上
61	瓮业	1	山塘街646号（旧址）
62	旧货寄售	1	山塘街465号（旧址）
63	草织	4	大德小学至桐桥（观音阁）、新民桥
64	营造	2	毛家桥到旧延玻厂间山塘街上
65	木商	2	虎丘附近及原虎阜小学东侧附近
66	砖瓦石块	11	桐桥到半塘、虎丘间的山塘街上
67	竹商	1	桐桥观音阁附近
68	髹漆	2	白姆桥、新民桥附近的山塘街上
69	寿器殡墓	3	会馆弄东到新民桥间
70	石粉	11	普济桥及原98号桥附近的山塘街上
71	木器	1	星桥与新民桥间的山塘街上
72	白坯家具	2	山塘桥与新民桥间
73	盆桶	2	白姆桥附近、大德小学附近
74	盆桶橱柜	4	万点桥、虎阜小学、半塘桥西塘、新民桥西山塘街上
75	竹藤器	39	山塘桥到新民桥、白姆桥到铁路98号桥、山塘中学、小学附近
76	冶铁	2	新民桥及星桥附近
77	白铁	2	通贵桥、星桥、桐桥观音阁附近
78	花木	5	半塘到虎丘

本表依据苏州市地方志办公室、苏州市姑苏区档案馆所提供的山塘商业相关档案资料及山塘老居民口述整理汇总而成，附注：当时通贵桥习惯性写作通关桥，大德小学当时设在郁氏家祠内，虎阜小学与敦仁小学合并后，迁入李氏祇通义庄。

虎丘山二山门虎丘饭店广告（刊载于《苏州明报》1935年3月15日第8版）

民国时期山塘新民桥、星桥附近的工商业业态分布情况

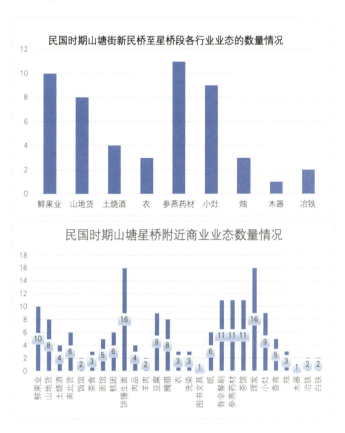

民国时期山塘半塘附近的工商业业态分布情况

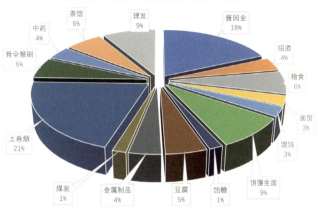

业态	数量	业态	数量	业态	数量	业态	数量
酱园业	34	饼馒生面	16	煤炭	3	理发	16
绍酒	7	饴糖	3	土卷烟	38	浴室	3
粮食	12	豆腐	9	骨伞鬃刷	11	小灶	9
面馆	5	成衣	17	中药	7	砖瓦石块	11
馄饨	5	金属制品	7	茶馆	11	盆桶橱柜	4
花木	5						

民国时期山塘桐桥附近的工商业业态分布情况

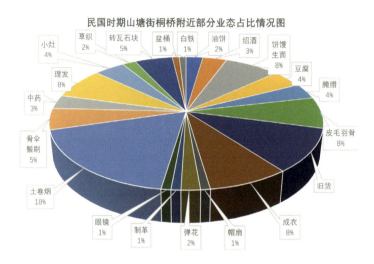

民国时期山塘街桐桥附近部分业态占比情况图

业态	数量	业态	数量	业态	数量	业态	数量
油饼	5	破布旧货	22	土卷烟	38	砖瓦石块	11
绍酒	7	成衣	17	骨伞鬃刷	11	盆桶	2
饼馒生面	16	帽扇	2	中药	7	白铁	2
豆腐	9	弹花	4	理发	16		
腌腊	8	制革	2	小灶	9		
皮毛羽骨	16	眼镜	2	草织	4		

新中国成立初期的山塘商市

新中国成立初期，山塘的商市大致上延续了民国时期的面貌。从当时的商会档案中看出，茶馆业（少量兼营书场）、酱业（后称为酱工业）、国药、饭馆业、面馆业、药材业（主要是参行）、木商业、鲜果业在当时的山塘的商业业态中占了很大的比重。此外还有猪行、铜锡业、酒业、麻业、典当业等。

新中国成立初山塘地区的部分工商业情况统计表

业态	商号名称	负责人	当时的地址	商会档案抽样年份	备注
面粉麦皮	茂昌粉号	严一阳	醃猪河头	1949年6月、12月	
五金	晋阁	罗海珊	山塘街17号	1952年11月	
麻业	宝元祥号	罗曜祥	山塘街11号	1949年12月	
铜锡	义丰铜锡号	张九如	山塘街35号	1949年6月	
纸业	大同兴造纸厂	洪宝锠	山塘街54号	1952年4月、10月，1953年8月	
骨伞棕刷	王万泰	王满荣	山塘街74号	1952年11月	
鲜果	华丰	严云亭	山塘街105号	1949年8月	
铜锡	源泰永号	汪一忱	山塘街107号	1953年8月	
高粱烧酒	张信号酒行	张嘉春	山塘街155号	1949年6月、12月	
菜饭馆	泰昌馆	梁鸿宽	山塘街164号	1949年8月	
鲜果	长丰	沈寿宝	山塘街171号	1949年8月	
酱工业	勤新	胡晋泉	山塘街176号	1949年5月	
菜饭馆	大庆馆	朱秉洲	山塘街184号	1949年8月	
酱工业	潘所宜景	潘子敬	山塘街228号	1949年5月	
木商业	江祥记	/	山塘街288号	1949年7月、9月	
酱工业	王同源	王器先	山塘街288号	1949年5月	
酱工业	王同源东	王善先	山塘街288号东侧	1949年5月	
菜饭馆	张福记	张金林	山塘街306号	1949年8月	
腌腊	益农	时东林	山塘街317号	1952年11月	
酱工业	福泰号	江观昌	山塘街367号	1949年5月	
酱工业	仁泰昌	王剑峰	山塘街393号	1949年5月	
国药	天生	严邦孙	山塘街398号	1949年5月	
国药	天益	顾锡荣	山塘街407号	1949年5月	
木商业	恒丰	沈最荣	山塘街435号	1949年7月	
木商业	和丰泰	严莲芳	山塘街484号	1949年5月、9月	
木商业	乾丰	/	山塘街484号	1949年7月	
酱工业	元和	张明毅	山塘街487号	1949年5月	
酱工业	成泰	杨金城	山塘街521号	1949年5月	
木商业	祥大盛	江志良	山塘街547号	1949年5月、7月	
酱工业	顾得其	方震麟	山塘街569号	1949年5月	

续表

业态	商号名称	负责人	当时的地址	商会档案抽样年份	备注
漂棉	大华	王忠浩	山塘街596号	1952年11月	
酱园	恒义	杭竹筠	山塘街596号	1949年5月	
国药	人和	柯新如	山塘街599号	1949年5月	
酱工业	永丰良记	费良祺	山塘街608号	1949年5月	
国药	天和	郑辐传	山塘街734号	1949年5月	
酱工业	达盛	吴荣生	山塘街744号	1949年5月	
鲜果	颐香村	/	山塘街114号	1956年	
鲜果	季日新	/	山塘街119号	1956年	
鲜果	阜恒丰	/	山塘街384号	1956年	原在星桥塎
鲜果	恒丰	韩荫初	山塘街746号	1949年8月	
鲜果	合计	朱仲芳	山塘街750号	1949年8月	
鲜果	天丰	顾斯馨	山塘街752号	1949年8月	
典当业	晋泰	朱益民	山塘街764号	1949年4月	
国药	宁远	盛子良	山塘街754号	1949年5月	
卷烟	胡其兴	沈继玉	山塘街755号	1949年6月	
国药	保寿	邹渭章	山塘街756号	1949年5月	
酱工业	苏黄	王德立	山塘街789号	1949年5月	
药材	德大亨	陈焕章	山塘街802号（1952年11月变更为山塘街200号）	1949年12月	1951年5月21日在渡僧桥下塘14号设立苏州市药材业第八联营处,负责人亦是陈焕章。他在1935年曾与人合伙（占五股）在阊门吊桥塎另盘下其姑丈陈佑生的陈镒生堂,改名镒生堂药铺
酱工业	潘有宜	吴天柱	山塘街824号	1949年5月	
烛业	老金和	/	山塘（近虎丘）	1949年8月	
烟业	万隆	蒋月波	山塘街829号	1949年6月	
颜料	顺大颜料号	陆乃康	山塘街854号	1949年12月	
破布	杨聚兴号	杨家麟	山塘街868号（1952年变更为山塘街78号）	1949年12月	
药材行	乾大仁	周松涛	山塘街880号	1949年6月	
酱工业	恒泰兴	李延秋	山塘街893号	1949年5月	

业态	商号名称	负责人	当时的地址	商会档案抽样年份	备注
酱工业	潘所宜	潘寿山	山塘街星桥下塘14号	1949年5月	
酱工业	潘所宜新	潘泽峰	山塘街星桥湾2号	1949年5月	
酱工业	元丰	于观清	半塘桥下塘3号	1949年5月	
菜饭馆	长兴馆	朱云龙	虎丘	1949年8月	
菜饭馆	正源馆	谢绍卿	虎丘	1949年8月	
酱工业	鼎丰	朱子庭	杨安弄17号	1949年5月	
木商业	大裕	姜魁书	莲花斗新1号	1949年9月	
木商业	同丰协记	张汇明	莲花斗8号	1949年9月	
木商业	德昌	向德廉	莲花斗17号	1949年9月	
木商业	泰丰	王国斌	莲花斗19号半	1949年9月	
猪行	/	郭润源	莲花斗28号	1949年6月	
木商业	何顺泰	/	潭子里31号	1949年7月	
茶叶	/	方文泽	东杨安浜15号	1949年7月	
茶叶	大信	汪济生	前小邾弄25号	1952年11月	
国药	沐泰山国药号	张曾祥	渡僧桥堍（通讯处）	1949年12月	
颜料	安泰	程安泉	渡僧桥下塘	1952年11月	
参行	泰昌参号	瞿银炳	渡僧桥下塘2号	1949年6月	
参行	复来康益记参号	丁雄白	渡僧桥下塘4号	1949年6月	
参行	刘正泰参号	陈柏椿	渡僧桥下塘77号	1949年6月	
制箔	正元箔坊	何福荣	胡家墩10号	1949年6月	
炉坊	升昶炉坊	陈有德	后宝园街18号	1949年6月	
漂棉	大中华兴记漂花厂	沈仲元	八字桥西街33号	1949年6月	
石业	开源瓷土矿石加工厂	沈宝善	五泾浜1号	1952年4月、10月	
国药	良宜	严柏荪	山塘街	1949年5月	
菜饭馆	南昌馆	许子良	山塘街	1949年8月	
菜饭馆	春和馆	周冯氏	山塘街	1949年8月	
菜饭馆	长兴馆	/	山塘街497号	1949年	《金阊区志》
菜饭馆	正源馆	/	山塘街354号	1949年	《金阊区志》
菜饭馆	大新馆	/	虎丘	1949年	《金阊区志》
菜饭馆	鸿庆楼	/	山塘星桥湾14号	1949年	《金阊区志》
菜饭馆	泰昌馆	/	山塘街164号	1949年	《金阊区志》
菜饭馆	大庆馆	/	山塘街184号	1949年	《金阊区志》
菜饭馆	张福记	/	山塘街306号	1949年	《金阊区志》

续表

业态	商号名称	负责人	当时的地址	商会档案抽样年份	备注
卷烟	胡其兴五洋号	沈继玉	山塘街	1949年12月	
皮毛油骨	公利号	邵伟民	半塘油车弄22号	1949年12月	
油商	通义协油坊	范立甫	半塘油车弄	1949年5月	
猪行	/	郭润源	猪行河头67号	1949年6月、12月	1950年5月6日，在猪行河头16号设立苏州市猪业联营处，负责人亦是郭润源
染织	竞新	殷毅君	会馆场	1949年5月	
面馆业	/	/	虎丘冷香阁	1949年	《金阊区志》
面馆业	荥阳楼	/	山塘街168号	1949年	《金阊区志》
面馆业	新天乐	/	山塘街	1949年	《金阊区志》
面馆业	林和馆	/	上塘街714号	1949年	《金阊区志》
面馆业	大新馆	/	山塘街398号	1949年	《金阊区志》
面馆业	兴和馆	/	山塘星桥湾4号	1949年	《金阊区志》
面馆业	大春楼	/	渡僧桥堍	1949年	《金阊区志》
茶馆业	致爽园	/	虎丘山顶	1949年	《金阊区志》
茶馆业	冷香阁	/	虎丘山22号	1949年	《金阊区志》
茶馆业	聚仙园	/	山塘街	1949年	《金阊区志》
茶馆业	辛苑	/	山塘渡僧桥北堍	1949年	《金阊区志》
茶馆业	大观园	/	山塘街知家栈（兼营书场）	1949年	《金阊区志》
茶馆业	易安居	/	山塘星桥湾1号	1949年	《金阊区志》
茶馆业	品园	/	山塘方基上25号	1949年	《金阊区志》
茶馆业	鸿福楼	/	山塘街147号	1949年	《金阊区志》
茶馆业	兴楼	/	山塘街163号	1949年	《金阊区志》
茶馆业	南昌馆	/	山塘街223号（兼营书场）	1949年	《金阊区志》
茶馆业	协园钱记	/	山塘街339号	1949年	《金阊区志》
茶馆业	兴园	/	山塘街349号	1949年	《金阊区志》
茶馆业	泉园	/	山塘街361号	1949年	《金阊区志》
茶馆业	万仙园	/	山塘街365号	1949年	《金阊区志》
茶馆业	得春园	/	山塘街374号	1949年	《金阊区志》
茶馆业	吉庆楼	/	山塘街376号	1949年	《金阊区志》
茶馆业	天心园	/	山塘街389号	1949年	《金阊区志》
茶馆业	得仙园	/	山塘街394号（兼营书场）	1949年	《金阊区志》

续表

业态	商号名称	负责人	当时的地址	商会档案抽样年份	备注
茶馆业	乐苑	/	山塘街400号（兼营书场）	1949年	《金阊区志》
茶馆业	老德仙	/	山塘街544号	1949年	《金阊区志》
茶馆业	永乐	/	山塘街593号（兼营书场）	1949年	《金阊区志》
茶馆业	得意楼	/	山塘街610号	1949年	《金阊区志》
茶馆业	和园	/	山塘街618号	1949年	《金阊区志》
茶馆业	得仙园	/	山塘街689号	1949年	《金阊区志》
茶馆业	翠苑	/	山塘街907号	1949年	《金阊区志》
浴业	复兴池	/	杨安弄29号	1949年	《金阊区志》
浴业	云华泉	/	山塘方基上1号	1949年	《金阊区志》
浴业	小温泉	/	山塘白姆桥东弄1号	1949年	《金阊区志》
浴业	五龙池	/	山塘街元福里7号	1949年	《金阊区志》
照相业	生活	宋金跃	山塘街毛家桥470号	1950年	苏州市商业局档案
照相业	古枫	张古枫	山塘街17号	1950年	苏州市商业局档案

以上表格综合参考：苏州档案馆解放初商会档案卷宗；马敏，肖芃，《苏州商会档案丛编》（第一辑），华中师范大学出版社，2009。

国营新泰沿酱油厂广告

第二节　山塘的会馆、公所与同业公会

山塘的会馆与公所

　　谈到会馆,首先想谈谈会馆的概念及创办会馆的意义,学界此前对此多有探讨。许多学者将其与当时的社会团体"会所"进行区分,从而通过比较异同来阐述会馆的概念。比如南京大学范金民教授在《明清江南商业的发展》中认为:"会馆主要是地域性的社会团体,会所主要是行业性的社会团体。"[1]而上海交通大学历史系特聘教授邱澎生在《苏州商人团体与清代社会变迁》中则认为:"'会馆'和'公所'皆是商人结社时借用来的现成名称。尽管苏州也有纯由官员建成的'会馆',甚至官府办公所在地也有称为'公所'者,但是,众多苏州会馆公所基本上是由商人捐款创建。以字义而论,'会馆'就是当时的同乡聚会场所,'公所'则泛指地方上办理公共事务的所在地。"[2]比如民国时期,虎丘镇镇公所便设在山塘街740号。如前所述,会馆的概念是地域性的社会团体,而会所主要是行业性的社会团体。邱澎生也指出了清代民间结社的规范性问题,他认为:"同乡会馆可以帮助政府稽查都市中的外来流寓人口,善堂公所则可以协助政府解决都市人口的贫穷问题,这些民间结社皆有助于政府维持治安、推行教化,故而符合当时政府的结社规范。"[3]邱澎生还敏锐地指出:"商人结社为什么要将商业目的隐藏在联乡谊、祀神祇、办善举的结社宗旨下?其中关键原因即,如此将有助于降低政府结社法令干预的风险。在《商会简明章程》颁布之前,商人结社毕竟是件风险颇高的事。"[4]除了联络乡情、为同乡提供居停的场所、奉祀本乡神祇、

---

1. 范金民:《明清江南商业的发展》,广西师范大学出版社,2024,P307。
2. 邱澎生:《苏州商人团体与清代社会变迁》,上海交通大学出版社,2024,P108。
3. 同上,P109。
4. 同上,P113。

开办善举外，南京的学者马斌、陈晓明在《明清苏州会馆的兴起》中也指出了会馆其他的两大意义，其一为："略同于旅邸，而区别则在于旅邸计日取值而会馆僦赁无所费而已。"另外一个意义在于："商议经营事宜，处理经营纠纷。"[1]江苏省档案馆调研员刘维荣在《明清时期苏州会馆发展历程》一文中则认为："异域商客来到苏州，从事生意上的交往，其内心世界必然与故土旧园保持着紧密的联系感应。在这种境况下，一旦有人倡议，必群起而响应。不仅如此，在会馆命名、建筑风格、馆内布局上，都会加倍展示出故园特色，即所谓'恭敬桑梓，乐操风土'。"[2]

其次谈谈会馆在苏州的演进历程。清人杭世骏曾谈道："会馆之设，肇于京师，遍及都会，而吴闻为盛。"20世纪80年代，南京大学教授吕作燮是较早关注苏州会馆、公所的学者之一，他曾在《明清时期苏州的会馆和公所》一文中谈道："苏州四十八所会馆，有经费来源可考者，只有岭南、三山、大兴、东齐、江西、汀州、高宝、武林杭线、陕西、金华、钱江、全晋、徽郡、吴兴、嘉应、东越、安徽、湖南、八旗奉直、两广、武安等二十一所，其中属同乡乐捐襄助的十三所，由同乡商帮规定在进出货物中抽厘的四所，乐捐和抽厘并用的四所，占多数的是乐捐。乐捐的经费一不固定，二没有保证，因此它的兴衰无定时。"[3]山塘半塘老全晋会馆中曾有一方清乾隆四十二年(1777)镌刻的《全晋会馆应垫捐输碑记》，其碑记中就这样记录道："全晋会馆之建造，既有捐厘矣，又有乐输矣，而复有所谓应输者云何？盖应垫者，所以济捐厘乐输之匮乏，而别那项以应户目前者也。有以垫之，则前此之工程可以不至于中辍，后此之兴造，可以徐为之熟商。否则介乎前后迹而束手无策，亦惟付之浩叹焉已矣，将何以成兹钜观哉。会馆之商垫，济工也，聿自乾隆丙戌年始。"[4]但学者李萍、曹宁、昭质在《明清时期的苏州会馆》中认为苏州会馆的演变为历史的进程提供了一个较为清晰的脉络："苏州会馆最早出现是在明朝万历年间，而大多数则集中创办于清康乾时期，也就是苏州经济第二个发展高潮之际……总体演变进程是明末清初为产生期，康乾时

---

1. 马斌、陈晓明：《明清苏州会馆的兴起：明清苏州会馆研究之一》，《学海》，1997年第3期。

2. 刘维荣：明清时期苏州会馆发展历程，《科技文献信息管理》，2013年第3期，P63。

3. 吕作燮：明清时期苏州的会馆和公所，《中国社会经济史研究》，1984年第2期，P17。

4. 苏州博物馆、江苏师范学院历史系、南京大学明清史研究室合编：《明清苏州工商业碑刻集》，江苏人民出版社，1981，P333。

代为成熟期，鸦片战争后转为衰亡期。"[1]

再次，谈谈苏州山塘地区的会馆情况。山塘历史上最早建置的会馆是明万历年间的岭南会馆，由广东广州的仕商创办。其次是宝安会馆，由广东东莞商人创设。清康熙十六年（1677）改建。宝安会馆也曾是圣公会的学堂。20世纪30年代，宝安会馆主事人为宁达才。之后则有清康熙十七年（1678）广东新会创办的冈州会馆，今仍存门头，俗称扇子会馆。所谓的扇子是蒲扇，俗称芭蕉扇。清人王廷鼎《杖扇新录》载："古有棕扇、葵扇、蒲扇、蕉扇诸名，实即今之蒲扇，江浙呼为芭蕉扇也。"蒲葵产自新会，而蒲扇则由蒲葵的叶、柄制成。质轻，价廉，行销甚广。蒲扇最早可追溯到东晋谢安的典故："安少有盛名，时多爱慕。乡人有罢中宿县者，还诣安。安问其归资，答曰：'有蒲葵扇五万。'安乃取其中者捉之，京师士庶竞市，价增数倍。"（《晋书·谢安传》）明代的新会已大量种植蒲葵，葵业发达。以新会商人为主形成的蒲扇"出江帮"，在苏州、重庆、汉口、长沙等地建有"冈州会馆"，可见蒲扇外销之兴旺。清康熙二十年（1681），山东胶州、青州、登州、潍县、诸城等地商人在山塘又合建了东齐会馆，故也俗称为"山东会馆"。民国时期，山东会馆主事人为孙乾甫。此外，较为著名的还有陕西会馆，系清乾隆六年（1741）陕西西安商人所建。《桐桥倚棹录》载："国朝乾隆六年西安商邓廷试、刘晖扬倡建。三十二年袁伦、桑畹徵、王正池、李政和等重修。"民国时期，陕西会馆的主事人为宋汉臣。清乾隆二十七年（1762），常州猪行业商人在山塘莲花兜（斗）建了毗陵会馆，20世纪30年代主事人

金家弄陕西会馆围墙

山塘中心小学内原陕西会馆大门石狮今貌

1. 李萍、曹宁、昭质：明清时期的苏州会馆，《档案与建设》，2013年第5期，P31—33。

为徐坤泉。还有旅苏晋商集资在山塘建的两所会馆，即在虎丘后山小武当之西所建的老山西会馆（翼城会馆）和山塘半塘会馆场所建的老全晋会馆（白石会馆）。咸同兵燹，老全晋会馆遭毁。清光绪五年（1879），晋商又易地在苏州平江路重建全晋会馆新馆，而会馆的历史则从老全晋会馆始建的年份即清乾隆三十年（1765）算起。

明清时期山塘的会馆统计表

会馆名称	始建年代	创办商人里籍	地点	备注
岭南会馆	明万历年间	广东广州	山塘街136号	清《虎阜志》载录为明万历年创建
宝安会馆	明天启五年（1625）	广东东莞	山塘街108号	原为东官会馆迁并而来，清康熙十六年（1677）改建
冈州会馆	清康熙十七年（1678）	广东新会	山塘街92号（会馆弄）	俗称扇子会馆
东齐会馆	清康熙二十年（1681）	山东胶州、青州、登州、潍县、诸城	山塘街552号	俗称山东会馆、齐东会馆，后曾辟为台板厂
高宝会馆	清康熙五十七年（1718）	江苏海州	阊门外潭子里	也称江淮会馆
东官会馆	明天启五年（1625）	广东东莞	山塘街656号	康熙十六年新建宝安会馆，迁并，但老会馆及馆内武帝像仍保留，后辟为义厅、茶室
陕西会馆	清乾隆六年（1741）	陕西西安	山塘街508号，山塘毛家桥西	也称全秦会馆、陕甘会馆、陕秦会馆、雍凉公墅，后曾辟为第二橡胶厂
毗陵会馆	清乾隆二十七年（1762）	江苏常州	山塘莲花兜（斗）18号（原公益小学址）	猪行会馆，今不存，对面17号存一对金山石勒脚，系墙门遗迹
全晋会馆	清乾隆三十年（1765）	山西	山塘街半塘桥旁会馆场4号	也称白石会馆，山西钱业商
翼城会馆	清乾隆三十年前	山西翼城	虎丘后山小武当之西	俗称老山西会馆，建有关帝殿
覃怀会馆	清光绪年间		山塘街	民国时期，陆戢卿曾为主事人
仙城会馆	清		山塘街109号	《桐桥倚棹录》载录，原建筑今已不存

最后谈谈旧时山塘的会馆、公所等商会基层组织的实际运作情况。清雍正七年（1729），由乡进士序选知县冯迪祥篆额、岁进士候选儒学训导邓彪书丹的《岭南会

馆广业堂碑记》载："阊门外商贾鳞集,货贝辐辏,襟带于山塘间,久成都会。岭南会馆之建,始于有明万历年间。至康熙丙午岁,廓而新之。其制:中建武帝大殿,栋椽轩豁,制度焜煌矣。但傍仅数宇,以为栖息。凡岁时伏腊及接见宾客,皆于神殿宴会。酒酣耳热,歌呼欢笑,甚非所以肃观瞻也。"[1]

除了前文提及的叙友谊、祭祀同乡神祇(关公等),山塘的会馆与苏州的许多会馆一样也肩负着颁布官方的相关商业规条,镌刻上石,即"上传下达"的职能。比如山塘潭子里高宝会馆内曾有一方清乾隆七年(1742)所立的《长洲县革除腌腊商货浮费碑》,碑中称:"身等腌腊鱼货,汇集苏州山塘贩卖。每蓝货价三、四两或五两不等。内外牙用共六分。□牙人张渭宾、王卓儒、罗如玉、李永吉、朱天润等,忽以每蓝额用六粉,变为每两用取二分等情。□□牙户姚□彩等,呈各到县,业经提齐商牙人等秉公审明。查议腌腊鱼肉虾米等物交易,价银九七足色,漕平九七足兑,买客外用每两一份,出店脚费在内。该商所出内用每两一分,脚栈在内。此外,浮费应行革除,已据商牙允服,取有各遵依,通详勒石永禁去后,奉总督部堂那批开:仰苏州布政司核议通详,仍候抚部院批示。缴。奉苏抚部院批开:系两造允服,各具遵依,仰布政司查明转饬勒石永禁……为此仰腌腊商牙人等知悉:嗣后凡腌鸡鱼肉虾米等物交易,价银九七足色,漕平九七足兑,买客外用,每两一份,出店脚费在内。该商内用每两一分,脚栈在内。此外浮费,概行革除。至出店牙行人等,不得私白偷窃客货,各宜禀遵毋违,须至碑摹者。"[2]

会馆也有社会治理、社会公益等方面的功能。在社会治理方面,比如山塘莲花兜(斗)内猪业毗陵会馆曾有一方清光绪三年(1877)的《猪业毗陵会馆平减价钱串用力碑》,其中谈道:"同业向建毗陵会馆,来苏投行销售,按来货之多寡,视销路之滞速,评定行市。每猪一只,向取行用钱一百四十文,转给船户洗舱前二十文,即系代客收账辛力之费。店户来行买猪,不取兴勇。每猪仅出行伙捉刀钱一百四十文,前经公允成章,历久遵循。惟挪用禁钱以及缺串等弊,先前市肆恶习,商贾受累不浅。欣蒙仁宪,

---

1. 苏州博物馆、江苏师范学院历史系、南京大学明清史研究室合编:《明清苏州工商业碑刻集》,江苏人民出版社,1981,P330。此碑先后藏于山塘小学、苏州文庙。

2. 同上,P247—248。

体恤民情,示禁小钱,平减物价。职等遵谕,会集公议,猪价钱串用力,一应平减,概归九折,洋照行市公佑,钱归九折方足收付,一律遵示平减,不复加增。现今苏城行客店铺,均相允洽。职等诚恐各属远客乡户,未尽周知,日久玩生,复萌故智,仍前搀私、挜用、缺串,借词争执等情陈求给示永遵。为迫沥情环叩,伏乞恩赐给示晓谕,并求檄县一体示禁立案,俾得勒石永遵,以垂永远。等情到府。据此,除批示并饬县一体示禁外,合行给示遵守。为此示,仰猪行客贩、店户人等一体知悉:自示之后,该业进出,一律概归九折方足卡钱,不准搀和小钱挜用。洋照时价,毋许高抬,借词争执。倘敢故违,定即提案究惩。各宜禀遵毋违。特示遵。"[1]从碑文可知,毗陵公馆的概念较为特殊,虽名为"公馆",实际上却是一个行业性的社会团体,承担着公所的实际职能,而且为猪行制定行业规范、平抑物价,并为猪行业商人主持公道,担负着与官府沟通、上报诉求,并遵照官府宪文晓谕同行等职能。此外,毗陵会馆以"毗陵"述说乡谊,猪行商人多以毗陵(常州)籍为主,但实际上当时莲花兜(斗)也有许多无锡人兴办的猪行,故此实际上毗陵会馆的地域特征较为模糊。由此可见,毗陵会馆毋庸置疑亦明显有商会会馆的功能特征。综上,可知毗陵会馆有可能与乾隆年间的毗陵公所有关联,或许有演进的历史,但无论是否有关联,毗陵会馆都可被视为一个综合性的,集猪行会馆、猪行会所功能为一体的商会团体机构。《桐桥倚棹录》载:"雍涼公墅即全秦会馆。"而山塘半塘老全晋会馆中所立的清乾隆四十二年(1777)《全晋会馆众商捐厘碑》中亦载:"捐厘之举,盖全晋诸商欲建公墅以联乡谊,而籍是为创造之资也。"[2]由此二旁证可知,旧时的"公墅"其实上是"会馆"的别称。清乾隆二十七年(1762)立于山塘莲花兜(斗)内的《猪行公建毗陵公墅碑》载:"乾隆二十七年八月二十八日,据刘允生、杨万禄、张廷元、冯学贤赴府呈,为吁恩勒石,以保公歇,情词具投。经本府行据云和县申,据刘允生等呈,复遵同牙行张瑞宇等议得所造公房,内立财神,供奉香火,名曰'毗陵公墅',余房以便各客歇宿,自炊索账。如不在行生业,及为别项生理者,虽系同土,概不借歇。至于愿捐每猪一口转舡钱九文,原系旧例,亦属客资。各牙

---

1. 苏州博物馆、江苏师范学院历史系、南京大学明清史研究室合编:《明清苏州工商业碑刻集》,江苏人民出版社,1981,P255。

2. 同上,P335。

户应逐归清，不得遗漏分文。如有存私隐欠，以侵吞客本论。公所一切出入钱数，举定原议之杨万禄等四人，与诚实亚航张瑞宇等，公同督理，日收清楚。每月结存，公簿稽查，以杜侵隐。既保公款常存，亦且市价不二。查设立讨账公所，以资栖歇，及附请将猪价交易，概定为七三折足钱，勒石垂久，事属可行。当即详明府宪，批示到府，合准勒石永遵。为此碑，谕商牙人等知悉，即便谨守永循，毋得懈弛，□有负捐设本意。须至碑示者。"[1]由此可见，早在清乾隆年间，毗陵公墅就已具备公馆和公所的双重性，特别是碑文中有"别项生理者，虽系同土，概不借歇"的论断，由此可知，实际上"毗陵公墅"当时是以业别来划分人群，而非完全是乡谊。也就是说，如果是在山塘从事非同行业的常州人，并不在公墅的交谊、同盟和照顾之列，由此可见，有些学者将毗陵会馆判定为"地域性的社会团体"有待商榷。这里的地域性并非这些来苏客人的里籍，从一手碑刻文献所反映的毗陵公馆的例子来看，实际上"地域性"可延伸解释为一个区域，比如山塘"莲花兜（斗）"这个区域。

在社会公益方面，比如清乾隆二十七年（1762）《陕西会馆碑记》载："清乾隆六年，长安赵君慨然任其事，于山塘购基地十二亩，同乡诸士商继之。经始于二十年，迄工于二十六年。维时赵学山守是邦，陈文飞为司马，王式之为吴尹，相与董其成，中祀伏魔大帝汉关夫子。门庑宏敞，旁列园亭。往岁翠华南巡，乡人恭迎銮舆，有藏香之赐。乙亥江南赈饥，乡人输银米接赈，奉旨给匾，乡人荣之。又建普善堂，以妥旅榇，计周至也……我乡幅员之广，几天下，微论秦陇以西，判若两者。即河渭之间，村墟鳞栉，平时有不相浃洽者。一旦相遇于旅邸，乡音方语，一时蔼然而入于耳。嗜好性情，不约而同于心……"[2]据上述碑文可知，当时陕西会馆不仅是为同乡提供歇脚的场所，馆内还设关帝庙，既延续中原关帝信仰，陕商来此又可共叙乡谊。此外，陕商亦广泛参与了社会的公益事业，比如江南赈饥、兴建普善堂等。当时陕商开办陕西会馆得到了苏州府、县各级官员的协助，据说这几位官员亦是陕西籍人士。但据清同治《苏州府志》第五十八卷"职官七"，清乾隆六年（1741）应当仍为兴建苏州万年桥的是能吏汪德

---

1. 苏州博物馆、江苏师范学院历史系、南京大学明清史研究室合编：《明清苏州工商业碑刻集》，江苏人民出版社，1981，P250—251。
2. 同上，P331—332。

馨，他于乾隆五年三月到任，到乾隆七年才由雅尔哈善继任。因此碑文所述的乾隆六年的郡守（知府）赵学山尚待学界商榷。此外，从民国时期山塘地区会馆的经费来源来看，亦是各有门道，比如岭南、冈州、宝安会馆主要依靠房租收益，毗陵会馆的收益则是依靠猪捐，每猪一口带征小洋一分，每年四六零元。此外，红业丹霞公所亦颇具特色，除房租收益外，还有寄柩费及同业捐助[1]。

　　旧时在山塘的公所也广泛参与了社会公益慈善事业。比如清同治九年（1870）浙江哔布染坊业[2]商人于山塘莲花兜（斗）创设浙绍公所。《苏州府为哔布染坊业建立公所议定章程办理善举给示晓谕碑》载："现有染司顾永和等在坊就业、难免失业之时，离家数百里之遥，异地流离，不胜困苦。况有疾病死亡，无从依托，惨更难言。是以邀及各坊诸司，在于元邑九都五图莲花兜地段，议建公所，更将哔布染酒钱内，每匹提取二文，交公所暂为收存。自立以后，倘有失业诸司，报名姓氏，竟向公所内寄寓。或有年老病故等清，绝无亲友依赖者，查明之后，买棺成殓，安送归乡。俾生者自有容身之地，死者得免暴露之悲。则虽集腋成裘，实属谊同桑梓也。然事图久远，诚恐改易前章，禀乞示谕勒石，以垂永远。"[3] 又如，山塘河南岸半边街的石业公所曾于清光绪三十二年（1906）建立学堂兼办善举。清光绪三十二年九月廿三日的《石业公所建立学堂兼办善举碑》载："案据监生吴锦山、民人王仁山、顾顺昌、孙文泉、石景山、周顺兴、陈日昇、顾聚兴、张永泰、王合兴、陆仁泰、蒋洪源、徐松泰、曹震泰、顾同泰、严顺泰、朱心泰等禀称：生等皆系三邑境内石作生理。安分营生，不预外事。因见宪尊筹办兴学，人才蔚起。生等虽系庸懦无知，然亦热心教育。现在同业公议，拟设知新蒙小学堂一所，以冀稍补万分之一。生锦山将自置元邑九都四图半边街绣花弄坐南朝北平屋一所，二进计八间两披，情愿捐作同业公地。学堂即设内进，延师教授同业子弟。先有吴锦山、王仁山等捐垫洋五百元，以作开办经弗。所有常年用款，十七家石作议定，每做一千文生意，提出钱二十文；每工一日，捐钱四文，按月由各作汇交公所一次，以资悒注。倘有同业中年老失业无依，以及病废寡孤，或身后无棺殓者，

---

1. 张笑川：《流动的苏州（1912—1937）：近代的城与人》，社会科学文献出版社，2024，P433。

2. 染坊业的旧称。

3. 苏州博物馆、江苏师范学院历史系、南京大学明清史研究室合编：《明清苏州工商业碑刻集》，江苏人民出版社，1981，P83。

均由公所照章贴给，以全体面，而免向隅。如此筹捐兴学之中，并顾同业贫苦事宜。是以各作均皆踊跃，无不乐从。其应办事件，金云不敢举董，议令锦山为理并庶务，再由十六家按月轮流司事，均不支取修金，以期经久，而匀劳逸。"[1]虎丘山也曾有磨坊公所（虎丘山上）和镇江公社（虎丘山麓），以及两处水龙公所，而一处原在今半塘社区居委会东侧，一处则原在通贵桥堍。

此外，海货业也曾在山塘小邾弄内短暂租赁屋舍办过社会公益。苏州博物馆保存有清同治十二年（1873）设立的《海货业设立永和公堂办理同业善举碑》。这个永和公堂原来在阊门外南濠黄家巷，主要的功能是赒恤同业孤寡贫苦无依者，按月给资。因为永和公堂因遭咸同兵燹被毁，所以在阊门外的山塘河南岸的小邾弄租赁屋舍设置堂所："因遭兵燹，堂屋被毁。同治四年，暂于长邑昌五图阊门外小邾弄内赁屋设堂，循旧办善。是时海货并无专业，归入南北杂货，捐资给恤。当经禀沐汪前宪给示，并饬三邑一体出示晓谕。"[2]后来黄家巷旧的堂所重建，又迁回旧所。旧时，航运业也曾在山塘半塘设立邵伯航运公所。此外，据老山塘叶声勇介绍，台州商人曾在青莲庵场12号开办台州六邑公所，有聚同乡、叙乡谊、厢房（流寓苏城的同乡小住）、借厝（辅房）等功用，后建工厂被毁。当时公所北侧花园内有六座亭子，代表台州府所辖六县。

山塘的同业公会

民国时，从商会[3]中衍生出了许多同业公会，有些同业公会的会址就选在了山塘地区。比如杨安浜的茶叶公会、莲花斗的畜产业公会、前小邾弄的运输业公会、五泾浜的旧木板业公会、半边街永仁堂内的火腿腌腊业公会、山塘街上的药材公会、五金铜锡业公会等。

---

1. 苏州博物馆、江苏师范学院历史系、南京大学明清史研究室合编：《明清苏州工商业碑刻集》，江苏人民出版社，1981，P133—134。
2. 同上，P252。
3. 苏州商会成立于清光绪三十一年（1905），初定名为"苏州商务总会"（1905—1916）。后来曾两度更名，即苏州总商会（1916—1931）和吴县县商会（1931—1949），直到1949年苏州市工商业联合会筹备委员会成立。

民国时期山塘街部分入同业公会会员造册名录的商号统计表

商号名	所属同业公会	负责人	店址	同业公会档案取样时间
正泰绍记		徐瑞之	阊门外小邾巷口	1933年9月
协盛		金焕如	阊门外渡僧桥	1933年9月
公泰顺记		戚伯云	阊门外山塘桥	1933年9月
顺泰乾	吴县麻线布衬业同业公会	王锦德	阊门外山塘桥	1933年9月
恒泰昌		徐子龄	山塘通贵桥	1933年9月
福泰源		马炳元	山塘通贵桥	1933年9月
锦泰仁协记		秦富卿	山塘通贵桥	1933年9月
蔡诚元	吴县须业同业公会	蔡阿诚	山塘	1930年12月
公记新庆泰北	吴县羊肉商业同业公会	柳林根	山塘渡僧桥北堍	1948年10月
洽记老庆泰		王火金	山塘街173号	1948年10月

参见苏州档案馆同业公会档案卷宗、苏州市档案馆编:《苏州同业公会档案选编》,文汇出版社,2024。

第三节　山塘的市民公社、商团和慈善组织

山塘的市民公社及商团

　　市民公社是晚清至民国时期苏州的基层自治组织，隶属于苏州商会。而地方官府有事在基层贯彻时，也往往移请商会转告市民公社。从山塘河的地理空间整体范围来看，晚清至民国时期有四个市民公社在这一地区建置，其中三个市民公社位于山塘街上，将山塘街划分为上山塘、山塘、山塘下塘三个市民公社管理的区段。这三个市民公社不是同时建置的，也有演进的发展史。在20世纪初，只有山塘市民公社（1912）。20世纪20年代后，先后成立了上山塘市民公社（1921）和山塘下塘市民公社（1922）。而渡僧桥四隅市民公社（清宣统二年六月，即1910年7月建置）则成立更早。据《渡僧桥四隅市民公社修订章程》（1911），其公社的范围东达越城、西至上塘街普安桥、下塘三板桥，南至南濠横马路口，北至山塘桥堍。涉及山塘

《申报》（1918年8月20日第7版）上关于渡僧桥四隅市民公社换届的报道

《申报》（1920年9月13日第8版）上关于渡僧桥四隅市民公社改选职员的报道

的范围则是渡僧桥、渡僧桥下塘、小邾弄附近的山塘河南岸地块及山塘桥两侧区域。清宣统三年（1911），渡僧桥下塘四隅市民公社的书记员孙传骅（附生）、蔡康撰写了《渡僧桥市民公社办社缘起》，其中谈道："阊门外渡僧桥四隅铺商，以渡僧桥当城内外之冲，阊门为六门之冠，火车站、轮船埠荟萃于斯，新旧营兵，齐鲁淮徐客民屯聚尤伙，是不可不

上山塘市民公社证书

谋自治之法。于是踵武观前街,设立市民公社。一切悉由观前旧章,分呈商会、自治筹办处、巡警道及府、县地方官各在案。凡清道、缮路、通沟、便行人、燃路灯,次第毕举而尤注意者,弭盗防匪,预弥缝于无形所有以前隐患一扫而空,故在地铺商,咸觉平安无事,不知任事者已处处用心,始末得臻此耳!"[1]由此可见,当时的渡僧桥四隅市民公社是由所在社区居民自发建立的自治组织,在建立之初即明确仿效苏州最早的市民公社即苏城观前大街市民公社制定相应的规章制度。市民公社对于修缮基础设置建设(比如卫生、道路)、弭盗防匪、社会公益慈善、教育医疗、文物保护等诸多方面均做出了很大贡献。市民公社与商会也有着千丝万缕的联系,市民公社的建置审批、相关的市政提案建议、改进诉求、商事、民事纠纷均需通过商会向当时的地方主管部门传达。比如市民公社的建置审批,当时渡僧桥四隅市民公社为首的发起者是商人韩庆澜,参与撰文的还有苏绍柄和沈凤翔。清宣统二年六月(1910年7月),韩庆澜等为组织渡僧桥四隅市民公社致信当时的苏州商务总会。其中谈道:"窃查城、镇、乡地方自治限期成立,凡属商民,均有应尽之义务。今拟联合同志,组织团体,以专办地方公益事宜,辅佐官治为主,定名曰:苏州阊门外渡僧桥四隅市民公社。一切宗旨、办法,参仿观前市民公社章程,均不出自治范围以外,期与官治无相抵触,而于本街卫生、保安、道路等事,均须实力试办,以仰副宪政进行之至意。为此具禀,恳移自治筹办处宪并巡警道宪,苏州府宪,长、元、吴三县宪。准予立案,以期成立而图进行。"[2]

韩庆澜,字九兰,世居无锡江阴。他在1864年,也就是咸同兵燹后的山塘街的叐家墙门东面开了一家名叫"云外飘"的香铺。这家香铺原来在海门,后来迁到了山塘。四年后,他又考入长洲县学,成为一名秀才,但可惜的是,后来科考屡试不第,因而捐了附贡生与五品衔[3]。1910年《江苏自治公报》曾刊载《照复商务总会职

1910年《江苏自治公报》上的记载

---

1. 苏州市档案局编:《苏州市民公社档案资料选编》,文汇出版社,2011,P9—10。
2. 同上,2011,P43。
3. 夏冰:《苏州士绅》,文汇出版社,2012,P74。

商韩庆澜等禀设渡僧桥市民公社一案文》。当时参与联署的人员中也有许多士绅，他们经历过前清时期的科举考试，比如苏绍柄、蔡廷恩、沈凤翔、蔡康等。苏绍柄，字莲峰，号稼秋，一号梦盦。贡生。祖籍福建，寄籍上海。其曾祖父苏馨德、曾叔祖苏馨兰从福建迁到苏州做生意，苏家遂与苏州结缘，而后来的苏绍柄曾被聘为当时福建人在苏城开设的泉、漳两会馆（霞漳会馆）管事，也担任过苏州总商会副会长。蔡廷恩（1852—1918）是举人蔡俊镛的父亲，上过私塾，但科考名落孙山，后来捐了个监生。蔡廷恩曾

苏绍柄像　　　蔡廷恩像

居山塘潭子里，是诚泰源记茶行经理，苏州总商会第一、二届会长。沈凤翔是优附生，曾任简易识字学堂塾师。蔡康也经历过科举考试，后来主持丽华堂。第一届渡僧桥四隅市民公社成立时，还邀请了沐泰山堂的冯文卿、桂渔堂担任公社的会计员。此外，渡僧桥四隅市民公社的重要参与者还有南浔庞氏宗族的族长庞天笙，时在苏州代族侄庞青臣（庞莱臣弟）管理家族经营的典当业，曾任苏州总商会会长。还有苏稼秋，曾是苏州商会常驻议董。1922年2月22日第10版《申报》刊载了一篇"四隅公社反对通车"的报道："渡僧桥四隅市民公社因越城通车问题，特于前日下午召集各商店市民开会讨论办法，计到八十余人，当经社长宣告市公所会议情形，各商民金以市公所偏重于车行之利益不顾市民之公安，应请分函警厅商会，要求维持原案。在未设法前万难通行，旋经社长提出一种和平办法，如该所能确定筑桥开工日期，即以开工之日为通车之期，惟须以两月为限，逾期仍不准通车，议决后即函致公所知照矣。"渡僧桥四隅市民公社参与了许多社区治理的实事，对于奸商哄抬电价等不合理的现象亦分析反驳的缘由，具呈商会。1917年1月31日，渡僧桥四隅市民公社向苏州商务总会发了一份关于陈述振兴电灯公司不应

《申报》（1922年2月22日第10版上关于渡僧桥"四隅市民公社反对通车"的报道）

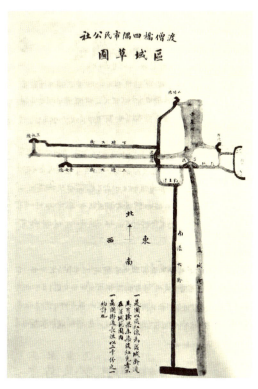

渡僧桥四隅市民公社区域草图（苏州档案馆藏）

加价之理由致苏州商务总会会总、协理的函："前据振兴电灯公司函称，欧战未停，物料昂贵，煤价忽涨，每灯加价按月一角五分。敝社因此开会会议，全体无一赞成。兹将不应加价理由暨该公司历年取桥各节约略陈之。查近年电灯大宗悉由日本制造，上海亦能自造，较西货反觉便宜，则与欧战无关不言自喻。至煤价虽是倏提，亦不过一时而已。所称每日用煤二十吨虚实，冬令或者有之，若云夏令要减省半数，虚言不足凭信。但是该公司减省马力，以致电光不透，时且黑暗，弗装火表，使用户毫无便利，用户颇部谓然。调查各售价，惟苏独贵……日次欺蒙渔利，万难隐忍不言。爰将不应加价理由务请台核施行批驳，并希将来稿速赴各报登载，以供众览而重公益。不胜欣幸……"[1]

苏州山塘区域市民公社统计表

市民公社名称	成立时间	负责人	社址
渡僧桥四隅	1910年7月	韩庆澜、庞天笙、苏稼秋、王开源等	南濠街德盛昌烟行
上山塘	1921年12月	吴介生、张宝舒等	山塘街上塘
山塘	1912年6月	夏康保、韩云骏、陈季皋、许北荫、吕凤祥等	山塘腌猪河头鲍和清宅
山塘下塘	1922年1月	许北荫、鲍翔云、李鸿祖等	山塘街下塘

来源参考：苏州档案馆馆藏，苏州市民公社档案卷宗、苏州市档案局（馆）编：《苏州市民公社档案资料选编》。

---

1. 苏州市档案局编：《苏州市民公社档案资料选编》，文汇出版社，2011，P128。

1912年6月19日，苏州商会总会收到乡绅夏康保（申之）等为组织山塘市民公社请代移文备案的呈文，其中谈道："具略：夏康保、蔡廷恩、鲍福年等，为组织市民公社，恳请转移事。窃商等经营山塘，历有年所。第该处地势辽阔，铺户林立，而一切公益、公安事宜，亟待举办。爰集同志，仿渡僧桥市民公社，组织山塘市民公社。就耳目所及者，和衷商办，群策群力，以辅自治。章程悉署和平，与行政无相抵触。合行具呈民政长、巡警总局、市公所备案。为此，恳请贵总会察核，分别转移，无任感幸之至。谨略。"[1]苏州收到了夏康保等商户的呈文后，于1912年6月22日递交了为夏康保等组织山塘市民公社致苏州巡警总局长、苏州民政长的移稿，其中称："移请事。据商人夏康保、蔡廷恩、鲍福年等声称，组织山塘市民公社，具呈请准备等情，并将拟定章程及社员姓氏录，缮折附送前来。据此，相应备文，连同原呈暨清折各一件，一并照移。为此，移请贵局、署，希烦查照备案。须至移者：计送原呈一件、附折两扣（略）。右移巡警总长石、苏州民政长宋。"[2]由此，可清晰地了解民国时期市民公社的建置是由商会代为传呈有司备案的。说起这位乡绅夏康保，也是当时山塘一带响当当的一号人物。他曾是山塘星桥一带的图董，而且是山塘猪行、腌腊两业的代表，当时他还出任山塘猪行河头的猪行董事，负责收缴猪捐。而与夏康保一起提议的鲍福年（和清）则曾是吴县国会众议院议员。山塘市民公社在成立之初还邀请了两位名誉社董，一位是顾贤麟（绶章），另一位是陈祖述（季泉）。陈祖述是清节堂的堂董，后来出任第三、四、五届山塘市民公社的正社长。

民国九年（1920）十二月八日，山塘市民公社进行了第二届投票选举，在官厅、绅商的临场监督下，开票选出了社长韩云骏，副社长蒋瑞、鲍福年。其中社长韩云骏是山塘市民公社的创设元老之一，也是一位晚清的拔贡，曾任陆军部主事。但到1921年9月，由于正、副社长相继辞职，而第三届选举尚未到期，山塘市民公

山塘市民公社举行第六届改选，曾志本报，兹悉开厥揭晓后，昨经该社将当选人名单，分送各公所、计正社长为许北蔭、副社长为吕凤翔、范渭石、蒋柏如、金家悦、名誉社董为吴颖芝、庞天笙、李小松、顾殿青、浩然、顾绶章、刘正康、李惕庵、文卿、吴介生等、其余评议干事等各职员、限於篇幅、概从略焉。

1925 年 11 月 24 日《苏州明报》第 3 版上关于山塘市公社改选揭晓的报道

1. 苏州市档案局编：《苏州市民公社档案资料选编》，文汇出版社，2011，P47。
2. 同上，P47—48。

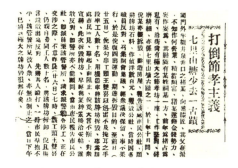

社一时无人主事。因而全体社员进行了堂会议决，公推许樾（北荫）为正社长，鲍士龙（翔云）、陈嘉谟（子范）为副社长。苏州总商会于1921年9月22日收到了《山塘市民公社为正、副社长辞职，另推许樾、鲍士龙、陈嘉谟为正、副社长致苏州总商会函》。同年11月，公社改选，许樾正式出任社长。许樾是无锡人，曾是宣统己酉年（1909）的优贡生。他曾为山塘窑弄的种德堂李宅门楼题额。许樾后来还担任山塘下塘市民公社的社长，因为在杭州另有生意，故而因不再兼办公益而辞职，由鲍士龙继任正社长，并且于1922年8月推选了许云鹤任副社长。苏州总商会于1922年8月4日收到了一份《山塘下塘市民公社为正设社长辞职，由副社长鲍士龙继任致苏州总商会函》。

左侧竖排（1923年4月27日《苏州晨报》上关于山塘下塘市民公社办选举的报道）：

○下塘公社办选举

阊门外山塘丁塘市民公社成立以来适值一届期满今定於夏历三月十三日在星橋湾本社举行第二届选举已呈报各官廳東請監視以昭鄭重聞卽有翌日開匭云

1923年4月27日《苏州晨报》上关于山塘下塘市民公社办选举的报道

在山塘市民公社的历史上，还有一件呼吁保护山塘节孝坊的事，值得一提。1928年2月，山塘街发生了一桩大事，井泉弄口的节孝坊被人为破坏。山塘市民公社为此函请警察厅派警员保护牌坊。但可惜的是，这座宏伟的牌坊最终没能保护下来。肇事者是漆匠褚品璋，他仗着金钱势力，胡作非为。为了翻造房屋，褚品璋告知山塘市民公社，愿意出数百元购置牌坊石料，当时山塘市民公社为此召集众议，会员群体反对。褚品璋并不甘心，四处活动，勾结了工头王双喜，据《苏州明报》，工头"以迅雷不及掩耳之手段"即率领数十名工人，用机器车将该牌坊拆毁。正在大拆之际，周边市民群起阻挠，褚品璋大言不惭，谎称拆毁牌坊之事早已经与市民公社的绅董接洽谈妥。此外，褚品璋竟然还大放厥词说道："谁敢反对？！即警所亦不能顾问。"山塘市民公社得到市民的反映后，立即联系辖区的警所，但在公社与警所报警接洽的时候，褚品璋和王双喜等一伙歹人已将牌坊完全拆毁。当时王还威胁市民，如果阻挠拆除，即行殴打。1928年2月20日，《苏州明报》对于擅毁山塘节孝坊的事件进行了后续的报道。报道称被毁的牌坊是清乾隆五年（1740）

1928年2月18日《苏州明报》第2版关于山塘市民公社请求派警保护山塘节孝牌坊的报道

1928 年 2 月 20 日《苏州明报》第 3 版关于擅毁山塘节孝牌坊后续处理情况的报道

三月初三日所立的"清故两总督杨某妻程氏之节孝坊"。后来《苏州明报》记者又去函访查，得知牌坊实为"张宗福妻程氏之石牌坊"。牌坊西面有祠基十余亩，为萃芳园租借，系慕天颜专祠公地，均有碑石可考。《桐桥倚棹录》载："旌节祠，在普济桥南，祀张宗福妻程氏，乾隆六年建，阮学濬记。"《苏州明报》还记载，这块地到了褚品璋这个无赖手中，此处碑石连年被毁殆尽。当时的阊区警局第一分所巡官因此传讯了褚品璋。褚品璋又说1917年曾经从汪姓手中购得此地，包含牌坊在内，而且还表示曾经呈准市政处。但警厅命令其呈送契据，褚品璋又耍起了无赖，拒绝出示，因此警署将其转解当时的市公安局核办，同时问罪醉酒拆毁牌坊的工头王双喜。据《苏州明报》记者访查得知，当时在阊区警局第一分所，褚品璋又表示已经将牌坊送给了当地刘董[1]，山塘市民公社代表、顾得其酱园经理蒋柏如去询问了那位刘董，刘董全然不知，且大为震怒，欲告发褚品璋假借其名义招摇撞骗，控诉至官厅。褚品璋这个时候有些害怕了，表示愿意将拆毁的牌坊雇工恢复至原状。当时阊区警局第一分所徐伯应到刘董处公布了褚品璋的犯罪事实，并询问刘董关于褚品璋祠基有无地契之事，最后责成褚品璋恢复牌坊，以维风化。

接下来谈谈山塘的商团。首先介绍一个大的背景。苏州商团的前身是1906年成立的苏商体育会。当时以"招募商家同志，组织队伍，教练兵操，养成军国民资格，辅助军警，保卫地方公安"为宗旨。1928年7月，苏州商团实力达到鼎盛，共有31个支部，还设立有3个大队和1个常备队，团员2188人，拥有各式枪支1567支，成为江浙一带组织最为庞大、持续时间最长的地方武装组织。山塘一带历史上曾经有三个商团，其中两个是正式备案的。商团作为商会下属的特殊机构，又与市民公社有着千丝万缕的联

---

1. 可能为刘正康。曾是苏州商务总会议董，后任苏州总商会第一、二任会董。

系。山塘的商团分别是苏州商团第十六、十七支部，分属于山塘市民公社和山塘下塘市民公社管辖。而1925年出现了老马路一带商民自办，原属于第十六支部的"第十八支部"。"第十八支部"起初未经选举，且没有申报的完整材料，在当时苏州商会察核时引起备案争议。1925年11月1日，苏州总商会、商团团本部给苏州商团第十六支部的函称："所称老马路一带添设驻防所办理情形，亦均无案可稽。是该支部根本上已不能认为组设完全，正式成立；今忽奉请改组，添设支部，又不将如何组织办理情形，公同妥拟规章，报候本部转送商会察核，殊不足以昭郑重。所请碍难遽准。"[1]

1924年11月8日，苏州商团团本部收到一份《山塘市民公社为组织商团第十六支部致苏州商团团本部函》，函称："敝社为时局纠纷，地方辽阔，伏莽滋多，为正当防卫起见，集体全体开会，议决组设商团。定额四十名，为第十六支部。所有经费由公社自行筹备。路线自星桥至虎丘，钱万里桥至老马路、西街、八字桥、冯家浜前后，迎驾场下塘吴泾浜桥至半塘彩云桥一带，其余支路街巷不及备载，容后绘图呈阅。刻因冬防在即，随在均关紧要，公举陈季泉为正部长，张成琅、蒋恭夫、汤恂如为副部长，沈雨霖为教练员兼队长，张成琅为庶务长，其余排长等悉照现在本地商团规则办理。为此，呈清贵团察核，准予备案，以资保卫而利进行。无任公感之至。"[2]1924年11月11日，仅三天时间，苏州商团团本部即复函山塘市民公社准予商团第十六支部的备案。也在同一日，山塘下塘市民公社亦致函苏州商团团本部，请求核准商团第十七支部备案，呈送了一份《山塘下塘市民公社为组织商团第十七支部致苏州总商会、商团团本部函》，函中称："时局初定，正值冬防。兹因敝社区域地方辽阔，支路纷歧，而市民屡次提议，欲组织商团，以资保卫等情。今由敝社长为之发起，邀集全体各职员，并请就地士绅开会表决，实行筹款办理。定名曰苏州商团第十七支部，而事务所附设在敝社之内。今在未选举之前，临时公推吴子平先生为正部长，并郑友山、许芝玄两先生为副部长，去函公请，业已允任。兹考取合格操生三十人，均取具保证。所有职员及操生名单容俟备案成立，再行开折详报。应办制服等件，亦已具备。至区域内出防路线，东至杨安浜、通贵桥下塘。西至湖田上、半边街、永善局等处，南至广济桥、留园

---

1. 苏州市档案局编：《苏州市民公社档案资料选编》，文汇出版社，2011，P193。
2. 同上，P187。

马路一带,北至星桥、五泾浜。一切规划俱已布置就绪。今特备具公函,陈请贵会、团本部鉴核,准予照章备案,俾得早日成立。以资防卫而专责任,实为公便……"[1]四天后,苏州商团团本部复函准予备案。上山塘市民公社的发起人吴介生,安徽歙县人,曾任吴县油酒酱业同业公会(1930年10月成立)的常务及执行委员[2]、吴县救火联合会理事[3],也是普益社普益会发起人之一[4]。而另一位发起人张宝舒则曾是烧酒同业公会主席[5]。上山塘市民公社于1921年底成立后,亦办了一些实事,比如在牛车浜开凿公井等。而"花炮店事件"则是上山塘市民公社较为突出的危机处理事件,值得一提。1923年8月17日,上山塘市民公社为请咨达警厅勒令王源泉等花炮店搬迁向苏州总商会会长呈送了一份函件,函中称:"鄙社范围自山塘桥起,至星桥止一带,市面尚称繁盛。行号林立。惟有花炮店历年增设,均附有作坊存储火药,毫无限制,研硝装药,履肇祸端……山塘王源兴花炮店存药十箱之多,经闾

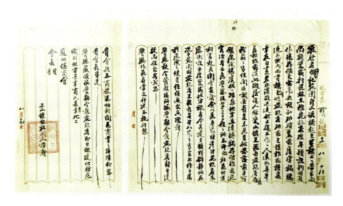

1923年8月17日上山塘市民公社关于请求勒令王源兴等花炮店搬迁的函(苏州档案馆藏,曾刊载于苏州市工商业联合会、苏州市档案馆编《百年商会》,古吴轩出版社,2005)

区调查有案,未见如何发落……存储炸药,危害治安,亦为警察法第三十二条所不许,花炮店不应开设市廛繁盛地方,只有令其迁至旷野僻静所在。况本范围内花炮店计王源兴等八家之多,岂非终日处于危险之境?曾经缮递公函,陈请警厅核令管辖区所,派警勒令该花炮店克日迁徙,而保公安。诚恐警厅作为寻常文件,延不执行,想贵会与各商号密切相关,为商业之屏障,仰恳贵会长咨达警厅严催,派警勒令该花炮店即

1. 苏州市档案局编:《苏州市民公社档案资料选编》,文汇出版社,2011,P188。
2. 《苏州明报》(1930年10月27日第2版)载录。
3. 《苏州明报》(1941年4月2日第2版)载录。
4. 《苏州明报》(1937年1月6日第4版)载录。
5. 《苏州明报》(1933年9月29日第3版)载录。

日搬迁，以防危险，则地方幸甚，商民幸甚！"[1]苏州总商会于1923年8月18日向苏州警察厅又呈送了《苏州总商会为上山塘市民公社请饬花炮店迁徙致苏州警察厅函》，其中谈道："兹据该公社函述前由，事关防制危险，维持公共治安，相应函达查照，烦迅核夺施行。"[2]此外，在虎丘救火会公墓对面，原清代汪琬读书处丘南小隐故址曾建有商团纪念碑，四面镌文，记叙苏州商团的历史。

虎丘附近的商团纪念碑旧影

山塘的慈善组织

旧时山塘的公益慈善组织与当时的地方政府联系颇为紧密。比如清光绪五年（1879），当时的江南苏州府元、长、吴三县正堂为山河放生官河勒石永禁一事联合发布了《元长吴三县永禁渔户再放生官河采捕碑》，并在碑末特别加上了"发清节堂勒石"的字句。这次勒石的事件，据碑文可知，是同善堂董事兵部武选司员外郎董韫琦，清节堂董事五品衔光禄寺署正陈德基，抚恤局董事职监吴灿文、监生王逸，浙江是用从九汪世昭、候选从九孙栋、孙廷沅，昌善局董事候选徐宗德、监生潘守荃共同禀告官府的结果。由此可知，从放生官河禁捕一事而言，便有当时许多公益慈善组织及监生阶层参与响应。虎丘的清节堂，始于清嘉庆年间，专事收容生活没有依靠的孀妇，是全国同类型团体中最早成立的公益慈善组织之一。但实际上，清节堂也担负着其他的社会公益职能，在虎丘景区内就有一方虎丘清节堂于清嘉庆二十四年（1819）竖立的《苏州府永禁渔船在虎丘一带放生官河采捕碑》，其中谈道："据清节堂董事陈道修、职员何桂言、陈培、吴复初、孙道融、吴兆钰、陈道轩、顾退思、刘念真、程廷珍、胡惠友、苏晋英等赴禀称：切照苏郡虎丘山塘官河西，由西瓜桥起，东至渡僧桥、聚龙、山塘各桥，南自六房庄，北至钱万里桥、十字洋、虎丘后山等处，历经各善堂禀蒙各大宪放生惜命，禁止采捕。均于桥座凿有禁止字样。只准各渔船在外河大荡

1. 苏州市档案局编：《苏州市民公社档案资料选编》，文汇出版社，2011，P177。
2. 同上。

捕获，不许在所禁之处采捕在案。"后来法令日久废弛，渔户与恶霸沟通，在山塘河中罾网采捕，导致禁捕规条形同虚设。因而此碑中亦重申了勒石永禁的必要性，并谈道："嗣后不许再行罾网采捕。责令清节堂董事随时捐示巡查。倘有不法御等敢再私行偷捕，立即指名禀候饬提严究。地保、渔总徇私容隐，并提从惩办，决不宽贷。其各凛遵毋违。特示。"[1]

此外，再来谈谈虎丘半塘的一处重要的慈善机构——普济堂。普济堂位于山塘半塘小普济桥下塘4号，也称男普济堂。本书第二章第二节已对普济堂的历史沿革有过介绍。当时经理普济堂的士绅有许多名人，比如探花吴荫培。吴荫培（1851—1930），字树百，号颖芝、云庵、平江遗民。江苏苏州府吴县人，祖籍安徽西溪南。清光绪十六年（1890）庚寅科探花。吴荫培与张一麐、费树蔚、李根源齐名，喜交艺友，或论诗文，或作书画，与同治元年状元徐郙、陆润庠、叶昌炽、潘遵祁、潘曾莹及太仓的陆增祥等，时有往来。吴荫培也是一位美食家，据其日记，他曾到松鹤楼品尝招牌菜卤鸭。《丰备义仓全案四续编》转录的"吴县知事公署训令第二百十六号"所载："吴君荫培董理男普济堂。"此外，以上的第二百十六号训令中也记载吴荫培实际管理了男普济堂的事务："贵署所派监盘员查君亮采于三月二十四日将男普济堂所有各项按照移交册点交吴董荫培接收。二十五日将苏城丰备义仓及贫民习艺所所有各项按照移交册分别点交吴董曾涛、汪董朝模接收。二十七日将学款经理处及四十二区小学所有各项按照移交册点交刘董传福、孔董昭晋接收。除将各该仓堂处所收支各项造具清册，另文呈报外合将交代日期先行呈覆至，乞查照谨呈吴县知事。"男普济堂的士绅还有一位来自长洲彭家的举人彭慰高。彭慰高（1811—1887），字经伯，号讷生，晚号钝舫老人。清道光二十三年（1843）举人，盐运使衔，浙江候补知府，在浙二十年，一度与顾文彬同事。《彭氏宗谱·碑铭传述六》讲述了彭慰高的事迹："他如邮斄、育婴、施棺、放生等事，行数十年如一日。年来董理苏城男普济堂事，手定条约，兴利除弊，数百贫茕咸受实惠。平生无声色之好，惟耽著作，晚益专精。常危坐终日，吟咏之声达户外。"据清人潘曾玮《养闲杂录》，在男普济堂的关帝殿曾有一副楹联："覆育无私矜

1. 苏州博物馆、江苏师范学院历史系、南京大学明清史研究室合编：《明清苏州工商业碑刻集》，江苏人民出版社，1981，P287—288。

此穷黎, 毋使一夫或受冻馁。鉴观有赫勉我同志, 但求五内可质神明。"当时许多弱势者在男普济堂得以栖息, 身后则殡葬在普济堂的义冢。比如民国吴中保墓会所编印的《吴县冢墓志》所载:"男普济堂义冢三十四所隶吴县者在十一都十图狮山尾何山头。"而民国《吴县志》对此载录则更为精准:"十一都十图狮山尾何山头, 地十五亩九分九厘。"

山塘男普济堂内清代碑刻统计表

序号	碑刻名称	清代纪年	对应西元年份	部分碑文大旨(示意)
1	长洲县奉宪倡捐善田碑	康熙五十三年	1714	据耆民王三锡呈称: 窃锡年跻八旬, 上沐皇恩, 下无寸善, 因见虎丘新建普济, 留养病黎, 诚天下第一善举, 凡有疾苦处于死境者, 得以再生, 生者得以立业, 愈者得以旋归, 全活千千万万, 功德不可思议, 但目下建堂诸善人焦心劳思, 费用浩繁, 难以接济, 锡仰体宪以为经久之图, 必须置买良田数千亩, 斯堂始可永远
2	毕案田房遵奉督抚宪批示永归苏堂济赀碑	乾隆七年	1742	前因经费不敷, 将毕案官产拨给济济, 今就养日增, 所费日绌, 尚须议增资产, 方可经久。况毕案官产拨入苏郡普济堂, 系奉咨题有案, 未便再行该拨, 应仍听苏堂收息济赀。其松堂经费, 应另查官产详咨拨给。至松所请发簿劝捐处, 应遵抚宪批示, 并饬该府酌妥举行, 善为经理, 毋致借端滋扰, 详候夺示饬遵, 等缘由
3	苏州府示谕整顿苏郡男普济堂碑	乾隆五十二年	1787	乾隆四十九年九月十七日奉升任布政司李宪牌开, 奉巡抚部院闵批: 苏州府并督粮厅呈详, 苏郡男普济堂因司总毛烜经理不善, 堂务废弛, 详请仿照江宁普济堂之例, 延请郡绅递年轮管。遵奉传集原举各绅周慕安、朱开成、汪商彝、郑天石、吴赞皇、周寅清、张丹书、詹安邦、陶舜仪、陆万成十人到堂, 阉定陶舜仪为四十九年正总, 汪商彝为四十九年副总, 按年轮替, 以本年之副总为十年之正总
4	苏州府督粮同知奉宪将男普济堂接收归官经理碑	乾隆五十六年	1791	乾隆五十六年五月二十日奉署理江南苏州等处承宣布政使司兼管驿传事陈宪行开, 奉钦命护理江苏巡抚部院奇批前司详, 各属普济、育婴等堂前奉督宪通饬, 自五十六年为始, 总分官为经理, 不许点派绅士暗地勒充, 按年轮换, 以杜弊端等因, 遵经转行遵照在案。嗣据苏督粮同知具禀, 以苏郡男普济堂俟前点董士轮办, 年满之后凛遵督宪官为经理, 禀蒙督宪批允, 亦经转行遵照在案

续表

序号	碑刻名称	清代纪年	对应西元年份	部分碑文大旨（示意）
5	苏州府为捐款充作男普济堂经费发典生息不准动本他拨给示碑	道光二十年	1840	伏思捐项发典生息，自应永远存留，不准动本，仅许支利，日后更不得拨为他用，庶与堂务有裨益，禀乞饬府勒石遵守等情，批府核议，详覆饬遵等因。本府查苏郡男普济堂经费短绌，故历举殷富之人充当董事，借资捐贴，间有所举之人或年老有病不能经理，情愿捐免，充其所之银，自应全归该堂，以裕经费
6	苏州府为男普济堂设立渡船给示保护碑	道光二十一年	1841	按照虎丘男普济堂潜总顾宗淦等于道光十九年间禀准，于阊门外聚龙桥堍设立渡船两只，济至对岸土基河口。前据顾宗淦议请将所收渡船租息，每月初二、十六两日散给堂内病茕，每名八文，稍资膳菜之需等情，饬据会同现总黄俭德妥议禀覆，由府给谕留堂，照议妥办在案
7	苏州府为普济堂定制深埋给示碑	道光二十五年	1845	据普济堂司总职监丁锦心赴府禀称，切堂中阡地原为埋葬茕棺，以防暴露之惨，须以深藏，庶可久远。今因木工贪逸，开穴浮浅，上面虽有泥遏，一经风雪，棺木露出。今职赴乡督葬，目睹堪怜，当令木工将已埋浅穴茕棺多挑土泥加厚重掩，然以后埋葬必得定有制度遵循，以昭安固
8	苏州府为香山船户自愿捐济男普济堂给示碑	道光二十九年	1849	兹因本年二月间，船在太湖遇险得安，众议立愿行善，每月公捐制钱一千二百文，月底送交男普济堂收贮，年终分给病茕，恐日后人心懈弛，环具切结，恳乞转呈备案，给示遵守等语
9	苏州府为普济堂处理尸棺给示碑	道光三十年	1850	定以每年春和时遣董赴阡履勘，如有暴露者，随时掩土，所费无几，后总谅亦乐从，诚恐日久废弛，陈明备案，叩求给示，永远遵守等情到府
10	苏州府为男普济堂支取经费给示碑	咸丰四年	1854	窃思前项本息，军需孔殷之时，尚奉免提，似无他拨之患，深虑日久玩生，将来经司后董朦率请提用，以全善举等情到府

本表参考夏冰：《苏州男普济堂的一组碑刻史料》（刊载于苏州市地方志编纂委员会办公室、苏州市政协文史委员会编：《苏州史志资料选编》2000年刊，P162—168。）、王国平主编《明清以来苏州社会史碑刻集》，1998，苏州大学出版社，P360—364。

　　义庄也是旧时山塘较有代表性的有宗族维护意义的社会慈善机构。旧时的大户人家为了实现对田产的精细管理和收益分配，开设了义庄，通过统一家族财富与社会责任，为家族内部提供一个稳定的经济来源，让家族的财富得以延续。义庄所涉及的范围多为一个大家族内的"熟人社会"，但亦有一些财力雄厚的义庄涉足对外社会慈善救济之事。苏州鲍传德义庄就是其中的典型代表，上海师范大学张祥凤在《史林》中曾这样总结道："民国八年（1919）《吴县苏常道等请旌鲍氏捐置传德义庄碑》详尽披露了褒扬给奖全过程，收有鲍传德的呈文（附有庄规、田亩清册、保结和褒扬注册费银6元）、吴县知事温绍樑的呈文、苏常道道尹王莘林的呈文、江苏省省长齐耀琳的呈文、兼署内务总长朱深的呈文、大总统龚心湛、内务总长朱深的指令、内务部褒状、吴县知事公函等8个文件。其中大总统指令称：'呈悉。应准颁给匾额，并加以褒奖，以资激劝。此令。'最后，鲍宗汉得到了'任恤可风'的匾额、绿绶金质褒章及证书费收据。"[1]而《传德义庄规条》中则谈道："本庄购置坐落吴县境不等都图官则田一百五十三亩五分六厘，又坐落太仓县境不等都图棉田三百五十二亩六分七毫。岁收租息，以仰慰先人敬宗收族之怀，后世子孙只可添置扩充，不得废弛典卖。倘有不肖后裔盗卖耗散，擅废成规，准由族众公同控官，严追还复，切勿坐视。"[2]此规条中也谈到鲍传德义庄祠严格的入祀族规："庄祠建在虎丘山塘街绿水桥堍，正厅为义庄飨堂，供设祖父母几先考栗主，将来共供三代，永远不祧。其后厅立为本族宗祠，正中奉迁吴始主栗主，自三十九世祖起，分别考妣栗主，高祖以次。祧升服尽，则举祧位即移奉厅楼如有功在上祖，泽及后人者，不祧。祔祀各位，墨书朱牌，于其在生时，先行书名粘壁，身后不准制位入祠。虽有小字慈孙，百世不得改此定制。至本庄飨堂，自祖父啸溪公、父子雅公及宗汉三代以外，族人如有捐田在四百亩以上者，得奉木主配祀飨堂。"[3]

1934 年 9 月 19 日《苏州明报》第 7 版关于董家寿宴的报道

1924 年 9 月 8 日《吴语》上关于山塘设立妇孺收容所的记载

1. 张翔凤：《近代苏州碑刻中的乡绅自治与宗族保障》，《史林》，2003 年第 4 期，P71。
2. 王国平、唐力行：《明清以来苏州社会史碑刻集》，苏州大学出版社，1998，P271。
3. 同上，P271—272。

此外，还有对外宗的各类规定，诸如"族人如有以异姓子承祧者，殁后其木主不得入祠"等。山塘的慈善组织还有红十字会吴县分会第八十二收容所，即妇孺收容所，由韩慕陶、张成琅等发起。乡绅董朝麟亦热衷公益，比如山塘代赈会、山塘市民公社、北濠半济粥厂、安泰救火会等均为其一手经办，在1934年9月19日《苏州明报》第7版的董家寿宴旧闻中有过报道。

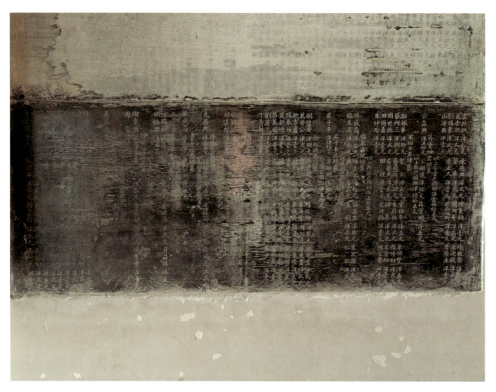

1935年阊胥盘区四段安泰救火会向各商户及居民募捐水上救火艇事的碑刻（今由山塘谭金土老照片收藏馆保管）

第四节　山塘的书院、社学、义塾及新式学堂

宋代以降，随着经济重心的南移和崇文之风盛行的影响，苏州山塘地区的文教事业也有了很大的发展。南宋端平二年（1235），提举曹豳便曾在虎丘云岩寺尹和靖的专祠故址上创设和靖书院。苏州碑刻博物馆原副馆长廖志豪在《苏州的府学、书院、社学与义塾》一文中认为："苏州的书院以和靖书院为最早，宋端平二年苏州提举常平荣督使曹豳在虎丘山云岩寺西首创和靖书院，它是以南宋礼部侍郎和靖名命名的。在政府的大力提倡下，苏州书院发展到二十九所，成为全国书院最发达的地区之一。"[1]书院，是苏州崇文重教的一个重要的印记。在官方大力建设府学、县学、书院的背景下，其他文教的机构也相应地兴盛了起来。廖志豪也认为："苏州社学和义塾的经费，由当地士绅捐田、捐款资助。清初苏州的六门义学就是靠士绅捐助银两和田产筹建的，知府觉罗雅尔哈善特地刻石予以表彰。童生都免费入学。"[2]社学，是官办性质的蒙学堂。明洪武八年（1375），明太祖朱元璋曾下令，在全国范围内初设社学。山塘普济桥西曾有普济社学，即是由当时的苏州卫奏建的。义塾亦称义学，是旧时大户人家免费招收本族或者同乡的贫寒子弟入学的童蒙学堂，带有明显的公益性质，也可视为旧时社会治理的一个重要方面。

山塘历史上主要的书院及社学统计表

书院名	建造年代	地址	倡建人	所祀先贤	备注
和靖书院	宋端平二年（1235）	虎丘西庵	提举曹豳	祀尹和靖	原为尹和靖先生西庵祠

---

1. 廖志豪：《苏州的府学、书院、社学与义塾》，《铁道师院学报》（社会科学版）1993 年第 2 期，P50.
2. 同上，P51。

续表

书院名	建造年代	地址	倡建人	所祀先贤	备注
正心书院	明崇祯十六年（1643）	斟酌桥西	吴县知县牛若麟	祀先贤周、程诸子	后改为学舍，称正修讲院
清和书院	清康熙六年（1667）	虎丘二山门外左侧		祀苏州知府吴道煌（施仁政得民心）	即吴郡守祠
讲德书院	清初始建，清乾隆十九年（1754）重建	绿水桥东侧		祀巡抚都御史韩世琦	即韩中丞祠，清代吴伟业撰有《讲德书院记》
道南书院	清康熙五十八年（1719）	东山浜	布政使杨朝麟	祀宋龟山先生杨时，明兵部尚书杨成、端孝先生杨大溁、忠文先生杨廷枢附	
静宁书院	清代	井泉弄东口		祀清巡抚慕天颜	
查公书院	明代	虎丘君子亭西偏			明河南布政使查应兆读书处
白鹿书院	清代	虎丘			清中期已失考
都官书院	宋代	虎丘			宋时为龚宗元读书处，清《虎阜志》："文志龚曾之读书处，今莫考。"
蒋氏义塾	清代	半塘彩云桥旁	工部郎中蒋文溓		
文昌阁文社	清代	山塘	汪琬		《桐桥倚棹录》有载
清节堂义学	清嘉庆十二年（1807）	山塘清节堂东			
普济社学	明初	普济桥西	明初苏州卫奏建		

再谈谈山塘的新式学堂。近代，除了圣公会主教石晋荣在宝安会馆开办的圣公会小学（1912年始创，招收广东籍学子）外，山塘地区也开办了一批官立小学，比如山塘丁公祠内就曾开办初等小学堂第二十校。此外，亦有开办私立学堂，比如虎丘清节堂内的养正初等小学堂。

民国时期，有一批县立初等小学开办，比如1913年，山塘河南岸湖田的财神庙里，庞振声开办了阊区一校，丁公祠内则接续初等小学堂开办了阊区二校。还有私立初等小学的开办，比如在同一时期的石灰南弄，开办了宋徽小学。此外，山塘地区当时也开办了一批镇中心国民学校和辅导学校，比如虎丘镇，有虎丘镇中心国民学校，当时校长为周培元。还有就是辅导学校，分为国民学校（公立）和私立小学两类。国民学校有万里小学、八保小学、湖田小学，当时万里小学和八保小学的校长分别为周剑青和李荫麟。万里小学在清洁路32号，创设于1910年，原址为李王庙，后来曾一度改名为瑞金小学。湖田小学创办于1908年，位于山塘路西街1号，后来开办了12个小学班，教师有16名，还有一个附属的幼儿班。1934年时称为湖田初小，后来曾一度改名为安源小学。20世纪30年代，在半塘桥曾有半塘初小，校长为姚宏功。虎丘花神庙内则有陆士骧创办的虎阜初小。半塘初小、虎阜初小在办学性质上皆为公立。而民国时代山塘的私立小学起先有郁氏尚德、三友、惠群、星群和公益五所小学。郁氏尚德小学的校长是沈麟书，设在郁家祠堂后，1924年，这里又办了大德小学，大德小学曾一度改名为延安小学。其他四所小学的校长分别为沈梦厂、许延杨、江培基、强健。三友小学设在小木梳巷8号，1929年由沈醉侣创办。公益初小则设在五泾浜，1927年由张德铨创办。岭南会馆在圣公会小学后，于1926—1927年间又开办维多书院。1930年，私立惠群小学在山塘云外飘香店开办不久即迁入岭南会馆，时任校长是徽州人许廷扬（秋舫），住山塘受家墙门。1934—1942年间，学校又改名为万里镇立初级小学，至1943年又改回私立惠群小学。1944年短暂更名北濠小学，到了1945年再次恢复旧名。从1953年开始校名改为私立山塘街小学，1956年，又更名为苏州市山塘街小学校，1960年，又再次更名为苏州市山塘中心小学校。2007年，山塘街陕西会馆及关帝殿旧址（原橡胶二厂占用）被金阊区政府收购，2009年，该校又易址迁入。星群小学则设在石灰南弄。后来私立小学又扩大到9所，即新增了敦仁小学、培民小学、世德小学和铁小（铁道部门兴办）。其中敦仁小学由陈準创设。据民国黄厚诚编《虎丘新志》，敦仁小学创设于1923年，校址起初设在虎丘山麓二山门西的三讲官祠旧址，"三讲官"即文震孟、姚希孟、陈仁锡。

山塘中心小学旧影

新中国成立初，敦仁小学迁到西山庙桥南堍的花神庙旧址。私立小学归公后，有了许多变化，比如培民小学后改为杨安弄小学，位于前小邾弄28-2号，设5个小学班，有教师7名。杨安弄小学后来并入了新民桥小学。三友小学则有4个小学班，6名教师。后来第三机床厂扩建厂房，征用校址，学校停办。惠群、世德两个小学合并，设8个小学班，11名教师，改为山塘街小学，亦并入三友小学。1923—1951年间，虎丘拥翠山庄南侧下平房一院（旧三讲官祠废址）连同抱瓮轩等为私立敦仁小学，最初由虎丘清节堂董事陈季泉发起兴办，在新中国成立初期一度迁到西山庙桥花神庙办学。1951年私立敦仁小学并入公办的虎阜小学。1956年虎丘山划归园林管理处，虎阜小学与敦仁小学合并，又迁入李氏祇遹义庄。1964年9月，在山塘营场坊2号又新建了营场坊小学，专门接收驻苏部队子弟。1965年又创设杨安浜小学。同一时期，许多工厂亦兴办学校。比如后宝元街18号曾办过苏州市精益机修厂精益中学。旧时山塘也有许多幼儿园，比较有名的是白姆桥东弄4号的星桥幼儿园、清洁路93号（后改95号）的清洁路幼儿园、山塘街589号（后改597号）的桐桥托儿所，白姆桥西弄6号的群联托儿所、山塘街672号的半塘托儿所、白姆桥东弄24号的星桥预备班、原虎丘中心小学内的桐桥预备班（1981年并入桐桥托儿所）等。

第四章

文化意义上的山塘

第一节　山塘古诗词萃编

武丘寺路　［唐］白居易

自开山寺路，水陆往来频。银勒牵骄马，花船载丽人。

芰荷生欲遍，桃李种仍新。好住湖堤上，长留一道春。

题东武丘寺六韵　［唐］白居易

香刹看非远，祗园入始深。龙蟠松矫矫，玉立竹森森。

怪石千僧坐，灵池一剑沉。海当亭两面，山在寺中心。

酒熟凭花劝，诗成倩鸟吟。寄言轩冕客，此地好抽簪。

夜游西武丘寺八韵　［唐］白居易

不厌西丘寺，闲来即一过。舟船转云岛，楼阁出烟萝。

路入青松影，门临白月波。鱼跳惊秉烛，猿觑怪鸣珂。

摇曳双红旆，娉婷十翠娥。香花助罗绮，钟梵避笙歌。

领郡时将久，游山数几何。一年十二度，非少亦非多。

刻清远道士诗因而继作（节选）　［唐］颜真卿

不到东西寺，于今五十春。谒来从旧赏，林壑宛相亲。

吴子多藏日，秦皇厌圣辰。剑池穿万仞，盘石坐千人。

金气腾为虎，琴台化若神。登坛仰生一，舍宅叹琦珉。

中岭分双树，回峦绝四邻。窥临江海接，崇饰四时新。

入半塘　［唐］赵嘏

画船箫鼓载斜阳，烟水平分入半塘。却怪春光留不住，野花零落满庭香。

虎丘寺　［唐］张籍

望月登楼海气昏，剑池无底浸云根。老僧只恐山移去，日暮先教锁寺门。

题苏州虎丘寺僧院　［唐］许浑

暂引寒泉濯远尘，此生多是异乡人。荆溪夜雨花开疾，吴苑秋风月满频。
万里高低门外路，百年荣辱梦中身。世间谁似西林客，一卧烟霞四十春。

游虎丘寺　［宋］王禹偁

藓墙围着碧屏颜，曾是当年海涌山。尽把好峰藏寺里，不教幽境落人间。
剑池草色经冬在，石座苔花自古斑。珍重晋朝吾祖宅，一回来此便忘还。

半塘　［宋］范成大

柳暗阊门逗晓开，半塘塘下越溪回。炊烟擁柂船船过，芳草缘堤步步来。

宿半塘寺　［宋］赵与时

夜宿半塘寺，惟闻塔上铃。老僧行道影，童子诵经声。
竹密风犹劲，窗幽月愈明。瓦炉香断处，一榻洒然清。

虎丘寺　［宋］苏轼

入门无平田，石路穿细岭。阴风生涧壑，古木翳潭井。
湛卢谁复见，秋水光耿耿。铁花秀岩壁，杀气噤蛙黾。
幽幽生公堂，左右立顽矿。当年或未信，异类服精猛。
胡为百岁后，仙鬼互驰骋。窈然留新诗，读者为悲哽。
东轩有佳致，云水丽千顷。熙熙览生物，春意颇凄冷。

我来属无事，暖日相与永。喜鹊翻初旦，愁鸢蹲落景。

坐见渔樵还，新月溪上影。悟彼良自哈，归田行可请。

过虎丘人家　［宋］任仁发

幽栖无所事，园圃足生涯。荒径多闲地，随时好种花。

题虎丘　［宋］顾逢

此山虽小众山尊，半近吴城半近村。一壑风烟龙窟宅，满堂巾钵佛儿孙。

生公说法台空在，陆羽煎茶井不存。唤起幽人无限意，塔铃独语到黄昏。

二月十二日玉山人买百花船泊山塘桥下呼琼花、翠屏二姬招予与张渥叔厚于立彦
成游虎阜，俄而雪霰交作未果此行先以此诗写寄就要诸公各和　［元］杨维桢

百华楼船高八柱，主人春游约春渚。山塘桥下风兼雨，正值灌坛西海妇。

桃花弄口小蛮娘，腰身杨柳随风扬。翡翠屏深未肯出，蹋歌直待踏春阳。

喜闻晴语声谷谷，明朝豫作花游曲。小蛮约伴合吹笙，解调江南有于鹄。

虎丘　［明］高启

望月登楼海气昏，剑池无底浸云根。老僧只怕山移去，日暮先教锁寺门。

送可晚吴翁　［明］顾清

十里山塘接虎丘，隐翁家近白蘋洲。偶来暂别延陵庙，欲去还同孺子舟。

云里彩衣高捧日，雨中黄菊苦思秋。经年正有庭闱念，为酌离觞悔远游。

临江仙·虎丘同济之作　［明］吴洪

爱此云岩林壑美，棕鞋藤杖追游。生公台下鹤泉浮。与君成二老，谈笑亦风流。

台阁功名归去好，便应醉枕糟丘。不须含笑看吴钩。苔花还绣壁，波冷蛰龙湫。

得月楼[1] ［明］张凤翼

七里长堤列画屏，楼台隐约柳条青。山云入座参差见，水调行歌断续听。

隔岸飞花游骑拥，到门沽酒客船停。我来常作山公醉，一卧垆头未肯醒。

虎丘咏 ［明］黄省曾

芙蓉近倚阊阎城，眺阁舸楼逐势成。珠寺翻为歌舞地，青山尽是绮罗情。

虎丘 ［清］玄烨

其一

小阜回冈落照红，长廊曲榭构西东。独怜剑石潺湲水，霸业销沉在此中。

其二

随风画楫到山塘，水市阴笼草木香。石不点头谁说法，惟存涧响杂笙簧。

山塘策马 ［清］弘历

山塘策马揽山归，淡荡韶春鞭漫挥。烘受朝晴花蕊绽，润含夜雨麦苗肥。

日游日豫所无逸，乐水乐山亦静机。更喜吴民还易教，重来歌舞较前稀。

题虎丘云岩寺 ［清］弘历

阊门西转历山塘，寻胜云岩春载阳。摧娄峰容真虎踞，荒唐剑气幻鱼肠。

司徒文学应称独，洗马风流不可当。高处纵眸喜有在，近遥绿麦一方方。

虎丘山塘观竞渡有感作 ［清］石韫玉

青山绿水带卷阿，吴地销金是此窝。爱月常疑天不夜，艺花只恨地无多。

名倡炫色秾于李，小舫冲波捷似梭。方怪少年太行乐，岂容老子更婆娑。

---

1. 清顾禄《桐桥倚棹录》载："得月楼，在野芳浜口，为盛蘋洲太守所筑。"

夏五过虎丘山塘吴玉松同年归途入报恩寺访雪斋上人 ［清］石韫玉
青山倒影印澄波，两岸花枝胜绮罗。故事尚沿荆楚俗，幽人爱住考槃阿。
竹间清梵禅关近，水上新歌画舫多。同是声尘相引处，此中喧寂问如何。

山塘种花人歌 ［清］石韫玉
江南三月花如烟，艺花人家花里眠。翠竹织篱门一扇，红裙入市花双鬟。
山家筑舍环山寺，一角青山藏寺里。试剑陂前石发青，谈经台下岩花紫。
花田种花号花农，春兰秋菊罗千丛，黄瓷斗中沙的礫，白石盆里山玲珑。
山农购花尚奇种，种种奇花盛篋笼。贝多罗树传天竺，优钵昙花出蛮洞。
司花有女卖花郎，千钱一花花价昂。锡花乞得先生册，医花世传不死方。
双双夫妇花房宿，修成花史花阴读。松下新泥种菊秧，月中艳服栽莺粟。
花下老人号花隐，爱花真以花为命。谱药年年改旧名，艺兰月月颁新令。
桃花水暖泛晴波，载花之舟轻如梭。山日未上张青盖，湖雨欲来披绿蓑。
城中富人好游冶，年年载酒行花下。青衫白恰少年郎，看花不是种花者。

山塘泛舟 ［清］毕沅
桃花三月水，双桨荡波轻。落日山更丽，乱萍风自生。
旗亭名士酒，画阁美人筝。我欲图屏障，繁华染不成。

重过桐桥即事有作 ［清］毕沅
横塘一水碧遥遥，为访前游荡画桡。花里旗亭人唤酒，桥边镫舫客吹箫。
情难自禁先期在，事到无成妄念消。惆怅昔年妆阁畔，垂杨不见旧长条。

山塘观竞渡行 ［清］袁景澜
五月停桡虎阜曲，山塘十里新蒲绿。龙舟箫鼓哄江湄，犹见吴侬古风俗。
忆昔越王习水战，麾兵竞渡托游燕。阴谋报复沼梧宫，组练屯川俱精炼。
又传勾践悯胥忠，鼓乐迎神浙水东。弄潮犀手年年集，不与湘潭吊屈同。

只今旧俗相沿袭，楚事吴风并为一。　红旗蹴浪白波翻，水马凫车来往急。

谁识鸱夷恨不穷，但惜怀沙兰芷泣。　黄头掉桨疾如飞，挥霍沧涟湿彩衣。

雷奔电掣惊泉客，海立云垂骇宓妃。　倏若鲸鱼将趵浪，声势飞腾气雄壮。

歊烟欲雾欲凌霄，禹门奋跃春潮涨。　复似化鹏鲲击海，陆离鳞鬣生光彩。

鱼龙国里演鱼龙，本地风光传百载。　须臾皓月渐升东，万点红灯争灿爣。

彷佛璇宫戏宝珠，瑰丽奇形顷刻改。　倾城士女斗新妆，投黍江心酹渌觞。

岸边蹒柳少年子，垂鞭偷眼觑鸳鸯。　白堤暝色飘凉雨，邻舫传杯喧笑语。

谁家夺得锦标归，人散空余烟满渚。

卖花词　　[清] 毕沅

日日卖花花自种，筠篮竹担香相送。深巷平明唤一声，惊回多少红楼梦。

傍人莫笑所业微，姓名到处女郎知。一花才了一花续，卖花赢得看花福。

私幸生涯胜力田，官家不税卖花钱。

山塘花市　　[清] 周凤岐

柳外红栏水上楼，春光绮旎众香浮。公余劝布东郊谷，难得城西荡桨游。

山塘晚步　　[清] 曾朴

其一

残鸦横墨点斜曛，秋浸山容酒半醺。何处画船帘一卷，美人如月客如云。

其二

几行断雁乱云西，叶满空山水绕溪。天自凄凉人自醉，吹箫直下白公堤。

山塘　　[清] 席佩兰

兰桨参差荡碧流，香风徐送白蘋洲。半塘桥外烟波阔，不种垂杨不画楼。

山塘杂忆　［清］张璚华

惜临门巷奈愁何，犹记山塘载酒过，茉莉船窗香不断，枣花廉子卷来多。
画船笙管故迟迟，山外斜阳欲落时。金虎迹荒空碧草，月明听唱竹枝辞。

山塘即事　［清］朱彝尊

寒食山塘路，游人队队偕。桁杨充罪隶，箫鼓导神牌。
红粉齐当牖，银花有坠钗。殷勤短主簿，端笏立阼阶。

山塘·浣溪沙　［清］陈维崧

窈窕山塘半酒家，浣衣归去笑吴娃。东风吹得绣裙斜。
琴几研光靡绿竹，楸枰敲落水仙花。碧纱窗影浸山茶。

山塘舟中　［清］周起渭

维舟绿树中，岸草浓于发。吴姬擢素手，摇弄山花发。
虎丘空翠来，隐映斜阳没。孤棹独夷犹，十里山塘月。

山塘重赠楚云四首[1]　［清］吴伟业

宣公桥畔响轻车，二月相逢约玩花。乌桕着霜还系马，停鞭重问泰娘家。

白堤春兴　［清］沈德潜

破楚门西更向西，画船双桨白公堤。人家临水花为市，僧舍沿山石作梯。
弱柳似随歌扇拂，好莺偏傍舞筵啼。讨春年少情难尽，不许亭亭日色低。

一剪梅 白堤花市　［清］沈德潜

七里山塘傍水涯，红艳家家，绿荫家家。

---

1. 楚云故姓陆，云间人。

曲阑磁盎贮英华，宇内名花，海外名花。

金童玉女买流霞，满载轻车，分载香车。

村农衣食此间赊，不种桑麻，须种桑麻。

梦江南（其四）　　［清］纳兰性德

江南好，虎阜晚秋天。山水总归诗格秀，笙箫恰称语音圆。谁在木兰船。

山塘灯舫词　　［清］袁学澜

吴阊每际莺花时，画舫来往争新奇。舟楫本为济人用，此独修饰供游嬉。

玉箫金管两头载，纱窗窈窕藏雏姬。红灯百盏夜深挂，弄珠戏舞翔龙螭。

银葩火树光四射，天水映合明玻璃。芒接星斗九华灿，脂膏煎竭无留遗。

鳌波照灼罗绮艳，钗痕鬓影相参差。富家年少就中坐，买笑不惜倾家资。

橹柔手熟青水阔，欸乃一声船自移。吾观若辈繁华态，转厘艰难稼穑思。

雕文刻镂害农事，纂组锦绣伤蚕丝。书儆巫风具明训，礼惩奢俗垂严词。

暴殄天物圣所戒，嗟彼年少何无知？岸上老翁走相看，戏语告我堪解颐。

指点桥边求乞儿，当年游荡亦如斯！

同州来游虎丘塔影园　时新属顾云美　　［清］徐波

坦步须乘舆，名园今有人。地幽山隔岸，池静塔分身。

树石维求旧，禽鱼亦易亲。绿阴行满眼，就此送残春。

姑苏竹枝词　　［清］潘遵祁

一出金阊兴渐赊，重移短艇载秋花。小桥断处无多路，记得沿溪种树家。

泊山塘　　［清］曹仁虎

宛转芳堤落镜中，棹声隐隐出烟丛。花前玉笛千家月，柳外珠帘七里风。

水涨桥痕添澹沱，云封塔影人溟濛。莲更欲转灯初歇，独向寒塘系短篷。

山塘 ［清］顾禄

柳荫深处有楼台，画舫横波一一来。记得扣舷人薄醉，酒边闲嗅紫玫瑰。

山塘雨后 ［清］顾禄

杨柳平桥北，笙歌曲岸东。乍收桐叶雨，微度借花风。
人语酒香里，灯明帘影中。回船望天末，新月恰如弓。

五人墓傍见杜鹃花 ［清］姚燮

春色尽零落，杜鹃花自娇。枝低皆日向，力弱易风摇。
碧血为谁化，丹心殊未消。我来瞻遗墓，即此想英标。

山塘杂诗 ［清］黄景仁

中酒春宵怯薄罗，酒阑春尽系愁多。年年到此沈沈醉，如此苏州奈若何！

山塘 ［清］赵云崧

老入欢场感易增，烟花犹记昔游曾，酒楼旧日红妆女，已是禅家退院僧。
半塘桥北好阴凉，残醉扶来荡画航。临水数家门半掩，更无人处有垂杨。
一夕新欢晓已陈，黄金散后更谁亲？定情罗帕还留看，多少人闲抱柱人。
普惠祠基筑短墙，五人墓木独苍苍。山塘满路皆脂粉，可少秋风侠骨香。

舟过山塘闻笛 ［清］舒位

红穗疏灯水上楼，笛声纤远指痕留。定知吹笛人双鬟，可惜湘帘不上钩。

半塘 ［清］姚承绪

上津桥畔月如霜，虎阜钟声度半塘。碧榭红栏春似梦，珠帘画舫醉为乡。
烟迷杨柳楼头影，风吹芙蓉槛外香。千古白堤饶胜景，漫将兴替感吴阊。

山塘晚霁　［清］查慎行

最好停桡近酒家，放晴天气日初斜。盆梅谢后兰芽茁，正月蜂声未闹花。

泊山塘作　［清］毛奇龄

云淡淡，雨丝丝。旧日真娘何处祠。横笛短箫声渐远，藕花塘子夜来时。

舟过鸭脚浜　［清］汪琬

柳外莺雏弄好音，暂牵画舫入溪阴。楝花欲放黄鱼美，谷雨才晴绿树深。
才少不堪文字饮，兴酣那惜短长吟。麦秋时节须行乐，已分功名付陆沉。

山塘　［清］钱大昕

宛转山塘路，繁华自昔传。波光千里映，郭外万家连。
楼阁烟中市，笙歌月下船。狂游思曩日，弹指十余年。

醉花阴·山塘即景 和玉森汪同年韵　［清］陈寿祺

画船细雨黄花瘦，罗扇折凉透，水样好秋宵。商略清游，莫放西风旧。
水池香屑温金兽，月色明如画。人倚水窗边，脉脉银河，吹堕天孙宿。

浮眉楼词（其一）　［清］郭麐

秋舲叠鼓，珠箔飘镫，隔水楼高，试认双栖处。看文纱六扇，旧绿都销。隔窗
玉钩闲挂。帘影黑周遭，欢水远山重，春归不信，直恁迢迢。无憀。此重省。记子夜
休歌。

午枕回潮。欲话吹箫事。问二分明月，何处今宵。只有应门杨柳，还学沈郎
腰。剩当日船娘，斜阳唤渡斟酌桥。

哭瞿三梦香绍坚十一首（其一）　［清］曹楙坚

斟酌桥西月上初，丝丝柳影太萧疏。真珠密写芙蓉字，玉白兰芳总弗如。

挽周云岩　　［清］陈文述

绮罗着意写婵娟，周昉丹青妙自然。月地花天归管领，粉围香阵寄缠绵。
六朝水榭无春色，七里山塘有暮烟。何处晓风仙掌路，美人会葬柳屯田。

雨游虎丘同巴璞园　　［清］程之鵕

又踏云岩路，山塘细雨时。到门松径滑，入寺野云痴。
翠洒千人石，寒生一剑池。后山行且望，握手话心期。

半塘　　［清］杜濬

虎丘连半塘，五里共风光。此时素秋节，远胜三春阳。
西风扫不尽，满路桂花香。

无题　　［清］艾衲居士

路出山塘景渐佳，河桥杨柳暗藏鸦。欲知春色存多少，请看门前茉莉花。

冶坊浜[1]灯舫行　　［清］冯云鹏

昔年灯舫游秦淮，六朝佳丽成天涯。今年灯舫看吴会，比之秦淮佳复佳。
秋来移向山塘住，半入游尘半香雾。冶坊浜在半塘间，最是繁华最浓处。
酒楼花市云霞堆，玻璃艇子金银护。昼长游客不在船，虎阜前后穿花去。
沽酒或寻斟酌桥，品茶或上贞娘墓。士女纷纷踏夕阳，香波返棹归前渡。
须臾日落万灯燃，照彻琉璃世界悬。舟中月夺舟前月，水底天明水上天。
舟中水底浑难定，炫转波光粉黛妍。窈窕女郎十五六，膝前坐唱销魂曲。
犹有花鬟送过舱，似恐今宵欢不足，玉箫未断又银筝。东船西舫难分明。
此时莺燕声声嫩，却教人听那一声。珍馐列品多装饰，纸醉金迷动颜色。
可怜贫女暗窥窗，冷炙余盃分不得。三更已尽四更遥，酒阑人散凝余娇。

---

1. 野芳浜。

姑苏夜夜夜如此，不知何夜为元宵。一曲缠头赏无数。他日相逢是行路。
晓来何处认芳踪，东庄桥外鸦啼树。

斟酌桥　〔清〕陈梓
携得秦邮酒，停桡试浅斟。浪花风渐渐，烟树碧森森。
领略微醺趣，昭融独醒心。解维怀往迹，为尔数沉吟。

五人墓　〔清〕陈梓
尚有行人荐浊醪，至今大义在蓬蒿。群鸦不集松阴静，一鹭何存墓碣高。
虎阜增光寒射月，龙泉入地碧凝膏。英明登极诛奸党，厉鬼宸衷默相劳。

五人墓　〔清〕童槐
万花围石碣，过客尽回头。地下五人骨，香蒸九月秋。
要离同尺土，委鬼失荒丘。吏部琴城远，棠梨好在不。

虎丘　〔清〕柏葰
生公谈法处，高下石多奇。祠冷五人墓，水荒千剑池。
英风震朝右，霸业歇江湄。指点山塘路，凄凉不可思。

满江红 五人墓　〔清〕韩骐
七里塘边，英气鼓，怒涛飞雪。恨当日，黄门北寺，衣冠屠灭。阁部已成狐狗
党，封疆亦是螟蛉穴。快吴门、公愤一朝伸，纲常揭。
　　知奋击，宁图活。甘就戮，何称屈。想断头挥洒，满腔热血。丛社奈污三尺
土，蓬科幸表千秋碣，看夜深，燐火接莲泾，忠和侠。

夜泊斟酌桥天如聚墨同湘邻以恭提灯上虎丘　〔清〕释晓青
斟酌桥边夜泊船，宿云如墨欲无天。提灯照出虎丘路，好月不来山寂然。

五人墓 ［清］李骥

虎丘山下路，片石自戋戋。大书五人墓，千年字不磨。

同友登虎丘过五人墓 ［清］马世俊

凉风天末动秋痕，岂可登山无友昆。埀带犹然思士女，赠衣谁复遇王孙。
桥西载酒还同舫，山下寻花剩几盆。怅望五人松柏，路凄凉明月照高原。

南村同舟至虎丘访汪叟 ［清］赵执信

平江小艇如浮蚁，谁知中有天随子。虎丘比屋如聚蝇，谁知中有安期生。
春风吹来作宾主，倏然世外成将迎。斟酌桥头沽浊酒，闭门各哆谈天口。
松云尽处波涛多，从今扶曳频相过。

泛舟山塘 ［清］孙文川

三过苏台识履痕，伤春如我更消魂。金迷纸醉水边阁，草长莺飞山下扫。
兴到诗狂磅礴里，愁来酒渴囫囵吞。醉中不问兵戈事，且把吴门当白门。

虎丘绝句八首（其一） ［清］祝德麟

斟酌桥边泊书船，碧桃殢雨柳拖烟。分明曲水江头路，更有谁嗔莫近前。

桐桥 ［清］孙麟趾

偶步桐桥侧，湖波照眼明。深帘留燕小，短艇载花多。
细草铀车路，春风玉笛情。隔楼人初上，点点暮烟轻。

五言律（其二） ［清］赵维藩

咫尺吴山在，依然梦独遥。云迷游子路，雪拥渡僧桥。
酒贵文章贱，宾轻粉黛骄。旅窗时一顾，寒影故萧萧。

春尽前五日维舟桐桥遂入虎丘寺　　［清］顾宗泰

天教名境落人间，春暮看春兴自闲。红雨半塘花作市，白云千顷寺藏山。
曾闻试剑留池古，空忆谈经化石顽。且爱烟萝偿夙愿，寻芳直到暝钟还。

九日同人集山塘晚游白公祠　　［清］蒋业晋

题糕会喜值晴天，况得诸君尽惠然。隔岸酒楼看落木，沿堤菊迳访高贤。
老年吟咏心迟拙，奇士登临气万千。莫吊悲秋杜陵客，荒丘今作好山川。

半塘桥　　［清］赵翼

半塘桥北好阴凉，残醉扶来荡画航。临水数家门半掩，更无人处有垂杨。

绿水桥　　［清］任兆麟

花事晴瑄绿水桥，画楼红袖倚吹箫。春风不管离人恨，依旧青青到柳条。

过绿水桥　　［清］蒋泰堦

一路长堤系桂桡，疏帘斜卷隔河遥。诗情画景登时集，烟雨垂杨绿水桥。

白公堤　　［清］程晋芳

也仿余杭筑大堤，经年十二度留题。贡寻橘柚湖波杳，赏到笙歌月魄低。
名士服官皆有迹，杂花无语又成蹊。红栏绝少青山在，尚说纷华著处迷。

过斟酌桥　　［清］沈攀

采茶归去晚风低，斟酌桥边日影西。杨柳风多鹦鹉梦，梨花风细鹧鸪啼。
雪残茂苑埋新草，苔入荒碑没旧题。歌舞不知何处是，半塘风雨画船迷。

斟酌桥（其一）　　［清］姚丞绪

半塘春水绿如渑，赢得桥留斟酌名。桥外酒帘轻扬处，画船箫鼓正酣声。

青山桥即事　［清］陈基

两情如水水如环，柳外春桡数往还。招手渡头人不见，二分新月近青山。

普济桥　［清］施於民

呼童莫倚木兰桡，小步香堤散寂寥。花里风清传粥鼓，柳边雨歇响钖箫。
环青绕绿峰争出，踏翠穿红路不遥。近日又经添普济，不应仍说十三桥。

山塘感旧　［清］张铿

水树停秋舫，山花接石桥。故人应不作，酒侣莫相邀。
旧事齐纨扇，新愁碧玉箫。阊闾城下路，惆怅倚轻桡。

玉涵堂　［近代］范广宪

旧家人住溯山塘，解组归耕别业藏。访遍舞裙歌扇地，秋风吹老玉涵堂。

花神庙　［近代］范广宪

卍字红栏六柱船，清流如带绕堤边。花朝酹酒花神庙，香火尘缘杂管弦。

普济桥　［近代］范广宪

普济堂题赖及桥，跨河窈窕蹬嶕峣。众生最喜惟行善，赛愿烧香一舸邀。

星桥湾　［近代］范广宪

花市山塘晓日暹，送春天气正恹恹。星桥湾口风光好，水榭邀凉尽卷帘。

渡僧桥　［近代］范广宪

万商云集市繁荣，舟游难堪野衲情。手折杨枝登彼岸，题桥应唤渡僧名。

山塘桥 ［近代］范广宪

塔影岚光入望遥，骋怀未许负芳韶。骑驴游客如相问，七里山塘第一桥。

通贵桥 ［近代］范广宪

倚楼人悄小帘垂，通贵桥头暂泊时。酿出山塘好风景，满堤稞柳细如丝。

星桥 ［近代］范广宪

官河流处架飞虹，东舫西船迤逦通。灯火楼台喧市出，一齐倒影镜波中。

白姆桥 ［近代］范广宪

宛委山塘日未晡，闲情好觅酒家垆。游人笑问桥头叟，可有当年白姆无？

白公桥 ［近代］范广宪

沿堤柳似小蛮腰，争舞婷婷色更娇。痴绝风流裙屐客，游诗题到白公桥。

山塘倚棹词（其一） ［近代］范广宪

宝月华星七里遥，香街如堵水如潮。笙歌尽卷山塘河，闲煞姑苏四百桥。

野芳浜 ［近代］范广宪

六柱春船七里塘，舞裙歌扇劝飞觞。及时行乐销金窟，赢得游人醉冶坊。

望山桥 ［近代］范广宪

才寻花市趁花朝，路柳犹怜鬓影娇。椟饮河干凫唼水。十分春色望山桥。

万点桥 ［近代］范广宪

吴娃联臂荡轻桡，四岸清波万点桥。底事秋来眠不稳，听歌偏唱雨潇潇。

积善桥[1]　［近代］范广宪
普济堂东路未遥，粼粼春水不通潮。休嘲烂木浮滨里，积善人题略彴桥。

引善桥　［近代］范广宪
柳阴一角夕阳明，叠石为桥引善名。观水因风吹皱面，伊人未免堕禅情。

殳家墙门　［近代］范广宪
筇枝时打路喧喧，穿屐成双著有痕。一脉书香绵世泽，殳家犹认老墙门。

花园弄　［近代］范广宪
市店临流略彴斜，花园巷陌种花家。玫瑰颜色殊娇艳，黛黛香烘味更夸。

席场弄　［近代］范广宪
未寒天气欲凉时，梦堕屏山烛影欹。八尺虎发如水滑，银床冰簟可相宜。

普济堂　［近代］范广宪
普济留题慰众生，构堂轮奂费经营。蠲输络绎怀饥溺，悍独无忧岁月更。

葛贤坟　［近代］范广宪
烦苛税政日纷纷，攘臂当年气似云。塔影山光留一角，惜无人表葛贤坟。

张公祠　［近代］范广宪
凛然起义竟成仁，明祚迁移剩劫尘。犹幸名山留著述，吴中水利惠吾民。

---

1. 同善桥。

十月朔日泛舟山塘即事　［近代］柳亚子

画船箫鼓山塘路，容与中流放棹来。衣带临风池水绉，长眉如画远山开。
青琴白石新流侣，越角吴根旧霸才。携得名流同一舸，低徊无语且衔杯。

五人墓作　［近代］高旭

来谒五人墓，杜鹃啼苦辛。其声哀可感，令我泪沾巾。
麟凤游衰世，狼豺居要津。尔曹能殉国，愧煞读书人。

满庭芳　［近代］高旭

人比花红，波如酒绿，十分堪爱堪怜。数声柔橹，荡得碧涟涟。争说吴娃妙
产，又况是、生长吴船。商量定，泊船底处，笑指画桥边。

山塘七里依愁，空提起、旧恨绵绵。忍风灯水驿，过了芳年。忽听中流箫鼓，
魂消矣、梦也都牵。须占尽，晓风残月，准备买山钱。

葛贤墓　［近代］俞樾

五人墓畔一抔土，尚有残碑留废圃。其人更在五人前，一样英名照千古。
相传有明万历中，织造太监来孙隆。六门税吏虎而冠，诛求不顾阎闾空。
葛将军，真铁汉，蕉扇一挥吴市乱。老拳毒手各争雄，霹雳青天狐鼠窜。
束身归罪官吏愁，银铛掷地寒飕飕。男儿死耳复何恨，含笑愿从要离游。
戴吾头来竟不死，从此义声动吴市。后来颜马沈杨周，五人乃是闻风起。
我寻五人墓，因至将军坟。
当时国事何纷纷，赤丸斫吏固恶俗，铜山破贼真奇勋，斯人不愧称将军。
山塘七里烟波活，芳草离离埋侠骨。后人徜访五人碑，无忘有此一条葛。

山塘　［近代］金松岑

何处春光美，行行七里塘。水凉浴兔伯，花暖醉蜂王。
画舫移歌扇，青山映宝坊。贤愚同一迹，蹑屐为寻芳。

虎丘游春　［近代］李根源

水涨萍青柳吐牙，苏河两岸万人家。扁舟荡将虎丘去，饱看山塘十里花。

虎丘山塘道中口占 忆聊社同逊诸子　［近代］卢彬士

韩公塘上柳舒青，桥畔春山作画屏。惆怅岭南旧吟侣，岁寒风霾此曾经。

山塘　［近代］王德钟

桐桥西去泰娘家，薄醉东风驻客车。落尽杏花春已半，珠帘掩雨弄琵琶。

对花进酒总凄凉，二月江南柳带长。著意伤春春不管，有何情绪吊真娘。

当筵忍唱定风波，楼角瞒人拜月娥。零落梅村旧诗句，楚云老矣奈君何。

林鸠呼雨雨初晴，手拓红窗听晓莺。记得玉人妆未罢，绿杨门外卖花声。

五人墓　［近代］费仲深

墓门草没人，嗟叹动行路。衣绅我觍然，不为谋封护。

吴民懦杆前，百苦喋莫诉。制梃遂无人，一击国奸蠹。

灵兮叫天阊，我也表汝墓。敢云轻鸿毛，聊冀奋蛙怒。

第二节　山塘旧时游赏和雅集

鸳鸯蝴蝶派眼中的山塘

清宣统元年（1909）《时事报图画旬报》（第11期）中的七里山塘

　　鸳鸯蝴蝶派是中国近代小说流派，始于20世纪初，盛行于辛亥革命后，得名于清之狭邪小说《花月痕》中的诗句"卅六鸳鸯同命鸟，一双蝴蝶可怜虫"。这一流派曾广受读者欢迎，也曾广受新文学界的批判，其影响非常广远。

　　鸳鸯蝴蝶派中的代表人物包天笑、张恨水、周瘦鹃都曾描写过山塘旧时的光景。

　　包天笑（1876—1973），初名清柱，又名公毅，字朗孙，笔名天笑、拈花、春云、钏影、冷笑、微妙、迦叶、钏影楼主等，江苏吴县（今苏州）人。清末秀才、南社社员、著名报人、小说家。包天笑幼年家道中落，就读于表姊丈朱静澜处和二姑夫尤巽甫处。可谓之凡人，但他却不流俗，非凡超群。转徙逃难的痛苦使他倍加用功，博览群书。1905年起，包天笑任上海《时报》副刊《余兴》的编辑。《余兴》侧重消闲，内容

包天笑像

有诗词歌曲、笔记杂录游戏文章诙谐小品等。抗战胜利后定居香港。包天笑著有《上海春秋》《海上蜃楼》《包天笑小说集》等，译有《空谷兰》《馨儿就学记》等。包天笑一生著译作品很多，有100多种。包天笑在《钏影楼回忆录》中有一节坐花船的故

事，其中提到了他少时山塘坐花船的情形："苏州从前有三节，如清明节、中元节、下元节（十月初一日），要迎神赛会，到虎丘山致祭，而城里人都到虎丘山塘去看会，名之曰：'看三节会'。而载酒看花，争奇斗胜，无非是苏州人说的'轧闹忙''人看人'而已。这些花船帮的规矩，在六月初开始。这些船都要到船厂去修理，加以油漆整补等等，到六月下旬，船都要出厂。出厂以后，似新船一样，要悬灯结彩，所有绣花帷幕，都要挂起来了……此外苏州的规矩，吃花酒的每位客人，要出赏钱两元，请十位客，也不过二十元，总共也不过六七十元，在当时要算阔客了。到一家

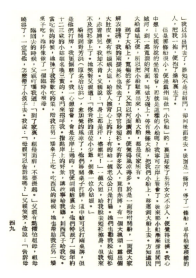

包天笑《钏影楼回忆录》书影

人家，我也不知道什么人家来了。但见房拢曲折……后来又来了几位客，大家说：'去了！去了！'我以为出门去了，谁知不是出前门，却向后面走去。后面是一条河，停了一条船，早有船家模样的人，把我一抱，便抱了进船里去了。

"但是那条船很小，便是苏州叫作'小快船'的，里面却来了男男女女不少人，便觉得很挤。我心中想：父亲所说的坐船看会，就是这样的小船吗？我宁可在岸上看会了。后来那小船渐渐撑出阊门城河，到一处宽阔的河面，叫作方矶上[1]，停有几条大船，把我们从小船上移运到大船上去。方知道因大船进城不便，所以把小船驳运出来，小船大船，都是伎家所有。

"到了大船上，宽敞的多了，又加以河面广阔，便觉得风凉得多。于是一面吩咐开船……

"船开到野芳浜（原名冶坊浜），愈加觉得风凉了，他们移开桌子打牌，这中舱可以打两桌牌，但是他们打牌，我更无聊了。我一心想看会，会是在岸上过的，我便到头

---

1. 方基上。旧时为水产集散地和游船场所。水产中以鲜鱼行为代表，此地在民国时期有多家鲜鱼行，如天丰、裕大信记、福泉记等。另据民国叶楚伧《金昌三月记》载："方基画船，薄暮斯集。船娘多二十许丽人，织锦花鞋，青罗帕头，波光面影，一水皆香。"

舱里去。他们特派了一个年约十二三岁的小姑娘名唤三宝的,专门来招呼我。指点岸上的野景,讲故事给我听,剥西瓜子给我吃。当吃饭的时候,她拣了我喜欢吃的菜,陪我在另一矮桌了上吃。吃西瓜的时候,她也帮助我在另一矮桌子吃,她好像做了一个临时小褓母。"

张恨水(1895—1967),原名张心远。祖籍安徽潜山县岭头乡黄岭村,生于江西广信。历任《皖江报》总编辑、《世界日报》编辑、上海《立报》主笔、南京人报社社长、北平《新民报》主审兼经理等职。张恨水自幼酷爱文学,17岁就以"恨水"的笔名投稿。第一部长篇小说《南国相思谱》,1919年连载于芜湖《皖江报》副刊。首篇短篇小说《真假宝玉》。创作高峰期从1924年的《春明外史》起至1939年的《八十一梦》止,于15年期间写了60部章回小说,是一位高产作家。

张恨水像

张恨水1929年6月24日在《世界日报》上发表了《湖山怀旧录》,其中谈及他对山塘的印象:"一泓曲水,七里山塘,昔人谓其处朱楼两岸,得画船箫鼓之盛。盖朱明之际,昆曲盛行,此者架船为台,在中流奏技,出城士女,或继舟以待,或夹岸而观,山塘一带,遂为繁盛之区。降及逊清,此事早不可复观。今则腥膻扑鼻,两岸为鱼盐贩卖所矣。山塘尽处曰虎丘,妇孺能道之江南胜迹也。此山之所以奇,在平畴十里,突拥巨阜,山脉何自,乃不可寻。初在外观之,古塔临风,丛楼隔树,孤山独峙,一览可尽。及入其中,则高低错落,自具丘壑,回环曲折,足为半日之游。"

周瘦鹃(1895—1968),原名国贤,字福如,号瘦鹃,笔名怀兰室主、紫罗兰庵主人。苏州人。作家、文学翻译家、盆景艺术大师。曾任第三、四届全国政协委员、苏州市博物馆名誉副馆长。1915年,年仅20岁的周瘦鹃参加南社。之后在上海历任中华书局、《申报》、《新闻报》等单位的编辑和撰稿人,其间主编《申报》副刊达10余年之久。还主编过《礼拜六》周刊、《紫罗兰》、《半月》、《乐观月刊》等。1931年,周瘦鹃对文坛产生厌倦,萌生退意,在苏州甫桥西街王长河头

周瘦鹃像

购得一处占地四亩的宅园，即"紫兰小筑"，并于翌年移家苏州。周瘦鹃在紫兰小筑园内种植花草，研究盆景艺术。周瘦鹃的作品中对山塘也有许多描绘和介绍，比如他在1940年第1期《小说月报》上谈道："昔人游虎丘，每买舟入山塘，故诗词中之咏山塘者，多属水乡风物。十余年来，大道坦坦，游人更喜便捷，率舍舟而车，然车走雷声，终不落兰桨双摇之饶有隽味耳。"

而在1941年第9期《小说月报》上，周瘦鹃则特别摘引并评论了《南窗杂志》和《清嘉录》中关于山塘的描写："至画舫笙歌之盛，则香雪道人《南窗杂志》与顾铁卿氏《清嘉录》尝并记之，读之辄为神往，而致慨于好景不常，今非昔比矣。《南窗杂志》云：'虎丘山塘，七里莺花。一湖风月，士女游观，画船箫鼓。舟无大小，装饰精工，窗有夹层，间以玻璃，悬设彩灯，争奇竞巧，纷纶五色，新样不同，傍暮施烛，与月辉波光相激射。今灯舫窗棂，竞尚大理府石镶嵌，灯则习用琉璃（俗呼明角），设遇风狂，毋虞击碎也。'《清嘉录》云：'豪民商贾，竞买灯舫，至虎丘山塘，各占柳荫深处，浮瓜沉李，赌酒征歌。腻客逍遥，名姝谈笑，雾縠冰纨，争妍斗艳，四窗八拓。放乎中流，往而复回，篙橹相应，谓之水碧头。曰晡，络绎于冶芳浜中，行则鱼贯，泊则雁排。迫暮施烛，焜煌照彻，月辉与波光相激射。舟中酒炙纷陈，管弦竞奏，往往通夕而罢。'"

此外，周瘦鹃在1948年《旅行杂志》第22卷第10月刊上，还发表过《姑苏台畔风光好》一文，其中特别介绍了山塘，该节以《不要忽视了山塘》为题："领略了虎丘的秋光之后，可不要忽视了山塘，不管是仁者乐山、智者乐水，乐山也何妨兼以乐水，再加上一个'山塘秋泛'的节目，实在是挺有意思的。山塘在哪里？就在虎丘山门之前，盈盈一衣带水，迤逦曲折，据说有七里之长，因此有'七里山

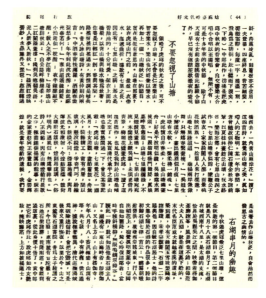

周瘦鹃《姑苏台畔风光好》(1948年《旅行杂志》第22卷第10月刊载录)中的山塘

塘'之称。那水是碧油油的，十分可爱，架在上面的桥梁，以青山桥与绿水桥为最著，你要是以轻红一舸，容与其间，一路摇呀摇地摇过去，那情调是够美的。"

民国闻人眼中的山塘

谭延闿（1880—1930），字组庵，号无畏、切斋，祖籍湖南茶陵，生于杭州。他与陈三立、谭嗣同并称"湖湘三公子"。民国时期著名政治家、书法家、组庵湘菜创始人。谭延闿于清光绪二十八年（1902）中举人，光绪三十年（1904）中进士，入翰林，旋授编修，返湖南办学。谭延闿曾经任两广督军，三次出任湖南督军、省长兼湘军总司令，授上将军衔、陆军大元帅职。1914年11

谭延闿像

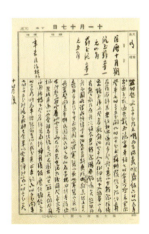

《谭延闿日记》（手稿）

月17日，谭延闿在日记中写道："登车，七时三十五分开，九时四十分至苏州。罗偕子、陈伯彝及罗戚韩某来站相迎，遂同步登舟。舟甚小，尚精洁，摇橹过山塘，至虎丘登岸。观剑池，坐千人石，徘徊塔下。入拥翠山房，看憨憨泉，乃返。舟次设食甚精洁，胜无锡远矣。"

金松岑（1873—1947），原名懋基，又名天翮、天羽，号壮游、鹤望，笔名金一、爱自由者，自署天放楼主人。江苏吴江同里人，清末民初国学大师。金松岑与蔡元培、章太炎、邹容有密切交往。1902年4月25日，金松岑在吴江同里创办同川学堂，开了吴江新式学校先河。1903年3月，蔡元培召金松岑到上海爱国学社工作，金松岑带去了柳亚子、蔡寅、陶亚魂3人作附课生。在爱国学社里，金松岑与章太炎同办公室，与邹容同宿舍。金松岑毕业于南菁书院，历任教职，为南社健将。1912

金松岑像

年，他被公选为江苏省议会议员。后移居苏州，授徒讲学。1923年出任吴江县教育局局长。1927年，又任江南水利局局长，旋又离职，曾任安徽通志馆编纂。其著述主要有《天放楼诗文集》（正续季集）、《天放楼文言》（正续遗集）、《鹤舫中年政论》、《孤根集》、《皖志列传》、《词林撷隽》、《女界钟》、《自由血》、《孽海花》（部分）等。吉、李、周三公祠原位于山塘街749号，普济桥西，系一处大型祠园，分祀清巡抚吉尔杭阿、清刑部侍郎李延龄、明刑部侍郎周忱。今祠已不存。金松岑曾撰有《吉祠访古记》，收录在他的文集《天放楼续文言》卷三中："虎丘半塘普济桥西不数十武，有吉公祠。同治十三年，因石公书院[1]废址改建，以祀巡抚吉尔杭阿者也。吉公籍满洲镶黄旗，咸丰朝，以江苏道员擢巡抚，提一旅，与洪杨战死高资。中朝念其数年来捍蔽苏常功，捐躯殉王事，许建专祠吴中，石公书院在周文襄祠左，而顺康总督李率泰祠右。石公于明万历朝第进士，知吴县，史称其听断敏决，公庭鲜事，与士大夫谈说诗文，以风雅自命……吉祠风景，光宣间在吴上称胜绝。亭台窈窕，回廊四属，而广沼菡苕多名种，见于诗人之歌，盖学士大夫文酒之会资于是。自鼎革后，祀事废，享殿毁，四百年前石公之名更不挂人齿颊。己巳[2]之秋，与鄞县杨惠庆、吴县王佩铮、周韵霄，联袂策蹇往游。见夫颓轩废榭，边榜脱落，孤亭危兀，荒池古木，莲藕不长，浮藻惨碧，蛙黾是宫。寻'石公书院'四字刻石，则池北长廊，倚树欲倒，上悬飞堕，下积瓦甓，榛荆成冢。祠西北隙地，斜展甚广，方锄畦莳菜，缘径花草，败绿惨红，益增凄凉。独林木荟蔚，时时丛桂飘香拂裾袖，迹之亦不得见也。案碑碣，于光、宣两朝，皆发官钱修治，今为拙政园守者兼领。奉直显宦于吴，多北归，滞留之人，率

虎丘冷香阁

---

1. 民国《吴县志》载："石公祠，一名石公书院，在虎丘山塘（同治《府志》作山麓），祀清苏州府知府石文焯，创建无考。咸丰十年毁。今于其地建吉勇烈公专祠。"
2. 此处指1929年。

台仆尔。司市者能商苏人，以巨金修复，更其名曰'石公园'，则风雅不坠地，泉石得重光，其于山塘胜迹宜若有补焉。"金松岑与虎丘亦颇有渊源，值得一提。1919年，虎丘冷香阁落成竣工，金松岑曾为此亲撰《冷香阁记》。到了1924年，金松岑和费树蔚招饮黄宾虹等12人雅集冷香阁赏梅，黄宾虹与袁培基、邓澍三人合作《探梅图》，并有多人题跋，即今人所述的《虎丘冷香阁雅集第一图》。1936年，金松岑再邀社会名流探梅雅集，请张善孖、张大千昆仲作图、萧蜕盦篆书引首、潘昌煦书丹、金松岑题跋，众人合力完成的作品，即今人所谓《虎丘冷香阁雅集第二图》，现藏于苏州图书馆。

柳亚子（1887—1958），江苏吴江黎里人。原名慰高，号安如，改字人权，号亚庐，再改名弃疾，字稼轩，号亚子。中国近现代政治家、民主人士、诗人。大胜村柳氏，是吴江汾湖的耕读世家。自柳亚子高祖柳树芳（秀才）始，曾祖柳兆薰、祖父柳应墀、父亲柳念曾，皆勤于学问，以诗文名世。柳亚子就诞生在这样的书香世家中。清末，社会动荡，新思潮涌动，柳亚子在这样的时代风云之中应时而起，成为中国近代史上第一个大规模革命文化团体——南社的创立者之一，并成为南社文学坛坫的主盟人。大胜村原有一座

柳亚子像

柳亚子填写的南社入社书

陈去病填写的南社入社书

蔡有守填写的南社入社书

古桥胜秀桥（今已移建于吴江烈士陵园内），是由大胜柳氏带头捐资兴建的，在斑驳的石桥上，似乎还能看见少年柳亚子匆忙的身影。少年的柳亚子便是从这座古桥上走出农村，走向世界的。1902年，柳亚子在参加乡试时结识了同乡陈去病和金松岑，在思想上开始倾向革命。1903年，柳亚子进入爱国学社读书，不但成为章太炎、蔡元培的学生，还在这里与邹容结为好友。1905年，柳亚子创办《复报》。1906年，柳亚子到上海健行公学执教，由同盟会江苏主盟人高旭介绍加入同盟会，后来又参加光复会。1909年创办南社，1914—1918年任南社主任，曾与宋庆龄、何香凝等从事抗日民主活动。新中国成立后，曾任中央人民政府委员、全国人大常委会委员，此后任政务院文教委员、华东行政委员会副主席、中央文史馆副馆长。

南社在虎丘张公祠的首次雅集是近代史上的一件大事。1909年11月13日，陈去病、柳亚子、朱锡梁、庞树柏、陈陶遗、沈砺、冯平、朱少屏、诸宗元、景耀月、林之夏、胡颖之、黄宾虹、林懿均、蔡有守、俞锷、赵正平等17位社员和2位来宾张采甄及其侄张志让，共计19人，在苏州虎丘张公祠聚会，宣告南社正式成立。南社从建立起至1923年停止活动，总共举行了18次规模较大的雅集，另有4次临时雅集。除了第一次和第二次雅集（于杭州西湖唐庄），其余16次雅集皆在上海，其中愚园12次，徐园2次，张园和半淞园各1次；4次临时雅集，愚园和徐园各占2次。

柳亚子在《南社纪略》中谈到南社在虎丘张公祠的首次雅集，亦特别指出了首次雅集之所选在张公祠的意义："在房廷监视严密之下，南社的成立并不是容易的。但我们却有诸贞壮和胡栗长两位朋友在保镖，因为当时的江苏巡抚是旗人端澂，而贞壮、栗长却正在大中丞衙内当幕府呢，可是三灾八难的事情还很多，一个谣言，说虎丘雅集有危险的可能，于是天梅[1]杜门避缯缴不来了。还亏得巢南[2]坐镇苏州，没及时雨宋公明的资格，指挥一切。我是以梁山泊上小旋风柴进自命的，在复社是自比于吴扶

1. 高旭（1877—1925），字天梅，号剑公，别字慧云、钝剑。江苏金山（今上海市金山区）张堰人。中国近代诗人，同盟会领袖之一，南社创始人之一。他早年倾向维新变法，后来转向支持革命，与陈去病、柳亚子等创立南社。

2. 陈去病（1874—1933），近代诗人，南社创始人之一。原名庆林，字佩忍，号巢南，别号垂虹亭长，江苏吴江同里人。陈家祖上世代经营榨油业。陈去病为遗腹子，幼承母教，七岁入塾，为名儒诸杏庐弟子。光绪二十一年（1895）补县学生员。二十三年，与金松岑、蔡寅在同里组织雪耻学会，有"吴江三杰"之誉。早年参加同盟会，追随孙中山先生，宣传革命不遗余力。1923年担任国立东南大学中文系教授。陈去病墓位于虎丘山西南麓，1982年被列为苏州市文物保护单位。

1909 年南社成立后社员及宾客第一次雅集在虎丘张公祠合影

前排左起：俞锷（字剑华，别字一粟）、蔡有守（字哲夫，别字守一，又号寒琼）、柳亚子、赵正平（字厚生，又字厚圣、夷门，号仁斋）；

中排左起：张志让（来宾）、陈去病（字佩忍，号巢南）、朱锡梁（字梁任，号纬军，别号君仇）、张采甄（来宾）、林之夏（字凉笙，号秋叶，别署复生）、朱少屏（以字行，字屏子）、诸宗元（字贞壮，一字真长，别署迦持，晚号大至）、胡颖之（字栗长，一字力涨）；

后排左起：陈陶遗（名公瑶，号道一）、冯平（字心侠，一字壮公）、景耀月（字秋陆，号太昭）、庞树柏（字檗子，号芑庵，别号剑门病侠）、黄宾虹（名质，字朴存）。

附注：其余两位社员沈砺（字勉后，号道非）、林懿均（字盖天，一字立山）因后至而未摄入合影，张采甄一作张寀甄，然柳亚子《南社纪略》（上海人民出版社 1983 年版）写作"采"。

九、孙孟朴，自然是要尽奔走先后的职务了。在会期前四天，阳历十一月九日（旧历九月廿七日），我就赶到了苏州。老朋友太仓俞剑华、冯心侠也来了，住在阊门外惠中旅馆，热闹了好几天。这时候，冯春航在苏州演戏，我们天天喝醉了老酒，便去捧场，这便是后来民国元二年间冯党的嚆矢了。到了十一月十三日那一天，四方来会合的，便有十九筹好汉。我们在正午以前，雇了一支画舫，带着船菜，容与中流，直向虎丘而去。那开会的地点，是在虎丘张公祠。张公名国维，字玉笥，浙江东阳人，明末崇祯年间，做过苏松巡抚，鲁监国时代，以起兵抗虏殉节。我们借他的祠堂做会场，也大有意义吧。十九筹好中间，有十七筹是社友，而两筹却是来宾……在张公祠喝酒的中间，便举行选举。选

庞树柏像

定陈巢南为文选编辑员，高天梅为诗选编辑庞檗子为词选编辑员，柳亚子为书记员，朱少屏为会计员，这便是南社第一次职员了。"[1]柳亚子曾为这次雅集赋诗一首："寂寞湖山歌舞尽，无端豪俊又重来。天边鸿雁联群至，篱角芙蓉晚艳开。莫笑过江典午卿，岂无横槊建安才。登高能赋寻常事，要挽银河注酒杯。"另一位参加这次南社的庞树柏[2]也留下了一首诗，其中谈道："夫容初发堤柳髻，锦鞲画楫过昌门。携箫载酒寻常事，山塘空染胭脂痕。绿水湾头驻巾屐，青山桥外开芳席。两岸儿童迎酒人，一川鱼鸟惊狂客。高谈载伸逸兴飞，指掌今古探义微。航

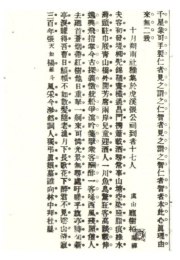

庞树柏关于南社在张公祠首次雅集的诗（收录在《庞檗子遗集》中）

船争泻吟笺璧，众客酬酢一客唏。西风残照催人去，回首苍烟带红树。"如今的张公祠已经修缮一新，山塘历史文化街区修复工程的重要文化节点得以修缮，并于2009年布展建成中国南社纪念馆。朱剑芒在《南社二十周年纪念虎丘雅集纪》中谈道："山塘有石梁二，未经改筑，车行其间，恒虞颠履，乘者必下车徒步，使空载过桥。余以疾倦无御雨具，因取伞共张，然彼自肩及膝，衣服已湿其泰半。既抵虎丘，乃循山麓拾级以登，若短簿祠、真娘墓、憨憨泉、试剑石等处，均低首疾行，不容逼视矣……陈佩忍、包天笑两君已在山下靖园。盖陈本不良于行，包以体重畏攀登，拟在园设席，邀众

1928年11月7日《申报》上关于虎丘雅集的记载

---

1. 柳无忌编：《柳亚子文集·南社纪略》，上海人民出版社，1983年4月，P10—14。

2. 庞树柏（1884—1916），字檗子，号芑庵，别号剑门病侠。同盟会会员，南社发起人之一。江苏常熟人，系常熟塘桥庞氏贻安堂支后裔，该支在塘桥庞氏三支（嘉荫堂、翼凤堂、贻安堂）中最为显赫。贻安堂在庞氏族内亦称"会元厅"，因庞大堃曾得中丁丑科（1817）会元。经学大师庞大堃，探花尚书庞钟璐，兄弟翰林庞鸿文、庞鸿书，举人庞大奎，以及东亚体专创始人庞醒跃、一代工艺美术大师庞薰琹，皆出自贻安堂一支。庞树柏曾与黄人等组织"三千剑气文社"。他在圣约翰大学任中国文学讲习时，曾参与策划上海光复，后归隐。著有《庞檗子遗集》《玉琤瑽馆词》。

人并下。有主冷香阁地址，系最初拟定，不能临时改易者，有主将陈、包两君负荷登山者，一时喧笑大作。"而在1928年11月7日的《申报》上则有一篇《虎丘雅集小启·南社二十周年之大纪念》："吾曹当胡清季世。与先总理组织同盟会于江户。僇力革命。又虑国内禁网乞繁密。同志乞未易纠合也。乃更创南社于吴门。以文字相感召。迄今追溯集会之初。粤为巳酉孟冬之朔。盖忽忽二十周年矣。虽桥山弓剑。永绝攀号。而南国诸生。犹怀慷慨。际宗邦之混一。庆海宇之昇牛。爰结同俦。重寻旧好。香霏瑶席。看冷蕊乞先开。（席设冷香阁）日照云岩。续清游于既往。眷怀芳躅。漫动遐心。白日正中。琼筵斯启。凡百君子。幸共鉴诸。（日期旧历十月初一日午正。他点虎丘冷香阁。）南社第一决集会。陈去病　朱葆康　柳弃疾　朱任梁同启。"[1]

1.《申报》（1928年11月7日第22版）载录。

第三节　名人与山塘

山塘的奠基者白居易

白居易像

白居易（772—846），唐代诗人，字乐天，晚年自号醉吟先生，又称香山居士，祖籍山西太原，唐华州下邽县（今陕西省渭南市临渭区）人。但他出生在新郑（今河南新郑县）东郭宅，后又迁居荥阳。少年的白居易经历了藩镇战乱，立志苦读。唐贞元十五年（799），28岁的白居易在宣州应乡试。翌年，参加礼部贡举，得中进士第四名。此次进士及第后，白居易东归省亲。唐贞元十八年（802），他与元稹同时考中"书判拔萃科"。翌年，白居易又罢校书郎，试才识兼茂明于体用科[1]，又一次及第，与元稹同授秘书省校书郎，开始了为官生涯。校书郎是唐朝的基层文官，官秩是九品下或九品上，职责是整理校勘图书典籍、起草朝廷的文件等。

在白居易75年的生命中，有一年是生活在苏州的，那是唐敬宗宝历元年（825），他时年54岁。这一年的三月四日，除苏州刺史，五月五日到苏州任。在苏州这一年，白居易写了《春葺新居》《霓裳羽衣歌》《自咏》《池上早秋》《对酒吟》《泛太湖书事寄微之》等诗。南宋龚明之《中吴纪闻》中也有白居易为郡守时夜游西武丘寺（虎丘寺）的记载。到了唐宝历二年（826）二月，55岁的白居易因落马伤足，卧床月余。到了五月末，又以眼病肺伤，请假百日。九月初，假满罢官。白居易写下了一首《别苏州》。虽然仅在苏州当了一年的父母官，但白居易办了一件功在千秋的大事，对苏州城外西北的河

---

1. 唐代科举制科之一，属于吏治类科目。唐元和元年（806）诏举，元稹等十六人及第。

道进行疏浚，其中最重要的便是在阊门外的山塘河两岸筑起了堤坝，从阊门一直修到虎丘镇。此举既治理了水患，又保障了当时里民赖以生存的低洼田地，自然得到了百姓的拥戴。明成化年间，茹昂在明初王宾手编草志一卷志稿基础上重修的抄本《虎丘山志》中有白居易在山塘推土成堤的记载："塘旧多积水，少傅白公筑之，民始免病涉之劳，田赖以防雨涝之患，因又名白公堤，以识其惠。"在清雍正年间张大纯撰写的《姑苏采风类记》中则载："白公堤，在虎丘山塘，唐刺史白公居易筑，酒楼茗馆，四时花市最夥。"由此可见，白居易是在山塘修筑了河堤，并非如坊间盛传的开凿山塘河，而山塘河作为自然河浜，其形成的历史要远早于825年。沿着河堤，白居易也形塑了武丘寺路（今天的山塘街的雏形），在武丘寺路上，白居易建了一座白塘桥。明正德《姑苏志》载："白塘桥，唐刺史白居易筑，故名。"这座白塘桥后来又被人尊称为白公桥。《虎阜志》载："白塘桥，一名白公桥，山塘上。《姑苏志》：'唐刺史白居易建。'"而清人顾禄在《桐桥倚棹录》中通过引用《任志》转述了《姑苏志》的上述记载，皆认可了白居易修筑此桥的史实。

阁老吴一鹏

吴一鹏（1460—1542），字南夫，号白楼、白楼居士，人称白楼学者。南直隶苏州府长洲县（今江苏苏州）人。他于明弘治六年（1493）中进士。选翰林院庶吉士，授编修。明正德元年（1506），进侍讲，充经筵讲官。他也是正德皇帝的老师。正德四年（1510），因违逆宦官刘瑾，外调南京刑部员外郎，迁南京礼部祠祭司郎中。刘瑾被诛后，复为侍讲，升侍讲学士，历南京国子监祭酒、太常卿。嘉靖元年（1522），吴一鹏被召为礼部右侍郎，进左侍郎，与尚书毛澄等力争大礼议。进兼翰林学士，掌詹事府事，充《武宗实录》副总裁。嘉靖六年（1527），升礼部尚书，改南京吏部尚书，加太子少保衔致仕。明嘉靖二十一年（1542）二月，吴一鹏去世，卒谥文端，葬于阳山南麓，并由文徵明为其作墓志铭。后来吴一鹏又入祀沧浪亭五百名贤祠，而五百名贤祠中的石刻像上则对吴一鹏有"侃侃吴公，独特大礼。宁被罪愆，不敢失礼"的评语。明焦竑《国朝献征录》载："公姓吴氏，名一鹏，字南夫。世家苏之山塘里，自少端重秀颖，游于郡庠，夙有令誉。治癸丑，登进士，改翰林院庶吉士。时学士李公东阳、程公敏政皆负文章重名，慎许可。每群试必在甲乙，亟加称赏。"由此可见，吴一鹏本是山塘人，当时住在山塘街下塘的东杨安浜[1]。据说他与住在山塘街上菩提庵前的方先生是好朋友，经常来往，后来便出资兴建了通贵桥，顾名思义，便是通向富贵人家的桥。这个故事记载在喜欢搜罗野史的清人顾公燮《丹午笔记》中："山塘吴文端公一鹏与菩提庵前郭方伯某友善，朝夕过从，造桥以便往来。"后来通贵桥一度讹为通关桥，如今已恢复原名。通贵桥还有一个别称"瑞云桥"。清《虎阜志》载："隆庆二年，五色云见桥上，亦名瑞云桥。"如今的吴一鹏故居已是省级文保单位，俗称阁老厅，房屋现分四路五进，除主厅玉涵堂为明代遗构，其余都是清代及民国年间的建筑。"玉涵堂"取"君子于玉比德"之意，可见这位吴阁老把玉比喻为修身的道德标准。

五人墓的故事

据杨廷枢《全吴纪略》和张溥《五人墓碑记》，明天启六年（1626）农历三月，阉党的爪牙（锦衣卫缇骑）来到苏州，捉拿得罪皇帝宠宦魏忠贤的清官、吏部员外郎周顺昌。百姓为周顺昌求情而与攀附阉党的苏松巡抚毛一鹭发生冲突，造成一名爪牙被愤怒的百姓打死，五名爪牙被打伤。阉党大怒，诬陷苏州城的老百姓造反，动议尽屠苏城百姓。在京城当官的苏州人徐如珂为救家乡，冒着风险四处奔波。当时的首辅（宰相）是攀附魏忠贤的昆山人顾秉谦，负责奏章批阅建议（票拟），而徐如珂故意放风说皇帝要屠杀苏城百姓，百姓会先冲到顾的昆山老家，烧掉他的房子。顾秉谦听到这个传闻后连夜找到徐如珂商量对策，随后顾秉谦对魏忠贤报告说："苏州是钱粮赋税的重

五人墓记

---

1. 东接通贵桥，西接西杨安浜。1953—1959年，填塞大半。此浜为窨制花茶集散地，旧时有开元茶栈等。

地，屠了城，以后税赋会有问题，建议惩办'首要分子'。"魏忠贤听从了顾秉谦的建议。徐如珂通过诱导，使魏忠贤阉党同意对苏城百姓"从轻发落"，保全了当时苏州城百姓的性命。阉党最后下令，将周顺昌押到北京，其余群众一概不过问。第二天，颜佩韦、杨念如、马杰、沈扬、周文元五位义士前往巡抚毛一鹭的府衙"自首"，最终这场危机以五位义士挺身而出作结。临刑时五义士相顾笑谈，痛骂魏忠贤，几天后被杀害。明天启七年（1627），也就是一年以后，年仅廿二岁的明熹宗朱由校驾崩，朱由检即位，年号崇祯。崇祯帝肃清了阉党，魏忠贤后来也畏罪自杀。苏州百姓则把毛一鹭为魏阉所造的"普惠生祠"拆毁，葬五人义骨于废基，立碑大书"五人之墓"。这也就是如今山塘街上著名的"五人墓"的由来。如今的五人墓门内还壁嵌《五人墓义助疏》碑，时在崇祯七年（1634），参加义助者有吴默、文震孟、姚希孟、钱谦益、瞿式耜等人。

葛成抗税的故事

葛成（1568—1630），昆山人，是一个普通的织工，但敢于伸张正义，除暴安良。明万历二十九年（1601），太监孙隆受派到苏州擅立关卡，与地方官僚和劣绅沆瀣一气，搜刮民脂民膏。这一年的六月六日，劣绅黄建节仗着阉党的背景，在葑门设厘卡，税一卖瓜者，该人入城时已税数瓜，出城时易米四升，又被税一升。卖瓜者为此哭泣，反被殴打。当时葛成路见不平，便以之前与工友所约的手摇芭蕉扇为号，与路边的群众一拥而上，在灭渡桥结果了黄建节和另一名税官徐怡春的性命。在后来几天内，葛成召集机工在玄妙观起义，至税官及其爪牙潘行禄、周仰

明崇祯《吴县志》对葛成抗税事件的记载

清乾隆《吴县志》对葛成抗税事件的记载

云等十人家中，搜其不义之财而焚之，扬言欲捉拿孙隆，孙隆吓得魂不附体，狼狈逃往杭州。后来朝廷下令捉拿参与此次闹事之人。葛成挺身而出，到苏州府衙投案自首。据说他入狱时，苏城有万人哭泣相送，老百姓对其敬若神明，尊称其为葛贤、葛将军。明崇祯《吴县志》、清人孙

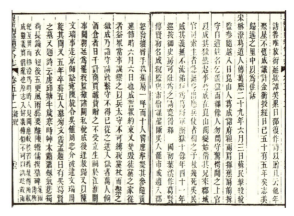

清光绪《昆新两县续修合志》中对葛成抗税事件的记载

佩编纂的《苏州织造局志》、清康熙《吴县志》及清乾隆《吴县志》中对此皆有详尽的记载，从史料中描写这一抗税事件的文字的高度相似性而言，上述两本清志应是沿

清代孙佩《苏州织造局志》中有关于葛成抗税事件及葛成墓由来的记载

袭了明崇祯《吴县志》的原始记载。对葛成来说幸运的是，苏州知府朱燮元并不打算对他痛下杀手。关于这次暴动，朱燮元则给出了他自己的定性："我实不德，以至于斯。尔民何罪，壮士其无辱。"其语见明陈继儒《葛将军碑》，载录于清代《虎阜志》中。暴动领导者葛成被朱知府称为"壮士"，这表明阉党派

清代《虎阜志》中关于明陈继儒《葛将军碑》内容的记载

到苏州巧取豪夺、私自征税的爪牙不但得罪了织工和民众，连读书人和地方士绅也都得罪了。明万历四十一年（1613），葛成被释放出狱，他因敬仰颜佩韦等五人为反腐护贤而献身之高义，自愿在山塘街筑庐而居为其守墓。苏州东山庙，曾封葛成为"副城隍神"，旧时百姓将其奉若神祇，向他祈求家中平安无事。葛成亦在民间被奉为"喜神"。据清代《吴门补乘》，明代礼部尚书兼东阁大学士朱国祯曾作铭文纪其事："吴中义士气如云，留得余生代有闻。"

抗清名臣张国维

张国维（1595—1646），字玉笥，号九一。明末抗清名臣、水利专家、明天启二年（1622）进士。浙江东阳托塘人。明崇祯七年（1634），关内农民起义军波涛汹涌，关外八旗铁骑虎视眈眈。在大明朝摇摇欲坠之际，崇祯帝任命张国维为右佥都御史兼十府巡抚。张国维在此危急关头，临危受命，驻节苏州。张国维为官直言敢谏，为国竭智尽忠。在治理苏州期间，他常常"单舸巡汛"，探溯河流走向，绘制水图。心念苍生，主持建设了苏州九里石塘、平望内外塘、长洲至和等塘，垒砌松江的防海堤，疏通镇江及江阴的灌运河道，在治水方面成绩斐然，被朝廷升擢为工部右侍郎。张国维还将修治水利的成果经验汇集成了一部七十万字的皇皇巨著《吴中水利全书》。此外，张国维在苏州也留下了许多利民的

张国维像

举措。比如清同治《苏州府志》载："吴县常平仓即济农仓旧址，明崇祯九年巡抚都御史张国维建，牛若麟记。"而明崇祯《吴县志》亦载："尝平仓即济农仓旧址，崇祯九年巡抚都御史张国维创。积尝平米以备凶荒，平粜饲饥。"明崇祯十一年（1638），在苏州巡抚任上的张国维撰写了《禁杂派虎丘差税碑》，立于虎丘。在国祚艰危之际，张国维孤忠泣血，矢志抗清，力保大明江山至生命最后一刻。崇祯十五年（1642），张

国维临危受命，担任兵部尚书，亲自率领明军抗击清兵。但因寡不敌众兵败，被听信谗言的崇祯帝解职回乡。在清兵南下，南京弘光小朝廷陷落一个月后的闰六月，张国维到台州朝见鲁王朱以海，奏请鲁王监国。鲁王当天就移驻绍兴，任监国，并擢升张国维为少傅兼太子太傅、兵部尚书、武英殿大学士，督师江上。当时的总兵亦自金华至绍兴支援。到清顺治三年（南明隆武二年，1646年）的五月，张国安等诸路南明军马因为军饷匮乏而四散，鲁监国避走台州，而此时的张国维亦还守东阳。到了六月份，张国维知其深陷

《庞檗子遗集》柳亚子序中关于张国维的事迹

清兵重围，势孤不可支，便穿戴衣冠，向母诀别，从容赋《绝命书》三章，投池而死，时年五十有二。1909年，南社在虎丘张公祠成立，当时参加南社第一次雅集的有常熟才子庞树柏。柳亚子后来曾在《庞檗子遗集》书序中抚今追昔地谈道："张东阳者讳国维，朱明之季奉监国鲁王抗建虏，国亡殉义者也。时虏焰犹张而吾曹咸抱亡国之痛，私欲借文字以抒蕴结。"

名医叶天士

叶天士（1667—1745），名桂，字天士，号香岩，别号南阳先生。江苏吴县（今江苏苏州）人，祖籍安徽歙县蓝田村。《清史稿》称："大江南北，言医者，辄以桂为宗，百余年来，私淑者众。"叶天士的高祖叶封山自安徽歙县蓝田村迁居苏州，他的曾祖叶隆山是明末诸生，后来行医，在歙东颇有名气。叶家是典型的儒医世家，非一般的杏林世家可比，文化程度相当高。叶天士的祖父叶时（紫帆）、父亲叶朝采（阳生）也均为医生，叶朝采尤其擅长儿科，兼工书、画，亦涉足收藏，故在当地颇有名气。

叶天士像

《张氏医通》汪五符会诊案中曾载，吴中名医张路玉、程郊倩曾与叶朝采会诊，切磋

医道。年幼的叶天士就出生在这样的家庭中，因出生在上津桥畔，故晚年他回忆少时时光，又自号"上津老人"。清代藏书家黄丕烈在《荛圃藏书题识》记载，他曾与叶天士后人会晤于上津桥眉寿堂。而叶天士门人华岫云则汇集叶家医案，编有《种福堂公选良方》，由此可见种福、眉寿等堂号皆为叶家旧宅。

叶天士为人谦逊向贤，不仅博览群书，而且虚怀若谷、善学他人长处。据说叶天士聪颖过人，闻言即解。从十二岁到十八岁，他先后拜过师的名医就有十七人，其中包括周扬俊、王子接等著名医家，难怪后人称其"师门深广"。清代王友亮《叶天士小传》则这样评价叶天士："虽其聪慧过人，然学之心苦而力勤，亦非人所能几及矣。"清代沈德潜的《叶香岩传》云："君少从师受经书，暮归，阳生翁授以岐黄学。"

清康熙二十年（1681），叶天士十四岁那年，其父叶朝采患病去世，他便接手了父亲的医馆，开始了行医之路。叶天士最擅长治疗时疫和痧痘等症，是中国最早发现猩红热的人。他在温病学上的成就，尤其突出，是温病学的奠基人之一。他首创温病"卫、气、营、血"辨证大纲，为温病的辨证论治开辟了新途径，被尊为温病学派的代表。

叶天士在世时未有留下著述，他的著述多为门人后来辑录而成，其成较为确信的有《叶天士医案存真》，系叶天士的曾孙叶万青，取家藏处方验案编成。门人周仲升抄录而成的《未刻本叶氏医案》等，也颇为流行。还有无锡华岫云搜罗叶天士晚年医案汇辑而成的《临证指南医案》，华氏将医案以分类编辑而成，分疾病八十九门，每门由其门人撰附论治一篇，每门后则附名医徐灵胎的评议。此医案后则附了《幼科心法》及《温热论治》各一卷。其他叶天士的医案则是众说纷纭，但多为托名之作。

叶天士也留下了一个传奇故事。当时浙东有一位举人赴京赶考，舟行至姑苏，恰遇感冒，故上岸寻医到渡僧桥下塘，叶天士接诊后觉得"必患消渴症，无药可救，寿不过一月耳。脉象已现，速归，后事尚及料理也"，遂开方与之，谕门徒登诸医案。叶天士还表示，如果话不灵验，可以拿下他医馆的招牌。这位举人当时正意气风发，经过叶天士这么一说，犹如晴天霹雳，回舟后，他惶然泣下，辞伴欲归。但同伴曰："此医家吓人生财之道也。况叶不过时医，决非神仙，何必介意。"次日，举人服药果然好了一些。在同伴的开导下，依旧提心吊胆，一路西行，到达了金山寺。当时金山寺的山门前挂着"僧医馆"的牌子，这位举人在此遇到了一位僧人，僧人说："君登陆时，王家营所有者秋梨也。以后车满载，渴即以梨代茶，饥则蒸梨作膳。约至都食过百斤，即无恙焉。得云无药可救，误人性命耶。"这位举人按和尚所嘱，梨尽病愈。虽然后来考试落榜，但捡回了一条命。举人回程到金山时，送了一堆京城特产，还拿了二十两银子答谢和尚。和尚收了土特产，推掉了银子，说："居士过苏城时，再见叶君，令其诊视。如云无疾，即以前言质之。彼如问治疗之人，即以老僧告之，胜于厚惠也。"后来他再次造访叶天士请其复诊，叶天士起初由于看过的病人多，已经忘了这位患者，便说道："君无疾何治？"举人遂上前质问，叶天士查了医案后，才知那人就是曾经被他判了一个月死期的举人。叶天士听闻后甚为诧异，直到举人道出金山寺和尚所指引的事情来。叶天士随即摘掉医匾，遣散了徒弟，改名换姓，驾轻舟往金山寺拜师。老僧念其虚心向学，便收了叶天士为徒弟，但早已名声在外的叶天士未表露自己的身份。学成之际，叶天士对僧人"告以真姓名而求益。僧念其虚心向往，与一册而遣之。自是天士学益进，无棘手之症矣"。明代李时珍《本草纲目》在其附方首条单用秋梨一味治消渴饮水，并谈道："陶隐居言梨不入药，盖古人论病多主风寒，用药皆用桂、附，故不知梨有治风热、润肺、凉心、消痰、降火、解毒之功也。今人痰病火病，十居六七，梨之有益，盖不为少。"其实这个故事可能是旧时从医者为了编写医案而杜撰出来的，而清人吴炽昌也将这个故事载录在其清道光三十年（1850）写成的文言短篇志怪小说《续客窗闲话·金山寺医僧》中。叶天士在临终时警告他的儿子们说："医可为而不可为，必天资敏悟，读万卷书，而后可借术济世。不然，鲜有不杀人者，是以药饵为刀刃也。吾死，子孙慎勿轻言医。"（《清史稿》）只语片言可见名医叶天士的医者仁心。

铁帽子王允祥

看过央视电视连续剧《雍正王朝》的朋友，对于剧中的"十三爷"自然不会陌生，这位在电视剧本中肝胆侠义的"十三爷"就是康熙皇帝的第十三个儿子爱新觉罗·胤祥（1686—1730），其生母为敬敏皇贵妃章佳氏。清康熙六十一年（1722），皇四子胤禛继位，胤祥被封为和硕怡亲王，又出任议政大臣，处

和硕怡亲王宝印章

理重要政务。清雍正元年（1723），命总理户部。自此即全力辅佐胤禛治理国家，胤禛亦对其十分信任。清雍正八年（1730）五月初四，胤祥去世，配享太庙，上谥号为"贤"。他死后，雍正帝将其避帝讳而改名"允祥"的"允"字又改回了"胤"字，这也成为有清一代臣子中不避皇帝名讳的唯一事例。《诗经》有云："棠棣之华，鄂不韡韡，凡今之人，莫如兄弟。死丧之威，兄弟孔怀，原隰裒矣，兄弟求矣。"后人也常以"棠棣情深"来比喻雍正与十三弟胤祥的兄弟感情。

因为胤祥对雍正朝的治绩助力甚大，从总理事务大臣，处理康熙、孝恭仁皇后丧事，总管会考府、造办处、户部三库、户部，参与西北军事的运筹，办理外国传教士事务，再到总理营田水利，领圆明园的八旗禁军，办理雍正的藩邸、陵寝事务，筹办军需，可谓是雍正朝的"台柱子"。后来遂得世袭罔替的许可，获封为清朝有史以来第九位"铁帽子王"。

那么苏州的山塘街上为何会有一座怡亲王祠呢？那是因为雍正帝在胤祥去世后下诏于四方位之地立祠享祭，而南方祠址选定在苏州山塘河畔。康熙四十一年（1702），康熙帝南巡，皇太子胤礽、皇四子胤禛、皇十三子胤祥随驾。由此可见其实胤祥来过苏州，对阊门往虎丘行宫的必经之路山塘自然也不会陌生，这或许是雍正帝最终选中在山塘河畔建祠的原因。早在清雍正八年，也就是胤祥去世的那一年。雍正帝便下诏："古者大烝之祭，凡法施于民，以劳定国者，皆列祀典，受明禋。我朝开国以后，名臣硕辅，先后相望。或勋垂节钺，或节历冰霜，既树羽仪，宜隆俎豆。俾世世为臣者，观感奋发，知所慕效。庶明良喜起，副予厚期。京师宜择地建祠，命曰'贤良'，春、秋展祀，永光盛典。"（《清史稿·志六十二》）《桐桥倚棹录》载："《府志》云：国朝雍正十一年，郡人请为怡贤亲王立祠，敕改建

清代彭绍升《一行居集》中关于怡贤亲王立祠的记载

清怡亲王胤祥像

寺，命赐紫僧超源住持，名'怡贤寺'。乾隆十六年诏赐今额。按：土人又呼为'王宫'"。清乾隆《苏州府志》亦载："怡贤寺，在九都彩云里。本朝雍正十一年，郡人请为怡贤亲王立祠，敕改建寺。"然而，清人彭绍升（乾隆二十六年进士，系状元彭启丰子）《一行居集》中则引述了《虎丘报恩寺新建大悲阁记》提出了不同的说法："雍正八年，江南大吏奉诏立怡贤亲王祠于虎丘山唐恢祠，旁地建佛宫，辟僧寮，而莲峰源公实首居之。"祠堂创设于雍正八年的提法与民国《吴县志》所载一致："怡贤亲王祠在虎丘山塘，雍正八年建。"当时编修民国《吴县志》时则是采纳了清乾隆《元和县志》的提法。

山塘怡贤报恩寺住持本悟聘请朱斯耀律师的旧闻（载于《苏州明报》1936 年8 月 13 日第一版）

中国眼镜鼻祖孙云球

　　孙云球（1630—1662[1]），字文玉，又字泗滨，他出生在苏州吴江的七都双石桥村，系进士孙志儒的第四子。其父孙志儒，号大若，又字茂叔，明崇祯癸未（1643）进士，历任莆田知县、漳州知府。母董如兰，字畹仙，华亭人，多才学，有《秋园集》。孙云球所在的家族是七都有名的名门望族——吴溇孙氏。吴溇孙氏起源于宋末元初之际，湖州孙氏家族第十二代中的一支孙元绥由浙江长兴四安迁至吴溇："因向有庄于此，而寓居焉，名庄桥孙，是为吴溇孙氏始祖。"而在七都双石桥的孙家便是吴溇孙氏的一支。孙氏家族崇文重礼。孙云球自幼便聪颖异常，得其母亲亲授经史，十三岁中秀才，后两次乡试未果，遂淡于功名。明清鼎革后，孙云球一家返回故里，其父开馆授徒，其母教授邻女以资馆谷。在其父亡故后，孙云球便偕母僦居虎丘，卖药为生。孙云球有巧思，精于西洋测量、算指、几何之法，善制眼镜，著有《镜史》一卷。张若羲《镜史》序中所载："年侄文玉，其季子也，为年嫂诰封孺人董氏所出。董孺人多才学，在任时，闽中女子通文墨者，日以诗文往还，署中称师生焉。归家后，邻女亦皆从之，助夫君以资馆谷。文玉得父母训，幼即聪颖，经史皆母孺人口授。年甫十三，补弟子员，

---

1. 诸昇《镜史》小引（见下文）中壬子年，应为 1672 年，即清康熙十一年，故坊间所说卒年存疑，并可知 1672 年孙云球尚在人世，故注引留待学界发现更多旁证。

两入棘闱不遇，遂澹于功名，意嚣如也。近变薄产，以葬其父，择地定穴，皆所手造。然以一身任，而家道萧然矣。别无恒产，奉母孺人僦居虎丘，货药利人，得值以市甘旨。尤精于测量、算指、几何之法，制远视、近视诸镜。其术乃亲炙于武林日如诸生、桐溪天枢俞生、西泠逸上高生，私淑于钱塘天衢陈生，远袭诸泰西利玛窦、汤道未、钱复古诸先生者也。诸生慷慨尚义，卓荦超轶，工竹石山水，追踪夏昶，省会驰誉，镜法乃陈生所授。文玉寓武林，倾盖如故，即以秘奥相贻。嗣遇俞生，贫而好侠，与文玉萍逢一晤语，即意气相投，倾其所知以赠。高生灵慧天成，技巧靡不研究，挟技游吴，为之较榷分寸。诸生载至吴门，复为细加讲解，极致精详。"在孙云球所处的时代，眼镜尚属于稀罕之奇珍，时人所见的眼镜其实是单照镜，也就是拿在手中的"一片镜"。清道光《苏州府志》载："眼镜，用水晶为之，单照，明时已有。旧传是西洋遗法。本朝吴江诸生孙云球创为眼镜，有老少花、远近光之类，凡七十二种。著《镜史》，今市坊依法制造，各处行之。"而清同治《苏州府志》中亦有类似记载："眼镜，用水晶为之。元人所谓瑷叇出西域即此也。国朝吴江诸生孙云球创为眼镜，有老少花、远近光之类，凡七十二种，而千里镜尤奇绝，著《镜史》。今市坊依法制造，各处行之。"孙云球看到当时民间视力不佳的亲朋好友做事不便，便暗下决心，定要研制一种不用手持便可架在鼻梁上，且有多种功能的眼镜，即所谓"不用金鎞与刮翳"便可使"双瞳秋水神光鲜"。他为此奔赴杭州向陈天衢学习光学，并对海外舶来的西洋镜片仔细琢磨，自己磨制出了各种水晶的凹凸镜片。除了眼镜，孙云球还研制出许多光学仪器，比如他把磨制的凸透镜和凹透镜组合在一起制造出"千里镜"，虽然比欧洲正式发明望远镜晚了50年左右，但比日本自制望远镜早了130年。此外，孙云球还制成了中国显微镜的鼻祖——"存目镜"，并在"存目镜"的基础上进一步优化，最终研制出了"察微镜"。还有现代人众所周知的万花筒，也是孙云球发明的。诸昇《镜史》小引载："壬子春，得利玛窦、汤道未《造镜几何心法》一书，来游武林，访余镜学。时余为笔墨酬应之烦，日不暇

清任兆麟《有竹居集》中的孙云球传

给。雨窗促膝，略一指示，孙生妙领神会，举一贯诸，曾无疑义。越数载，余因崇沙刘提台之召，再过吴门，孙生出《镜史》及所制示余，造法驯巧，并臻绝顶。"清乾、嘉时期文人任兆麟在《有竹居集》的心斋文稿七中则谈道："云球精于测量，常准自鸣钟，造自然晷，昼夜旋转，不违分秒。又本西洋遗制，扩眼镜为七十二种，有昏眼、近视、童光之异，随目对镜，不爽毫发。天台文康裔患短视，云球出千里镜相赠。"民国《吴县志》所载与《有竹居集》内容近似，其中评价孙云球："精于测量，凡有所制造，时人服其奇巧。尝以意造自然晷，定昼夜，晷刻不违分秒。又用水晶创为眼镜，以佐人目力。有老少花、远近光之类，随目对镜，不爽毫发，闻者不惜出重价相购。天台文康裔患短视，云球出千里镜相赠，因偕登虎丘试之，远见城中楼台塔院若接几席，天平、灵岩、穹窿诸峰峻嶒苍翠，万象毕见，乃大诧且喜曰：'神哉，技至此乎。'云球笑曰：'此未足以尽吾奇也。'又出数十镜示之。如存目镜，百倍光明，无微不瞩；万花镜，能视一物化为数十；其余鸳鸯镜、夕阳镜、多面镜、幻容镜、察微镜、放光镜、夜明镜种种，神明不可思议。"孙云球能凭一己之力便制造出了如此多的仪器和镜片，也足可见他在自然科学方面的造诣和旨趣。

"花神"陈维秀

虎丘的传统花圃业历史悠久，其中种花手艺高超的人被乡民称为"花园子"。苏州话中的"花头"就有本事大、工作能力强的意思。说你花头多，就是说你的本事大。在清代虎丘的花园子中，便有一位凡人后来入祀虎丘花神庙，被百姓奉为"花神"，他就是种花能手陈维秀。《桐桥倚棹录》载："乾隆庚子春高宗南巡，台使者檄取'唐花'备进，吴市莫测其术。郡人陈维秀善植花木，得众卉性，乃仿燕京窖窨熏花法为之，花乃大盛。甲辰岁翠华六幸江南，进唐花如前例。繁葩异艳，四时花果，靡不争奇吐馥，群效灵于一月之前，以奉宸游。郡人神之，乃度地立庙，连楹曲廊，有庭有堂，并莳杂花，荫以秀石。"那么作为贡品的"唐花"又是什么稀罕物？其实唐花亦称作"堂花"，通常是在北方的寒冬腊月里将所卖鲜花供新年所用者，出于暖室，在室内用加温法培养的花卉。南方气候相对暖和，且除了隆冬时节外皆种花，故这种"唐花"的催化法并没有在江南盛行。乾隆帝南巡时，需要上贡"唐花"，这可是急煞了地方官，他们找了许多花园子问询，大多数皆言没做过。后来地方官听说花园子里有一位翘楚叫陈维秀，便把他找来。陈维秀表示也没弄过"唐花"，但还是答应官老爷试试看。这个时候已经迫近乾隆帝南巡时的日子，仅有一个月的准备时间。陈维秀的任务可谓是艰巨而光荣，但仿照京城的窨窖熏花法风险也十分大，两地气候差异很大，而且从来没有人搞过，这还是首次在苏州尝试"唐花"。虽然当时苏州人没有催过"唐花"，但苏州窨制花茶的历史相当久远，最早可上溯至宋代，在清雍正、乾隆年间，窨制的花茶就销往北方地区，因而对于窨制的技法，虎丘的花园子们自然代代相传，亦不陌生。陈维秀和十多名花园子在虎丘附近的地窖中热火朝天地催起花来，经过几次失败后，陈维秀敏锐地发现是温度的问题，又在地窖里架起锅炉，熏了好几天，终于把"唐花"给催生了出来。当时为了不让鲜花在短时间内蔫掉，陈维秀又尝试了许多肥料，最后在地窖里搞起了熏牛粪，虽然臭气熏天，但经过尝试，最后拿到虎丘山下摆放的堂花每盆都是花开烂漫，而且到了乾隆帝南巡的时候依旧能够保持盛开的姿态。清《虎阜志》载："郡人陈维秀用窨窖熏花法为之，近山塘花园子能效其法腊月能使牡丹、玉兰、碧桃之属红白烂漫，奇异可玩。"乾隆帝看到后龙颜大悦，而陈维秀也在花园子里面脱颖而出，被当时的苏州人奉为"花神"。苏城官民都以为是花神显灵，知府胡世铨即在试剑石左侧梅花楼旁址倡建花神庙。并以每年二月十二日为百花生日，献牲击乐，以祝仙证，谓之花朝。尤维熊《花神庙》诗云："花神庙里赛花神，未到花时花事新。不是此中偏方早，布金地暖易为春。"蔡云《吴歈》则云："百花生日最良辰，未到花朝一半春。红紫万千披锦绣，尚劳点缀贺花神。"据说花神庙中楹联还是清代大才子纪晓岚所撰："一百八记钟声，唤起万家春梦；二十四番风信，吹香七里山塘。"

曹寅与山塘、虎丘的情缘

　　曹寅（1658—1712），字子清，号荔轩，又号楝亭、雪樵，别署柳山居士、柳山聱叟、紫雪庵主人等。满洲正白旗包衣人。其父曹玺，官至工部尚书。其母孙氏曾是康熙幼年娒姆，与皇帝关系密切。曹寅因为这层关系，自幼入宫为康熙帝伴读，后充侍卫。

山塘河旧影（摄于 1921 年）

康熙二十九年（1690），曹寅自广储司郎中兼佐领，出任苏州织造。康熙三十一年改任江宁织造，次年又以江宁织造兼苏州织造。康熙三十三年（1694）专任江宁织造，后曾兼巡视两淮盐漕监察御史，官至通政使。曹寅任所江宁织造署在康熙帝六次南巡中曾四次作为行宫。曹寅在《楝亭诗文钞》中留下了一篇《阊门开帆口号》："斟酌桥边雨乍晴，阊阖城外片帆轻。梅花逐客春无主，谁信东风不世情。"由此可见，曹寅在山塘河斟酌桥边曾经留下足迹。

此外，曹寅对虎丘亦是情有独钟，比如《虎丘僧轩坐雨迟培山未至漫成》："东岩涧壑凭临高，风雨横绝悬惊涛。翠藓连窗走鼯鼠，颓烟压树啼韩皋。欲寻幽境挂瓢笠，直上石梁窥桔槔。坐久瓦瓶声喷喷，诗成一噱布吹毛。"又如《泛舟虎丘观获得菊字》："佳晨得群游，即事异辀轴。坐持一杯酒，移赏竞云木。兹丘不厌登，城郭已回瞩。清欢寄人表，今日寡丝竹。秋旻易暖燠，宾主共沾漉。回舟看稻穗，岁事喜初熟。登登场杵鸣，霭霭茅檐簇。还剥长荡菱，思把故园菊。"再如在《十六夜登虎丘作》，曹寅则谈道："虎丘深夜上，寒月似晴花。出定无僧看，同游有客夸。阊门弹指见，石片席茵斜。路熟来如梦，轻舟信是家。"据清代尤侗《艮斋倦稿》卷十《司农曹公虎丘生祠记》：曹寅任职苏州织造期间，当地百姓在虎丘为他立了一座生祠："今从舆人之请，建生祠于虎丘。"那么这座生祠后来又如何了呢？据民国黄厚存《虎丘新志》载，这个祠堂即在万岁楼旁，万岁楼所在地即明末的悟石轩，明崇祯四年（1631）曾毁于火，后来大司马申公倡厥修复，知府史应元捐俸重建，并为之记。到了清康熙二十八年（1689）又改建为万岁楼，但在咸同兵燹中焚毁："康熙二十八年改建万岁楼，盖以轩基正中之位，俯

远眺虎丘

瞰千人石，前临山门，周围峰环砂拥，回廊曲栏，中竖御碑一座……洪杨乱起，兹楼悉付灰烬。"从"悉付灰烬"可以推断，曹寅的生祠作为万岁楼旁的附属建筑，自然也无法躲过那场兵灾。后人对曹寅的关注除了他是织造，还与一部名著《红楼梦》有关，这部书的作者是他的孙子曹雪芹。后人也常常把《红楼梦》中描写的十里长街与山塘街比对起来看。比如很多人认为《红楼梦》中葫芦庙的原型即半塘的普福寺，但附近老居民认为是朱天庙，而这位受香火供奉的朱天菩萨被当时的百姓认为是崇祯皇帝的化身。《红楼梦》第一回中便提到了住在十里街内仁清巷的甄士隐，他抱着女儿英莲带到街前看过会的热闹，由此遇到了癞头和尚和跛足道人。而旧时的山塘也有清明节会的风俗。清代顾禄的《清嘉录》中谈道："清明日，官府至虎丘郡厉坛，致祭无祀。游人骈集山塘，号为'看会'。每会至坛，箫鼓悠扬，旌旗璀璨，卤簿台阁，斗丽争妍。"好事者还认为《红楼梦》中葫芦庙所在的"仁清巷"，原型便在青山桥浜。但毕竟文学与历史有着不可逾越的鸿沟，文学不能"虚无"历史，也就是说文学的真实不等于历史的真实。但有可能是，曹雪芹少时也曾听长辈说起山塘的往事，成为他写下不朽文学名著《红楼梦》最初的精神滋养。

民国时期山塘彩云桥附近旧影

第五章

山塘、虎丘的
风俗风情与美食

第一节　山塘、虎丘的旧时风俗

旧时山塘，也是民俗风情的大观园。第一，来谈谈山塘的花市。旧时范围为斟酌桥到虎丘山门一带，非常热闹。早在唐代，苏州城北便有种花和售花的行业，唐代诗人陆龟蒙《阖闾城北有卖花翁，讨春之士往往造焉，因招袭美》一诗中便有"故城边有卖花翁，水曲舟

民国时代虎丘旧影

轻去尽通"之句。宋代山塘尚未形成花市，如同宋人范成大《半塘》诗中的芳草萋萋。

山塘花市（《吴语》1926年5月17日载录）

而山塘、虎丘的花市则兴起于元代。比如元初任仁发《过虎丘人家》中便有"幽栖无所事，园圃足天涯"之句。而元代陈植《次友仁泊舟虎丘独步》中则有"西丘雨过落花村"之句，综上可说明当时许多花农不仅以种花为生，也形成了花市的聚落。据《清嘉录》"一种生涯天下绝，虎丘不断四时花"，这"四时花"即指由赏花、种花、卖花等组合的虎丘花市。旧时虎丘山塘地区有"三市三节"的说法，"三市"指春之牡丹市、夏之乘凉市、秋之木樨市，"三节"指清明节、七月半（中元）、十月朝（月朔）。此外，便是花朝，即百花的生日。此说法大约早在春秋时期便已出现。清人秦嘉谟《月令粹编》卷五引《陶朱公书》所载："二月十二日为百花生日，无雨百花熟。"而《清嘉录》则载："（二月）十二日为百花

生日，闺中女郎翦五色彩缯黏花枝上谓之'赏红'，虎丘花神庙击牲献乐以祝仙诞谓之'花朝'"。清代徐珂《清稗类钞》载："苏州花圃，皆在阊门外之山塘。吴俗，附郭农家多莳花为业，千红万紫，弥望成畦。"清代袁景澜在《吴郡岁华纪丽》中描绘了山塘桂花市中画舫日夜笙歌的盛况："时金风荐爽，玉露零香，虎阜

虎丘牌茉莉花茶 老商标

山塘，灯船酒坊，士女骈萃，极意娱游，兼旬始歇，号木犀市。"而山塘地区自主窨制的历史则始于清代，当时出现了窨制茶叶的作坊。而《桐桥倚棹录》中亦载："木犀径，在花园弄内。其地多艺花人所居，遍地种桂，高下林立。花时，人至其间，香沁肺腑，如行天香深处。乾嘉间，莫家浜[1]一带桂花尤盛，游者往往自一天门渡至其处，徘徊不去。"清道光时人蒋宝龄作《吴门竹枝词》一首，其中同时提及茉莉、珠兰两个名种："蘋末风微六月凉，画船衔尾泊山塘，广南花到江南卖，帘内珠兰茉莉香。"清代袁学澜《吴郡岁华纪丽》也谈到珠兰花市："花戴之髻，香闻甚远，生于闽广，叶能断肠。"民国时期，山塘一带的茶花主要为茉莉、白兰、珠兰、玳玳、玫瑰、栀子、山茶。

虎丘附近花卉区一角（载录于1937年《园艺》第3卷第6期）

到了新中国成立初，苏州的茶花中则主要有三个代表性花种，即茉莉、玳玳、白兰。茉莉花主要是广东、福建一带移来的。一种花形头尖，但单层花瓣的称为"金华种"（一说是来自浙江金华），一种花形头圆，双层花瓣的称为"香港种"，前者因扦插难活，培养不易，且发育缓慢，已逐渐淘汰，现在苏州已极少见，目前所植的都为后一种[2]。玳玳花主要是百年前由扬州

移来的，最初按照扬州的繁殖方法，以枸橘树作砧木嫁接的。用此种繁殖法产花少，以后就改用插枝法繁殖，生花就茂盛。玳玳花所结的果实俗称玳玳圆，样子很像柑

---

1. 位于虎丘山后。
2. 苏州市虎丘人民公社：《苏州三种主要茶花的栽培》，农业出版社，1960，P4。

橘。[1]白兰花原产于广东，苏州所植的白兰花是以白兰与紫玉兰嫁接的，因为气候差异，广东当地是露天种植，而苏州则栽种于盆中。寒冬时，还需抬入花厢过冬。白兰花在六月至七月产花最多，约占全年产量的65%—70%，九月至十二月次之，约占25%，其他月份仅有少量。白兰花过去作为装饰，近年也采用为窨茶原料，更丛中提炼香精，品质极高。[2]"三花"的季节性很强，对栽培技艺要求很高，可谓环环相扣。20世纪50年代，老山塘人中流传着这样的民谣："只要两朵白兰花，就能吃一碗肉面。"这主要与1951—1952年期间，国家提高茶花收购价格，东北、武汉、西安茶商来苏采购花茶，供不应求的社会背景有关。苏州虎丘牌苏萌毫茉莉花茶，曾被商务部特选为迎宾茶和国礼茶。说起白兰花用作头饰，在清代的《吴郡岁华纪丽》也有提及："花蕊之连蒂者，专供妇女簪戴。虎丘花农盛以都篮，沿门唤鬻，谓之戴花。又以铜丝纽串茉莉蕊装成小花篮，闺阁中买置，夜悬绸帐，香生枕席，引入睡乡，令人魂梦俱恬。"这批叫卖戴花的人也被称为"包花"，即每日早晨定时为梳晓妆者提供戴花，按月结算花钱。《桐桥倚棹录》中则载："供花皆折枝，便人插胆瓶盂钵之玩。市在半塘怡贤寺一带，日出即散。贩鬻之徒多集阊门渡僧桥、钓桥及元妙观门首，寄人庑下求售。往往以堕果残花伪蛊枝干之上，买者不知，辄受其欺。"近人范烟桥曾有一篇《花市沧桑》，以含凉为笔名，登载于1947年10月19日的《新闻报》上，其中这样谈道："在虎丘冷香阁，和一位熟悉花市者闲谈，觉得花市也有沧桑之变。虎丘的

1951年虎丘供销合作社茶花收购处代销发票

茶花村售花折（山塘谭金土老照片收藏馆提供）

20世纪60年代的虎丘花农（虎丘街道茶花社区收藏）

---

1. 苏州市虎丘人民公社：《苏州三种主要茶花的栽培》，农业出版社，1960，P18。
2. 同上，P20。

南、西、北三面相距十里之内，约有花农四千余户，中间有专恃艺花为生者，有仅以之为副业者，大概直接赖以生活之男女老幼须达十万人……花之最大销场为茶叶肆，茉莉、玳玳、珠兰都用以窨茶，惟珠兰最难种，且老树不易生花，新树须从福建一带运来，近年交通阻梗，几乎绝迹不至。于是改用白兰花，本来白兰花只用于女子的插藏，今乃成为饮品之辅助，夺珠兰之席，也可以说是战后的一种新发展。"

第二来谈谈山塘的船文化。船文化是山塘水文化中最为突出的代表。旧时七里山塘中的船只根据不同的用途，分为画舫、戏船、花船、灯船、关快（小艇）、沙飞船等，其中最出名的是画舫、灯船和沙飞船。对于画舫，清代的志书中多有提及。比如《桐桥倚棹录》中载："宋范成大《半塘》诗云：'柳暗阊门逗晓开，半塘塘下越溪回。炊烟拖拥船船过，芳草缘

虎丘旧影

堤步步来。'自此至山麓，红阑碧树与绿波画舫相映发，为游赏最胜处。"《吴门画舫录》中则载："吴门为东南一大都会，俗尚豪华，宾游络绎，宴客者多买棹虎丘，画舫笙歌四时不绝。"而《吴郡岁华纪丽》亦载："吴中清明赛神，祀孤魂于虎丘厉坛。舟子藉诸丽品以昂其船价，画舫鳞次山塘尽一日之欢。"此外，也有对画舫中船娘的描绘，比如《吴门画舫续录外编》载："张凤娇，阊门外画舫之翘楚也，禀性温存，貌含薄怒，秋水凝眸而清霜澈底。"

灯船也是山塘、虎丘一带旧时的特色。灯船与花船最大的区别在于花船是白天开，而灯船则是晚上开。开灯时，灯船的灯架上挂满了飘坠丝穗的明角灯，每条船上皆有百余只，上覆布幔，下铺锦帐，舱中绮幕、绣帘、色彩缤纷夺目。在1882年《申报》上有一

民国《新刻苏州虎丘山景致灯船图》小校场年画 苏州美术馆藏

篇《灯船纪盛》："虎丘灯船名闻天下,兵燹后未经创造,山水为之减色。近有某宦自无锡包雇一只,于中元前后在山塘河游泳中流为数日之乐。兹悉该船即在苏装客游玩,每日三十元,菜点丰盛,计灯三百余盏。五色陆离,照耀人目,与升平时最著名之灯船曰'沈莢白'者有过之无不及也……山塘普济堂左近有船厂专造灯船、逆水船、快船。春间,有上海某洋行来购灯船一只,装饰华丽,一切粗细器用靡不完,备计银一千八百八十两。据云,外国人进贡国王者,现已造成送沪矣。兹又有沪人来购造灯船两只,装备家伙一如苏式。惟船头、船梢加铁锚两只。据云在黄浦中载姬行酒为水嬉之游者。"[1]旧时的每年四月,船户就开始搭起灯架,名曰"试门",直到秋天过了"木樨市"才落市。这段时间只要夜幕降临,灯船便载着游客驶出斟酌桥,在野芳浜、普济桥附近盘旋迂回,有时还会表演水上特技。《桐桥倚棹录》载:"吴周铃《灯船歌》云:'水嬉吴下盛,绝丽推灯船。'"

　　沙飞船也是山塘河特别是野芳浜、普济桥一带的特色。沙飞船用材考究,骨架选用榆、樟树等杂木,旁板采用优质杉木,船体坚实。船型舱深宽大,稳性良好。所谓沙飞船,在《桐桥倚棹录》中有载:"沙飞船,多停泊野芳浜及普济桥上下岸,郡人宴会与估客之在吴贸易者,辄赁沙飞船会饮于是。船制甚宽,重檐走轳,行动掖舵撑篙,即昔之荡湖船,以扬郡沙氏变造故,又名'沙飞船'。今虽有卷艄、开艄两种,其船制犹相仿佛也。艄舱有灶,酒茗肴馔,任客所指。舱中以蠡壳嵌玻璃为窗寮,桌椅都雅,香鼎瓶花,位置务精。船之大者可容三席,小者亦可容两筵。凡治具招携,必先期折请柬,上书:'水窗候光,舟泊某处,舟子某人',相沿成俗,寝以为礼。迓客于城,则别雇小舟。入夜羊灯照春,凫壶劝客,行令猜枚,欢笑之声达于两岸,迨至酒阑人散,胜有一隄烟月而已。沈朝初《忆江南词》云:'苏州好,载酒卷艄船。几上博山

1.　《申报》(1882年9月9日第2版)载录。

香篆细, 筵前冰碗五侯鲜。稳坐到山前。'盖
承平光景, 今不殊于昔也。"亦载:"凡春秋
佳日, 浒墅关曲友与郡人, 各雇沙飞船, 张灯
设宴, 睹曲征歌, 技之劣者, 不敢与也。"中
国国家博物馆前研究员王冠倬在《中国古船
图谱》中就曾载录明代"沙船", 此船均有前
舱、中舱、后舱之别, 望台、甲板、风帆之设,
样式华美, 设施完备。清代的李斗在《扬州
画舫录》中亦谈及:"本于城内沙氏所造, 今

山塘河河埠沿岸船只旧影

谓之沙飞。"因此沙飞船在很长一段时期, 成了湖上画舫的代称, 尤其成了宴会游船的
代称。清代徐珂《清稗类钞·戏剧类》载:"苏州戏园, 明末尚无, 而酬神宴客, 侑以优
人, 辄于虎丘山塘河演之。其船名卷梢, 观者别雇沙飞、牛舌等小船, 把桨者非重鬓少
女, 即半老徐娘。风雨甚至, 或所演不洽人意, 岸上观者辄抛掷瓦砾, 剧每中止。船上
观客过多, 恐遭覆溺, 则又中止。"这种唱戏的沙飞船, 后来也成为游船上包厢雅座的
滥觞。此外, 本书前面的章节亦提及山塘旧时有热闹的赛龙舟(竞渡)的场面, 许多名
家都留下了诗词。

　　第三, 来说说山塘的狸猫传说。近年来民间文学工作者编出了"七狸山塘", 即山
塘街由东往西, 分别有美仁狸、通贵狸、文星狸、彩云狸、白公狸、海涌狸和分水狸,
并且还添油加醋地杜撰说:朱元璋平定张士诚后, 派刘伯温去到山塘巡查, 而刘伯温
感觉山塘河的形状像一条卧龙, 担心这里会出真龙天子, 于是就施法在山塘河上的七
座桥边各设置了一只石狸, 这七只狸有千斤巨锁之功, 可以牢牢地锁住龙身, 这样就不
会威胁到当时皇帝朱元璋的地位。如果仔细考量, 这个故事其实纰漏百出。通贵桥建
于明代弘治初年, 而刘伯温则是去世于明洪武八年(1375), 相隔了一百年, 又何来通
贵狸之说?那么山塘的狸猫究竟是怎么回事?民国潘贞邦《胥台捃古杂录》载:"吴人
俗称七里山塘, 据居住虎丘之亲戚告余, 山塘不止七里。所谓七里者, 乃七个驴头也。
当年砌于街中, 乃青石雕成, 突出街面约二尺许。1935年, 余曾亲见其二, 一在山塘
100号左右人家住宅门前, 一在半塘顾得其酱园前, 已被磨光, 行人往往于此小坐。盖

当时记里程之标志也。驴头间之距离，已不可考。"由此可见，旧时这七个驴头是驴夫用来计算里程的，这样所载的客人可直观感受到路程的距离。旧时在苏州乘驴，如同现在坐出租车一样，非常便捷。铃铛挂在驴的脖子上，发出清脆的响声，慢行在苏城的巷陌，确实是一种奇特的体验。在当时虎丘、山塘、日租界、玄妙观、寒山寺、留园等地皆有驴可乘。近代的池田桃川在《江南名胜史迹》涉及苏州的章节中曾谈到马车、人力车、驴马等交通工具，其中"驴马一日一元内外、轿子一日一弗五十仙内外、画舫一日约一弗"。桃田以上所提及的货币单位，其中"仙"其实是英文分（cent）的音译，而"弗"则是法郎（franc）的音译。

　　第四，来谈谈虎丘的泥人。《红楼梦》第六十七回，有一段关于苏州泥人的生动描绘，薛蟠从苏州回来，带了两大箱衣物分送给各家姐妹，其中就有"一出出泥人儿的戏，用青纱罩的匣子装着；又有在虎丘山上泥捏的薛蟠的小像，与薛蟠毫无相差。宝钗见了，别的都不理论，倒是薛蟠的小像，拿着细细看了一看，又看看他哥哥，不禁笑起来了"。早在新石器时代，在苏州地区陶瓷中便发现有动物雕塑形象，后来又发展为独立的人物走兽样式。苏州泥塑，肇始于唐，活跃于宋、元、明，鼎盛于清。苏州瑞光塔中曾发现有泥塑观音，可见唐宋时期苏州的泥塑水准已达到相当高超的阶段。清代顾禄《桐桥倚棹录》则载："塑真俗呼'捏相'，其法创于唐时杨惠之。前明王氏竹林亦工于塑作。今虎丘习此艺者不止一家，而山门内项春江称能手。虎丘一有处泥土最滋润，俗称'滋泥'。凡为上细泥人、大小绢人塑头，必此处之泥，谓之'虎丘头'。塑真尤必用此泥。然工之劣者亦如传神之拙手，不能颊上添豪也。肢体以香樟木为之，手足皆活动，谓之'落膝骱'，冬夏衣服，可以随时更换。位置之区谓之'相堂'，多以红木紫檀镶嵌玻璃，其中或添设家人妇子、美婢侍童，其榻椅几杌以及杯茗陈设，大小悉称。"清代著名诗人汪士皇曾把苏州捏相世人项天成与顾虎头、吴道子这样的大家相提并论，并盛赞项天成的捏相技能之神："项子风流儒雅客，江东妙手更无伦。虎头阿堵光如电，漆毫道子开生面。搏粉苍泥夺画工，写真不用鹅溪绢。"清同治《苏州府志》中亦载："戴延年《吴语》：'虎丘山塘粉饰土偶，光艳如生。'"吴文化学者高福民在《虎丘泥人一千年》中谈道："土偶，或称'土稗'，苏州人俗名'泥娃娃''泥佛佛'……宋代是苏州泥塑高速发展的时期，是苏州泥塑艺术的重要转折点。

随着手工业的发展、城市的繁荣和市民文化的兴起，苏州泥塑明显地从宗教题材回归百姓文化题材，转向商品经济和工艺欣赏品方向。北俗南传的摩睺罗更名为'巧儿'，完全说明了它已成为百姓喜爱的玩具。"[1]清代常辉《兰舫笔记》载："有苏捏者，住虎丘山塘，余尝以游山，坐观之，泥细如面，颜色浅深不一。有求像者，照面色取一丸泥，手弄之。谈笑自若，如不介意，少焉而像成矣。'"清代张紫琳《红兰逸乘》亦载："虎丘捏相，老少男女，神气宛然，固绝技也。"清代刘廷玑《在园杂志》则载："寻常者每像数星，身体皆活动者倍之。若宰官则因人而施，所谓君子自重也，阅数年仍可增换。"由此可见，购买捏像的顾客也不乏达官显贵。此外，虎丘的另一民俗特产虎丘耍货中捏相亦是重点，《桐桥倚棹录》载："虎丘耍货，虽俱为孩童玩物，然纸泥竹木治之皆成形，盖手艺之巧有迁地不能为良者。外省州县多贩鬻于是，又游人之来虎丘者亦必买之归悦儿曹，谓之'土宜'，真名称其实矣。头等泥货在山门以内，其法始于宋时袁遇昌，专做泥美人、泥婴孩及人物故事，以十六出为一堂，高只三五寸，彩画鲜妍，备居人供神攒盆之用，即顾竹峤诗所云'明知不是真脂粉，也费游山荡子钱'是也。他如泥神、泥佛、泥仙、泥鬼、泥花、泥树、泥果、泥禽、泥兽、泥虫、泥鳞、泥介、皮老虎、堆罗汉、荡秋千、游水童，精粗不等。"旧时山塘还有"自走洋人"，清《桐桥倚棹录》载："自走洋人，机轴如自鸣钟，不过一发条为关键，其店俱在山塘。"

第五，来谈谈虎丘的僧侣，早在南宋初年，便由临济宗杨岐派高僧虎丘绍隆在云岩禅寺开创了虎丘派，而该派第六代僧人、均为天童寺首座的兰溪道隆、兀庵普宁和无学祖元等人于南宋末年相继东渡弘法，并将禅宗的传法方式、寺院规制等传至日本寺院。

第六，则是谈谈山塘的环保风俗，特别值得一提的是虎丘头山门口右侧的墙壁上镶嵌的清乾隆二年（1737）的《奉宪勒石永禁虎丘开设染坊碑记》可以称得上是我国最早的城市河流水质保护法令，该法令颁布后山塘移风易俗，大力倡导环保至今。该法令比英国1833年颁布的《水质污染控制法》早了96年，比美国1899年颁布的《河川港湾法》早了162年。

---

1. 高福民：《虎丘泥人一千年》，江苏凤凰教育出版社，2020，P147—148。

第二节　昔日山塘的名菜佳肴

　　昔日山塘，最有名的有三家店，即三山馆、山景园和李家馆，清《桐桥倚棹录》载：
"斟酌桥三山馆为最久，创于国初，壶觞有限，只一饭歇铺而已，旧名'白堤老店'，有
往来过客道经虎丘者，设遇风雨，不及入城，即宿止于是。赵姓数世操是业，烹饪之
技，为时所称，遂改置凉亭、暖阁，游者多聚饮于其家。乾隆某年戴大伦于引善桥旁
即接驾桥遗址，筑山景园酒楼，疏泉叠石，略具林亭之胜……嘉庆二年，任太守兆垌
建白公祠于蒋氏塔影园故址，祠前筑塔影桥，于是桥畔有李姓者增设酒楼，名曰'李
家馆'，亦杰阁连薨，与山景园、三山馆鼎峙矣。今更名为'聚景'，门停画舫，屋近名
园，颇为海涌增色。三山馆四时不断烹庖，以山前后居民有婚丧宴会之事多资于是，
非若山景园、聚景园只招市会游屐。每岁清明前始开炉安锅，碧槛红阑，华灯煬灿。
过十月朝节席冷樽寒，围炉乏侣，青望乃收矣。"其中三山馆创设时间最久，亦是斟酌
桥得名由来的一种说法[1]，且在清《桐桥倚棹录》中留下了菜谱，可谓丰盛："满汉人菜
及汤炒小吃，则有烧小猪、哈儿巴肉、烧肉、烧鸭、烧鸡、烧肝、红炖肉、黄香肉、木犀

清代《桐桥倚棹录》中所载的三山馆的名菜佳肴

---

1. 另一说为民间相传：春秋时越国范蠡和西施曾途经此桥，并停留议事。

肉、口蘑肉、金银肉、高丽肉、东坡肉、香菜肉、果子肉、麻酥肉、火夹肉、白切肉、白片肉、酒焖蹄、硝盐蹄、风鱼蹄、绉纱蹄、熊火蹄、蜜炙火蹄、葱椒火蹄、酱蹄、大肉圆、煠圆子、溜圆子、拌圆子、上三鲜、汤三鲜、炒三鲜、小炒、熊火腿、熊火爪、煠排骨、煠紫盖、煠八块、煠里脊、煠肠、烩肠、爆肚、汤爆肚、醋溜肚、芥辣肚、烩肚丝、片肚、十丝大菜、鱼翅三丝、汤三丝、拌三丝、黄芽三丝、清炖鸡、黄焖鸡、麻酥鸡、口蘑鸡、溜渗鸡、片火鸡、火夹鸡、海参鸡、芥辣鸡、白片鸡、手撕鸡、风鱼鸡、滑鸡片、鸡尾扇、炖鸭、火夹鸭、海参鸭、八宝鸭、黄焖鸭、风鱼鸭、口麻鸭、香菜鸭、京冬菜鸭、胡葱鸭、鸭羹、汤野鸭、酱汁野鸭、炒野鸡、醋溜鱼、爆参鱼、参糟鱼、煎糟鱼、豆豉鱼、炒鱼片、炖江鲚、煎江鲚、炖鲥鱼、汤鲥鱼、剥皮黄鱼、汤黄鱼、煎黄鱼、汤着甲、黄焖着甲、斑鱼汤、蟹粉汤、炒蟹斑、汤蟹斑、鱼翅蟹粉、鱼翅肉丝、清汤鱼翅、烩鱼翅、黄焖鱼翅、拌鱼翅、炒鱼翅、烩鱼肚、烩海参、十景海参、蝴蝶海参、炒海参、拌海参、烩鸭掌、炒鸭掌、拌鸭掌、炒腰子、炒虾仁、炒虾腰、拆炖、炖吊子、黄菜、溜卞蛋、芙蓉蛋、金银蛋、蛋膏、烩口蘑、炒口蘑、蘑菇汤、烩带丝、炒笋、葟肉、汤素、炒素、鸭腐、鸡粥、十锦豆腐、杏酪豆腐、炒肫干、煠肫干、烂煨脚鱼、出骨脚鱼、生爆脚鱼、煠面筋、拌胡菜、口蘑细汤。点心则有八宝饭、水饺子、烧卖、馒头、包子、清汤面、卤子面、清油饼、夹油饼、合子饼、葱花饼、馅儿饼、家常饼、荷叶饼、荷叶卷蒸、薄饼、片儿汤、饽饽、拉糕、扁豆糕、蜜橙糕、米丰糕、寿桃、韭合、春卷、油饺等，不可胜纪。盆碟则有十二、十六之分，统谓之'围仙'，言其围于八仙桌上，故有是名也。其菜则有八盆四菜、四大八小、五菜、四荤八拆，以及五簋、六菜八菜、十大碗之别。每席必七折钱一两起至十余两码不等。"如今三山馆已了无痕迹，但旧时义昌福的创始人常州人张金生曾随大厨徐如金在三山馆里当学徒，如今我们只能品味着义昌福的包子，怀想着昔日三山馆的菜肴。

附 录

附录一 20世纪80年代山塘地区部分商业业态简况表

店铺名称	地址	负责人	经营范围
星桥菜场	星桥湾3号	金小白	蔬菜、肉禽、蛋类
星桥小食品店	山塘街324号	杨菊英	馄饨、汤团
大众南货店	山塘街325号	高兰芳	南北货
星桥百货店	山塘街326号	邵湧珍	百货
宁远堂药店	山塘街327号	胡金娣	中、西药
庆丰楼面食店	山塘街329号	李寿荣	面、馄饨、菜饭
华丰糖果店	山塘街333号	沈振雄	糖果、冷饮、烟酒
星桥水果店	山塘街338-1号	周柏生	各类水果
达盛酱油店	山塘街354号	洪绿生	酒、油、酱品类
长征杂品店	山塘街358号	蒋桂芬	各类杂品用具
星桥大饼店	山塘街359号	金贵荣	大饼、油条、饺子
虎丘水果店	山塘街888号	贺祥英	水果
虎丘点心店	山塘街889号	毛水根	点心、饭
虎丘饼店	山塘街890号	蔡有根	大饼、油条
庆丰收南货店	山塘街891号	王雪英	南北货
正源菜饭店	山塘街898号	丁兴龙	饭、菜、点心
大寨糖果二店	山塘街899号	何介寅	烟、酒、糖果
虎丘百货店	山塘街905号	吴敏玉	百货
虎丘理发店	山塘街907号	书友天	理发、烫发
虎丘文具店	山塘街909号	钱红	文教用品
虎丘绸布店	山塘街910号	顾明峰	绸、布、化纤织品
虎丘药店	山塘街913号	秦洪寿	中、西药
虎丘家用杂品店	山塘街915号	吴敏忠	杂品
大寨酱品店	山塘街930号	蒋志兴	酒、油、酱品类
大寨糖果一店	山塘街935号	吴玉英	烟、酒、糖果
路北花木门市部	望山桥	王彩英	花木、盆景
鱼味酒家	望山桥前	柴根大	酒、饭、菜
望山饭店	望山桥前	王根宝	饭、菜、点心
云岩旅社	望山桥前	李龙虎	住宿
海涌食品店	望山桥前	龚祖根	点心、饭
虎丘粮油食品商店	望山桥前	朱金标	粮、油
长青照相馆	望山桥前	江兴元	冲洗、照相

资料来源：姑苏区档案馆提供。

附录二 清末民国时期山塘地区部分商号统计表

序号	商号名称	负责人	地址	所属行业	档案时间	备注
1	江祥记	江志南	山塘街258号	木商业	1935	
2	恒丰	沈最荣	山塘街435号	木商业	1935	
3	祥大盛	江志良	山塘街547号	木商业	1935	
4	同丰（协记）	张江明	山塘莲花斗8号	木商业	1935	
5	德昌	问德康	山塘莲花斗17号	木商业	1935	
6	泰丰	王国斌	山塘莲花斗19号半	木商业	1935	
7	大裕	姜魁书	山塘莲花斗新一号	木商业	1935	
8	和平泰	严莲芳	山塘虎丘	木商业	1935	
9	协丰	王有义	山塘莲花斗18号	木商业	1946	
10	万和顺	孙家成	山塘街	烛业	民国	
11	大源丰	沈成美	山塘半塘	烛业	民国	
12	谦益	张增庆	山塘街渡僧桥	烛业	民国	
13	恒兴公	方颖舟、方兆兰（颖丹）	山塘杨安浜	茶业	1908	方家系安徽歙县人
14	吴胜元	吴子平	山塘小邾弄	茶业	1908	
15	蔡记	汪承和	山塘曹家弄	茶业	1908	汪承和系安徽绩溪人
16	公正	汪锦逵（景斋）	山塘叶家弄	茶业	1908	汪锦逵系安徽歙县人
17	协和（正记）	谢镛（笙伯）	山塘小邾弄	茶业	1908	谢镛系安徽歙县人
18	信泰	汪景（维贤）	山塘叶家弄	茶业	1908	汪景系安徽歙县人
19	慎昌	朱增揩（降畇）	山塘	茶业	1908	朱增揩系安徽歙县人
20	人和	吴熙泽（春泉）	山塘叶家弄	茶业	1908	吴熙泽系安徽歙县人
21	同和协	张永增（敬亭）	山塘叶家弄	茶业	1908	
22	乾泰昌	谢柏顺	山塘	茶业	1908	谢柏顺系安徽歙县人
23	公和泰	吴培之	山塘小邾弄	茶业	1908	吴培之系安徽歙县人
24	裕泰盛	程栋材	山塘	茶业	1908	程栋材系安徽歙县人
25	黄协顺	黄福如	山塘街殳家墙门8号	营造厂业	1940	

续表

序号	商号名称	负责人	地址	所属行业	档案时间	备注
26	正记	江济坤	山塘街837号	漆业	1949.8	
27	天来（王记）	梅伟春	山塘街216号	冶坊业	1946	属于桐油工业
28	老三房（洽记）	刘梓裕	山塘街229号	冶坊业	1946	
29	同三和（协记）	沈福声	山塘街259号	冶坊业	1946	
30	荣昌祥	浦政昌	山塘星桥下塘10号	冶坊业	1946	
31	乾昌鑫	方鑫荣	山塘桐桥	冶坊业	1946	
32	江祥记	江镇邦	山塘街253号	冶坊业	1946	
33	三阳泰	洪承明	山塘街238号	冶坊业	1946	
34	协成（寅记）	汪克章	山塘街883号	冶坊业	1946	
35	顾得其	吴少田	山塘街569号	酱园业	1946	
36	潘有宜	潘乾盛	山塘通贵桥	酱园业	民国	系大阜潘氏长房
37	恒泰兴	汪松亭	山塘桥	酱园业	民国	
38	兴楼	沈阿芳	山塘星桥	茶馆书场业	1946	沈阿芳系无锡人，后由同乡梁福宝任负责人
39	易安茶居	夏栋臣	山塘星桥	茶馆书场业	1946	夏栋臣系安徽寿县人
40	凤鸣台	秦叔明	山塘渡僧桥	茶馆书场业	1946	秦叔明系无锡人
41	乐苑	陆文宪	山塘虎丘大街400号	茶馆书场业	1946	陆文宪系吴县人
42	和园	邵伟成	山塘半塘（山塘街575号）	茶馆书场业	1946	邵伟成系浙江慈溪人
43	大观园	华才沧、华金福	山塘知家栈1号	茶馆书场业	1946	均为吴县人
44	得意楼	戚斌元	山塘桐桥411号	茶馆书场业	1946	
45	万仙园	王杏全	山塘虎丘大街282号	茶馆书场业	1946	
46	金鸿楼	李其泉	山塘街101号	茶馆书场业	1946	
47	鸿福楼	赵文廖	山塘街148号	茶馆书场业	1946	
48	景美园	金根泉、金镕春（1948年后）	山塘八字桥西街35号	茶馆书场业	1946	
49	德仙园	王松元	山塘半塘	茶馆书场业	1946	
50	老德仙	叶常青	山塘街344号	茶馆书场业	1946	
51	三庆园	周三庆	山塘杨安弄半边街93号	茶馆书场业	1946	
52	易安居	夏佩民	山塘星桥堍	茶馆书场业	1946	夏佩民系安徽人

续表

序号	商号名称	负责人	地址	所属行业	档案时间	备注
53	鹤阳楼	李守仁	山塘渡僧桥1号	茶馆书场业	1946	李守仁系浙江奉化人
54	山锦园	吕五宝	山塘猪行河头1号	茶馆书场业	1946	吕五宝系无锡人
55	桐仁园	陈步金	山塘桐桥	茶馆书场业	1946	陈步金系常州孟河人
56	聚仙园	费云泉	山塘半塘	茶馆书场业	1947	均系吴县人
57	南昌	许子良	山塘半塘（山塘街384号）	茶馆书场业	1947	
58	辛苑	周戴氏	山塘渡僧桥907号	茶馆书场业	1948	
59	老松园	陆金永	山塘街534号	茶馆书场业	1948	
60	冷香阁	沈志梅	山塘虎丘	茶馆书场业	1948	
61	八仙园	邵金山	山塘八字桥西街271号	茶馆书场业	1948	
62	吕万泰	吕清禄（南山）	山塘猪行河头	猪业	1908	均为无锡人
63	朱祥茂	杨守亲（荣生）	山塘猪行河头	猪业	1908	
64	同泰顺	秦均华（子培）	山塘猪行河头	猪业	1908	
65	老恒泰	徐顺龙（永泉）	山塘猪行河头	猪业	1908	
66	老万顺	官庭兰（坤元）	山塘猪行河头	猪业	1908	均为吴县人
67	荣乾泰	荣福元（式斋）	山塘猪行河头	猪业	1908	
68	张祥泰	张德福（琴斋）	山塘猪行河头	猪业	1908	
69	杨万顺	唐和平（竹溪）	山塘猪行河头	猪业	1908	
70	陈震泰	陈文渊（竹卿）	山塘猪行河头	猪业	1908	陈震泰系无锡人
71	李源泰	殷全福（盘根）	山塘猪行河头	猪业	1908	殷全福系江苏阳湖人
72	洪兴	杨人鑑（清如）	山塘星桥	典当业	1908	杨人鑑系江苏武进人
73	元昌	叶荣（少斋）	山塘渡僧桥下塘	典当业	1908	
74	福源	顾载卿	山塘	典当业	1908	顾载卿系苏州府长洲县人
75	朱东美	潘祖锡（竹卿）	山塘星桥	典当业	1908	
76	周柏茂	周介昭（嘉鑅）	虎丘	花树业	1908	周介昭系苏州府长洲县人
77	恒懋昌	冯恒益	虎丘	花树业	1908	均为苏州府元和县人
78	潘义兴	江竹君（云卿）	虎丘	花树业	1908	
79	余茂林	余则陈（崐如）	虎丘	花树业	1908	
80	同兴茂	李鹏（绍昌）	虎丘	花树业	1908	李鹏系苏州府长洲县人

续表

序号	商号名称	负责人	地址	所属行业	档案时间	备注
81	洽升泰		山塘	鱼行业	1910	
82	东阳		山塘	茶食业	1946	
83	敬康箔庄		山塘	箔锡业	民国	
84	元泰恒丰客栈	杨子琴	山塘	旅馆业	1949.8	
85	大同		山塘虎丘镇	纸业	1949.8	造纸厂
86	老金和		山塘虎丘镇	烛业	1949.8	
87	张信成		山塘虎丘镇	酒业	1949.8	酒行
88	祥泰		山塘虎丘镇	米业	1949.8	
89	张祥丰		山塘	茶食蜜饯业	1949.8	兴办时间较长
90	萩兰室		山塘虎丘镇	纸业	1949.8	纸行
91	福来康（益记）		山塘渡僧桥下塘4号	国药业	民国	
92	汤廉泰	汤炳钧	山塘街普济桥	石匠业	民国	
93	刘永盛		山塘殳家墙门南口	钟表业	清光绪年间	

后记

后　记

为了系统挖掘和呈现千年山塘深厚的历史文化底蕴，更好地讲好和传承山塘的文化故事，2024年，苏州名城保护集团决定组织编写《典藏山塘》一书。在苏州名城保护集团各级领导的关心、支持及编纂委员会工作人员的辛勤努力下，本书数易其稿，终于付梓。本书的编纂和出版过程得到以下社会各界领导和专家学者的关心、指导和支持（排名不分先后）：平龙根、徐刚毅、夏冰、徐苏君、潘振亮、俞菁、陆月星、倪浩文、施晓平、徐小良、徐文高、许凯、王兴亮、蔡磊。特别感谢苏州市方志办、苏州市档案馆、苏州图书馆、姑苏区档案馆、苏州市文物保护管理所为编撰本书查阅档案提供帮助。此外，本书在编纂过程中亦得到许多山塘老居民如顾德明、诸家德、叶声勇等人的支持。古吴轩出版社戴玉婷、孙佳婧、沈雪等老师也为本书出版做了大量的工作。在此，谨向为本书付出辛劳的社会各界人士表示衷心的感谢！

苏州名城保护集团《典藏山塘》编纂委员会

2025年3月